인사이더 인사이트

인사이더 인사이트

Insider Insight

평생 투자할 당신이 알아야 할 월스트리트 돈의 논리

이용준 지음

에프엔미디어

추천의 글

•

나는 15년이 넘는 시간을 뉴욕 월가에서 채권 트레이딩과 포트폴리오 매니지먼트를 한 뒤 귀국했다. 처음 한국으로 돌아왔을 때는 나처럼 긴 시간을 월가 트레이딩 플로어에서 보낸 사람은 매우 드물었다. 그러나 시간이 지나면서 생각보다 많은 한국인들이 월가 프론트 오피스에서 경력을 쌓은 후 한국에 돌아와 활동하기 시작했다. 그들 중에는 유튜버도 있었고 책을 쓴 사람들도 있었다. 그런데 이상하게도 나는 그들의 경험에 깊이 공감한 적이 전혀 없었다.

이 책의 저자 이용준을 나는 개인적으로 알지 못한다. 이 글을 쓰는 지금 이 순간에도 직접 만난 적은 없다. 그럼에도 불구하고 이 저자가 쓴 책을 읽으며 기꺼이 추천사를 써야겠다고 마음먹은 단 하나의 이유가 있다. 내가 처음 진정으로 공감한 단 한 명의 전직 월스트리트 종사자였기 때문이다.

저자는 UC버클리대학에서 통계학 학사 학위를 받은 뒤 시티 Citi의 서머 인턴을 거쳐, 가장 뛰어난 학부 졸업생들만 치열한 경쟁을 뚫고 들어가는 애널리스트 프로그램을 통해 월가에서 커리어를 시작했다. 책의 본문에 구체적인 연차가 명시된 것은 아니지만, 전형적인 커리어 패스를 고려하면 애널리스트 2년 후 어소시에이트로 승진하고, 다시 바이스 프레지던트로 승진해 한국으로 돌아왔을 가능성이 높다. 이 과정에서 약 7년의 월가 경력을 쌓은 셈인데 정말 말 그대로 가장 '정통적 매뉴얼'에 가까운 월가 커리어 패스를 밟은 것이다.

그렇기 때문에, 화려한 영웅담이 아닌 '그냥 보통의 월가'를 알고 싶은 독자에게 이 책은 완벽하다. 그의 글에는 바로 그 정석적인 커리어 코스의 각 단계에서 보고, 겪고, 배우며 쌓아온 투자와 시장에 대한 배움이 고스란히 녹아 있다.

예를 들어, 테크 섹터가 지금처럼 화려하지 않았던 1990~2000년대에는 미국의 최우수 학생들이 월가나 최상위 컨설팅사로 향했다. 그 힘들다는 월가 애널리스트 프로그램을 통과한 이들이 담당하는 가장 중요한 업무 중 하나는 시니어 트레이더들의 커피 오더와 점심 오더를 받고 직접 배달까지 하는 일이었다. 주문 후에는 빌딩 로비의 특정 구역에서 배달하는 사람을 만나 음식을 받아오는데, 저자는 이 오래된 관행을 책에서 소개한다. 놀랍게도 그 관행은 지금까지도 거의 그대로 유지되고 있다.

월가 프론트 오피스 사람들은 대체로 숫자에 강한, 소위 '머리 좋은' 사람들이다. 하지만 그렇다고 모두가 프로그래밍에 능하거나 인공지능을 잘 아는 것은 아니다. 따라서 해당 스킬셋을 갖춘 사람과 그렇지 않은 사람들 간의 긴장감이 오래전부터 존재해왔고, 지금도 여전히 비슷한 형태로 이어지고 있다. 인공지능으로 분석 능력이 평준화된다면 앞으로는 사라질까? 저자의 서술을 보면, 월가의 문화는 어떤 측면에서는 놀라울 만큼 변하지 않는다는 것을 느끼게 된다.

이런 에피소드들만 보면 월가가 '그저 그런 직장'처럼 보일 수도 있다. 하지만 월가 경험의 진짜 본질은 다르다. 월가에서 일한다는 것은 매일매일 돈을 벌어야 하고, 실적이 좋지 않으면 스스로 실패를 인정하고 고쳐야 하며, 다시 시도하고 또 다시 시도하는 삶을 사는 것이다. 저자가 7년 동안 그날그날을 살아내며 쌓아 올린 경험은 결국 투자에 대한 다음과 같은 중요한 결론으로 이어진다.

투자로 큰돈을 버는 방법은, '일어나기 전의 일을 정확히 전망하고 그에 맞는 포지션을 취하는 것'이다. 하지만 이 전망이라는 것은 사실상 누구에게나 매우 어렵다. 전망을 지나치게 자신 있게, 큰 소리로 떠들며 말하는 사람은—아이러니하게도—그 전망이 얼마나 어려운 일인지 이해할 만큼의 경험이 부족한 경우가 대부분이다.

투자를 오래 할수록 배우는 것은, 전망 능력보다 예상하지 못한 일이 벌어졌을 때 어떻게 대응하고 견디는지가 더 중요하다는 것이다. 물론 사람들은 전망에 따라 반응하고 큰소리치는 전망가를 좋아한다. 그렇지만 진짜 투자의 세계는 훨씬 더 복잡하고 현실적이다.

월가에서 7년 동안 자신을 갈아 넣으며 일한 저자의 경험은 독자로 하여금 투자에 대해 다시 생각하게 만든다. 그러나 그 어떤 교훈보다도 이 책의 가장 큰 매력은 정말 재미있다는 점이다. 마치 한 편의 K-드라마를 보는 듯한 생생함과 몰입감이 있다. 그래서 자신 있게 추천한다.

영주 닐슨
성균관대 글로벌경영전문대학원 교수, 전 퀀타비움캐피털 최고투자책임자

프롤로그

•

처음 월가 트레이딩 플로어에서 커리어를 시작했을 때, 나는 이곳에 속한 사람들에겐 금융시장을 예측하는 숨겨진 비법이 있다고 생각했다. 매번 수억 달러를 움직이는 기관 트레이더들이 쳐다보는 수많은 모니터 위에는 복잡한 숫자와 온갖 그래프가 정신없이 얽혀 있었고, 이해할 수 없는 용어를 늘어놓으며 시장에 대해 열띤 토론을 하는 얼굴에는 확신이 비쳤다. 금융의 중심인 월가에 들어가겠다는 꿈을 가지고 오랜 시간 동경해왔던 모습이었다. 그 장면의 일부가 되어 시장의 숨겨진 언어를 배우게 되었다는 사실에 나는 묘한 고양감마저 느꼈다.

하지만 몇 달이 지나, 점차 일을 배워가며 블룸버그 터미널에 입력할 '증권 주문' 같은 명령어가 손가락 수를 넘길 즈음에도 여전히 내 눈에는 시장의 미래를 예측하는 마법은 그 작은 실마리조차 보이지 않았다. 플로어 위 시니어 트레이더들이 나누던 암호와도 같았던 대화 내용은 그저 매일 처리해야 할 업무의 모음일 뿐이지, 시장의 움직임을 예측하는 내용과는 거리가 멀었다. 시간이 한참 지난 지금에 와서 돌이켜보더라도, 그곳엔 예측의 비법 따윈 없었다. 그들은 시장을 이기려는 싸움이 아닌, 기준을 지켜나가는 싸움을 하는 사람들이었다.

시장의 등락에 베팅하는 경우란 없었다. 거래를 진행하다 증권 포지션이 잡히기라도 하는 때에는(증권을 보유하든 공매도를 하든), 모두가 그 포지션의 가격 변동 리스크를 어떻게 쪼개고 없앨지만 고민하기 일쑤였다. 그들은 시장이 어디로 흐르든 영향을 받지 않는 중립을 지독하게 추구했다. 큰 포지션을 쌓아 시장을 멋들어지게 이기며 막대한 수익을 올리는 그런 영화와도 같은 모습은 찾아볼 수 없었다. 내가 가졌던 '월가 트레이딩 판타지'는 그렇게 허물어졌다. 인터넷 게시판에서 뜨는 개인 투자자들의 투자 무용담이 더 과감해 보일 정도로 월가의 트레이더들이 시장을 대하는 방식은 지독하게 사무적이었다.

트레이더들은 몇 대의 모니터에 블룸버그 터미널부터 사내 리서치, 그리고 온갖 채팅창까지 띄워두고 시장의 모든 순간을 관찰하는 데 집착했다. 점심을 먹다가도 시장에서 급격한 움직임이 나타나 울리는 경고음을 들으면 손에 든 샌드위치를 팽개치고 무슨 일이 일어났나 분석하기에 바빴다. 누구보다 시장을 가까이서 살피는 트레이더들이 도대체 왜 포지션이 쌓이는 것을 두려워하고 시장을 이기려는 시도조차 하지 않는지, 시장의 움직임이 만들어내는 수많은 기회를 왜 잡으려 하지 않는지 이해하게 된 순간은 그로부터 1년이란 시간이 더 지난 뒤에야 찾아왔다.

금융시장은 예측이 수익으로 전환되는 공간이 아니었다. 통신 기술의 발달로 정보는 빛의 속도로 확산되고 있었고, 감추어진 정보를 캐낸다거나, 얄팍한 지식으로 시장을 예측해 수익을 내고자 하는 사람들은 멸종을 면치 못했다. 예측은 실패했을 때 너무나 비싼 비용을 치러야 하기 때문이다.

시장은 '눈먼 기회란 없다'라는, 철저한 자본의 논리로 움직이는 장소였다. 수익성이 보장된 정보는 내 손에 들어오기 전에 이미 불특정 다수의 시장 참여자에게도 공유되었다. 내가 참신하다고 생각했던 투자 전략 또한 이미 그 분야에 집중하여 오랜 시간 공들인 사람들이 선점했던 방법의 "하위 호환"일 뿐이었다. 날카로운 예측을 통해 시장을 이겨보겠다는 얄팍한 생각은, '돈 냄새 나는 기회는 당신만 노리는 게 아니다'라는 논리 앞에 너무나 쉽게 깨어져버렸다. 이 때문에 천문학적인 돈을 움직이는 트레이더와, 그들의 거래상대방인 기관투자자는 미래를 쉽게 예측하려 들지 않았고, 시장보다 자신이 더 많이 안다는 섣부른 착각을 항상 경계했다.

내가 아는 걸 모두가 안다는 당연한 명제로 인해 금융시장은 균형 가격을 형성한다. 균형 가격은 모두의 믿음이 합쳐진 결과이기 때문에 쉽게 움직이지 않는다. 하지만 세상에서 벌어지는 무수한 사건 사고로 인해 시장이 믿고 있던 균형에 금이 가는 순간, 새로운 깨달음을 얻은 모두는 같은 방향을 향해 전속력으로 뛰어간다. 그래서 시장은 움직이기 시작하면 극단적으로 움직인다. 시장을 이겨보겠다는 생각은, 자본의 논리가 만들어낸 불변의 법칙을 거스를 정도로 압도적인 가치를 만들어내겠다는 것을 의미했다. 그래서 월스트리트 금융시장에서 밥 벌어먹는 사람들은 섣부르게 시장의 움직임을 예측하지 않았다.

나 또한 프로의 세계에 발을 들이기 전, 개인 투자자의 신분으로 뉴스나 차트 분석 따위에 의존해 주식과 외환을 사고팔다가 투자금을 날려본 경험이 있다. 투자자들이 어떤 시야에서 시장을 판타지화하고 무슨 기대를 마음속에 품는지 너무나도 잘 알고 있었기에, 월가에서 깨닫게 된 시장의 본질은 그야말로 충격일 수밖에 없었다.

더 놀라운 사실은, 시장을 이기려 들지 않고도 금융시장에서 찾을 기회는 많다는 것이었다. 시장은 얄팍한 실력으로 자산 가격을 예측하려 드는 가짜 전문가들을 계속해서 추락시켰다. 마치 이들이 아무리 잔재주를 부려봤자 거스를 수 없는 중력이 작용하는 듯했다. 그렇지만 반대로, 금융시장에서 꾸준히 돈 버는 이들은 많았다. 이들이 수익을 올리는 방식은 특별할 것이 없었다. 시장 자체는 완벽하더라도 그 시장을 구성하는 사람들은 결코 완벽하지 않았기에, 시장에는 수많은 비효율이 생겨났다. 금융시장에서 꾸준히 가치를 발굴해낸 이들은 정교한 분석으로 시장을 '이긴' 것이 아니라, 이러한 비효율 속에서 자신이 더할 수 있는 가치를 찾아낸 사람들이었다.

트레이딩 플로어의 비즈니스도 마찬가지 원리를 따라 만들어졌다. 그곳의 인력은 투자자 고객이 필요로 하는 서비스를 제공하며, 시장의 비효율을 효율로 전환하는 방식으로 수익을 창출했다. 여기서 말하는 비효율은 대체로 금융시장의 구조적 한계에서 비롯된다. 나는 플로어의 선배들로부터 '시장의 구조'와 '비효율'은 금융시장의 본질을 이해하기 위해 반드시 알아야 할 핵심 개념이라고 수없이 들었다.

예를 들어, 금융시장에서 가장 근본적인 비효율은 여유 자금력의 불일치다. 어떤 운용사는 투자처를 찾지 못해 자금이 남아도는 반면, 다른 기관은 투자 기회는 분명한데 당장 융통 가능한 자금이 부족할 수 있다. 이때 자금이 부족한 기관은 조달 시장을 통해 여유 자금을 가진 주체로부터 자금을 빌릴 수 있다. 조달 시장을 잘 이해하는 트레이더들은 이러한 자금력의 수요와 공급의 불일치를 정확히 파악하고, 누가 자금의 공급자이며 수요자인지 읽어낸다. 그리고 이를 활용해 단기 차입자금의 예대마진에서 수익 기회를 포착한다. 금융시장의 가장 기초라 할 수 있는 '돈이 필요한 사람'과 '돈이 남는 사람'이 세상에 뒤섞여 있다는 구조적 비효율이 하나의 수익성 좋은 트레이딩 기회로 전환되는 셈이다.

정부 기관의 각종 금융 정책 또한 트레이딩 기회로 이어지는 시장의 구조적 비효율을 만들어낸다. 2008년 서브프라임 모기지 사태로 전 세계가 경제 위기에 직면했을 때, 각국 중앙은행은 자금시장의 유동성을 개선하기 위해 자국 경제 구조의 핵심이 되는 채권을 선정하여, 이를 시장에서 직접 매입하는 양적완화를 단행했다. 거시경제 안정화를 위한 대규모 금융 정책은 하루아침에 끝나지 않을뿐더러, 채권의 매입 또한 시장에 점진적으로 유동성을 주입하기 위해 오랜 시간에 걸쳐 집행한다. 그 결과, 장기간 채권과 관련 파생상품 가격은 꾸준한 상승세를 경험했다. 이는 '정책과 시장의 시차'가 빚어낸 전형적인 구조적 비효율이었고, 당시 기관 트레이더들은 이를 적극적으로 활용해 큰 수익을 거둘 수 있었다.

이렇듯 시장의 비효율은 돈의 흐름, 금융 정책, 규제, 시장에 참여하는 구성원들의 역할과 이해관계 변화 등 여러 요소에 의해 발생한다. 따라서 시장에서 더 많은 비효율을 발견하려면 금융시장의 구조뿐만 아니라, 시장을 구성하는 사람들의 속성과 행동 양식을 깊이 이해해야 했다. 시장의 최소 단위는 결국 '사람'이기에, 사람을 이해하는 것이야말로 금융시장의 본질을 꿰뚫는 길이었고, 나아가 그 본질로부터 기회를 찾아내는 실마리이기도 했다. 이는 내가 금융의 중심 월가에서 배운 가장 값진 교훈이었다.

몇 년이 흐른 뒤, 한국에 돌아와 한 카페에 앉아 있었을 때였다. 근처에서 누군가 열변을 토하며 자신의 투자 성과를 일행에게 자랑하는 목소리가 들려왔다. 코로나 시기를 거치며 위험자산 가격이 급격히 상승했고, 그로 인해 투자에 대한 대중의 관심은 극에 달해 있었다. 이처럼 투자 무용담은 어디서든 쉽게 들려오는 일상이 되어 있었다. 이런 무용담이 으레 그렇듯, 그는 자신이 얼마나 통찰력 있게 시장을 읽었는지, 뉴스를 조합해 어떻게 '알짜 정보'를 선별했는지, 그리고 그로 인해 얼마나 큰돈을 벌었는지 은근히 자랑하고 있었다. 그의 이야기를 듣던 일행들은 연신 고개를 끄덕이며 감탄했고 자신들에게도 투자 정보를 알려달라고 부탁했다. 그의 말을 그대로 믿는 눈치였다.

내가 월가에서 몇 년을 보내며 확실히 배운 것 중에 하나는, 시장을 꿰뚫어 보고 장기간에 걸쳐 확실하게 이긴다는 사람의 말은 거의 다 거짓이라는 사실이었다.

자산 가격에 영향을 끼칠 정보가 퍼질 때 시장 참여자들이 새로운 기대감에 따라 매매를 하면서 자산의 균형 가격이 새롭게 맞추어진다. 따라서 남들보다 더 빠르게 (적법한 방법으로) 자산 가격 예측에 유효한 정보를 획득한다면 자산이 새로운 균형 가격을 찾기 전에 미리 매매해 '시장을 이기는 수익'을 올릴 수 있다. 하지만, 현재의 시장에서 개인 투자자가 공개 정보를 바탕으로 다른 참여자들보다 더 빠르게 자산을 매매하는 것은 불가능에 가깝다.

인터넷과 프로그래밍 기술의 발달로 정보의 취득은 양이나 속도 면에서 모두 인간이 인지 가능한 속도의 한계를 아득히 뛰어넘은 지 오래되었다. 최신 기술을 이용해 남들보다 빠르게 정보를 취합해 거래 전략에 반영하고자 하는 경쟁은 천문학적인 금융자본과 인적자본을 들여 나날이 발전하고 있기에, 개인이 정상적인 경로를 통해 발견한 '호재'나 '악재'는 보는 순간에 이미 현재 가격에 다 반영되어 있다. 따라서 정보의 취득으로 개인이 가질 비교우위는 매우 제한적이다.

정보를 빠르게 취득할 수 없다면, 특정 기업이나 자산에 대한 분석을 통해 향후 가격 움직임을 맞히려는 접근법이 자연스레 떠오를지 모른다. 안타깝게도, 이 영역에서 또한 일반적인 투자자가 가질 비교우위는 많이 제한적으로 보인다. 충분한 수준의 분석을 위해 갖추어야 할 데이터의 양은 방대하고, 그 취득 비용 또한 높다. 분석법 또한 점차 고도화되어, 직접 진행하는 분석은 물론이고 누군가가 제작한 분석 또한 대중에게 공개되는 정보의 경우 겉핥기 수준에 그칠 확률이 매우 높다. 심지어 기관투자자들마저도 정보의 취득 속도나 분석법의 정교화를 통한 경쟁에서 도태되어 영업을 종료하는 경우가 많다. 이런 상황 때문에 시장 전체에 베팅을 할 수 있는 ETF의 보급 이후, 특정 자산에 집중해 투자하여 시장 초과 수익률을 노렸던 헤지펀드들은 고전을 면치 못하고 있다. 달리 말하면, 이런 상황에서 워런 버핏 같은 가치투자자들의 성과는 더욱 위대하다고 할 수 있다. 다만 그런 성과 뒤에는, 쉽게 얻을 수 없는 통찰과 엄청난 노력이 깔려 있다는 점을 잊어선 안 된다.

이런 상황에서 개인이 시장을 이기는 수익을 내기란 쉽지 않다. 속칭 '리딩방'을 맹신하는 건 더더욱 위험하다. 시장을 이기는 수익을 꾸준히 내는 사람은 리딩방을 운영해 수십, 수백 명의 고객에게 쌈짓돈을 받는 건 비교도 안 될 정도로 막대한 부를 창출할 수 있다. 누군가에게 조언을 주는 데 필요한 적절한 전문성을 갖추지도 않은 이들이 리딩방 등을 통해 목소리를 내는 이유는 단순하다. 거짓 전문성을 떠드는 행위가 돈이 되기 때문이다.

사람들은 왜 이런 가짜 전문성을 그렇게 쉽게 받아들일까? 몇 년, 혹은 수십 년 동안 모은 피 같은 돈을 투자하면서도 왜 정작 자신이 내리려는 결정에 대해 깊이 생각해보거나 본질이 무엇인지 알려 하지 않을까? 무엇보다 투자 결정을 왜 자랑할 만한 무용담처럼 포장하려 할까? 그 차이는 교육 수준이나 경험의 유무와는 큰 관련이 없었고, 나와 가까운 사람들한테도 종종 발견되는 일상적인 오류였다. 사실 과거의 나 역시 크게 다르지 않았고 이는 이야기를 좇는 인간의 본성일지 모른다.

자본주의 사회에서 돈을 손쉽게 벌어낸다는 건 자신의 능력을 입증하는 일이고, 타인에게 인정받고 싶어 하는 인간의 인정욕과 만나 투자 무용담이 탄생한다. 그러다 보니 금융시장을 마치 판타

지처럼 받아들이고, 그 세계에서 활약하는 자신을 상상하게 된다. 하지만 아이러니하게도, 그런 판타지에 빠질수록 실패는 가까워진다.

문제를 더욱 심각하게 만드는 건, 많은 투자자들이 투자 실패의 원인을 단순히 감정적 과몰입에서만 찾으려는 단순화의 오류에 빠져 있다는 점이다. 아무리 심리적 안정을 유지하고 시장에 초연한 태도를 갖춘다 해도, 투자 전략 자체가 효용 없는 예측이나 잘못된 방법에 뿌리를 두고 있는 이상, 손실이라는 형태의 대가를 피하기는 어렵다. 개인들이 그토록 숨겨진 비법이 있으리라 의심하는 국내외 유수의 금융기관은, 시장을 예측하지도 않고 단기 가격 방향성에 베팅하지도 않는다. 이는 정보 확산 속도가 비약적으로 빨라지고, 투자 전략 또한 대중화되어버린 결과다. 한 세기 전이라면 통했을 '남들이 보지 못하는 점을 포착해 예측으로 돈을 버는' 방식은 이제 구시대의 유물에 가깝다. 여전히 그런 전략을 좇는다면, 아무리 올바른 투자 마인드를 갖췄다 해도 실패의 쓴맛을 피하기는 어렵다. 독자를 위해 덧붙이자면, 여기서 말하는 '무의미한 예측'이란 시장이나 특정 종목의 단기 가격 등락을 맞히려는 시도를 뜻한다.

물론, 금융시장에는 깊이 있는 분석을 통해 불확실성 속에서도 매력적인 현재 가치를 가진 자산을 찾아내는 탁월한 투자자들이 존재한다. 그러나 그들의 투자법조차 언제 어떤 종목이 오르내릴지를 점치는 행위와는 거리가 멀다는 점을 기억해야 한다.

실제로 금융시장의 작동 방식이 더 효율화되며 정보나 분석의 이점을 만들어내는 데 필요한 자본과 노력의 양이 가파르게 상승하고 있다는 사실, 그리고 정교하지 못한 시장 예측과 공격적인 투자 전략이 오히려 투자 손실을 가중한다는 현상은 여러 논문과 연구에서 다루어지고 있다. 최상위권의 기관을 제외한 대다수의 헤지펀드는 꾸준하게 시장을 이기는 수익률을 달성할 역량을 잃어버렸고,[1] 그 결과 2024년 미국 내 헤지펀드의 운용 자산 규모는 패시브 전략을 다루는 뮤추얼펀드와 ETF의 자산에 추월당했다.[2]

기관뿐만 아니라 개인 투자자의 경우도 마찬가지다. 한국 개인 투자자 약 20만 명의 거래 데이터를 통해 거래 행태와 투자 성과를 분석한 자본시장연구원의 보고를 살펴보면 흥미로운 사실이 눈에 들어온다. 개인 투자자들이 잦은 매매를 수행하거나, 특정 종목을 선별하는 경향을 가질 때, 이에 비례하여 확증편향, 정보 편식, 역선택 등의 논리적 함정에 빠질 확률이 증가해 수익률이 악화된다는 점이다. 이러한 어려움은 비단 한국 개인 투자자들만 겪는 것이 아니라 자본시장이 존재하는 어느 곳이건 마찬가지로 찾아볼 수 있다. 금융 시스템이 점차 고도화되고, 정보의 전달 속도와 시장 효율화가 날이 갈수록 가속하고 있기 때문이다. 이전의 방식을 고수하는 식으로는 투자 여정에서 고전을 면치 못하게 될 가능성이 높다.

세상에는 투자에 있어 올바른 방향성과 방법론을 제시해주는 좋은 책이 많다. 그럼에도 불구하고 투자자들은 여전히 같은 실수를 반복한다. 내가 월스트리트에서 마주한 금융시장은 투자 결정만 잘 내리면 무한한 부의 기회가 창출되는 그런 마법 같은 곳이 아니었다. 과거의 나뿐 아니라 대다수 투자자들에게 헛된 심상을 주입해 착각에 빠트리는 그릇된 이미지를 먼저 깨뜨려야 한다는 생각이 이 책을 쓰는 이유다. 그랬을 때 비로소 시장의 본질을 직시하고, 현명한 투자 판단이 가능해지길 바란다.

한국 투자자들은 종종 말한다. "외인들이 또 장난쳤다." 나는 그 '외인'의 트레이딩 플로어에서 일했다. 그들에게는 시장을 조작하여 개인들의 돈을 갈취할 의도도, 개인들의 포지션을 들여다볼 방법이나 의도도 없었다. 더욱이 2008년 금융위기를 거치며, 금융시장 규제는 더욱더 촘촘하게 짜였다. 그 그물망을 뚫고 개인을 '털어먹는' 전략은 현실 가능성도 없고, 수지타산도 맞지 않는다. 월가의 프로들이 거래하는 이유는 단 하나, 시장이 그렇게 움직이라고 했기 때문이다. 시장의 구조가 만들어낸 비효율에서 기회가 보였기 때문이다.

이 책은 투자 여정에서 성공하는 법을 함께 배워보았으면 하는 마음으로 쓰였다. 그 성공은 단편적인 전략이 아닌, 시장의 본질을 배우는 데에서 시작한다. 그렇기에, 이 책은 투자 전략이나 공식을 알려주지 않는다. 대신 투자법을 배우기에 앞서, 투자의 무대인 금융시장이 어떤 곳인지 알고자 하는 이들을 위한 책이다. 금융시장을 구성하는 사람들의 이야기를 통해 그 본질을 들여다보고, 그들의 경험 속에서 우리가 함께 되새기면 좋을 교훈을 차분히 찾아가는 여정을 독자들과 함께 떠나고자 한다. 운동을 오랫동안 잘 수행하기 위해서는 내 몸의 구조부터 익혀야 하듯, 평생 투자를 할 투자자는 자신이 활동할 시장의 구조를 먼저 이해해야 성공적인 투자를 할 수 있다. 우리는 종종 돈을 좇다 길을 잃는다. 이 책은 돈보다 시장을, 시장보다 사람을 이해하려 했던 기록이다.

Insider Insight

차례

추천의 글   4
프롤로그   8

1부
금융은 결국 사람의 이야기

월가의 점심, 유쾌함 뒤에 숨은 돈의 전쟁	27
큰 손실을 두려워한 신입과 월가의 통과의례	42
금융 정글의 인간 군상	58
당신은 트레이더인가, 투자자인가?	78
당신의 몸값은 얼마입니까?	97

2부

돈의 전쟁, 시장은 어떻게 사람을 움직이는가

월가의 존 코너, 자동화에 맞서다   117

시장은 정체를 용서하지 않는다   136

영화 밖의 트레이더: 구조를 해석하는 사람들   152

내년은 늘 불안하다, 그러나 누군가는 이긴다   168

'모른다'는 말이 가장 정확한 판단일 때   185

괴물이 된 트레이더   202

3부

시장의 언어를 배우다

코로나 패닉이 휩쓴 트레이딩 플로어   219

타이타닉의 승객들, 테일 리스크와 XIV호의 침몰   244

정글에서 살아남는 두 가지 방식   260

그럼에도 불구하고 금융을 배운다는 것   275

에필로그   286

주   290

1부

금융은 결국
사람의 이야기

"금융시장의 입구에서 마주치는 건
숫자가 아니라 사람의 얼굴이다.
인간적인 모습, 신입의 불안, 줄서기, 경쟁, 욕망, 정치.
시장은 결국 사람들의 이야기로 출발한다."

월가의 점심,
유쾌함 뒤에 숨은 돈의 전쟁

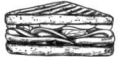

'Lunch'

점심. 직장인이라면 적어도 하루에 한 번씩은 듣게 되는 단어다. 메뉴를 고민하든, 클라이언트와 식사 미팅을 조율하든, 혹은 점심시간을 활용해 잠시 개인 용무를 처리하든, 직장에 출근하는 모든 이들은 이 점심이라는 단어를 매일 다양한 맥락에서 마주하게 된다. 영미권에서는 단어 'Lunch'에 '가치' 혹은 '보상'의 의미를 담아 각종 비유에서 활용하곤 하는데, 경제적 이익이라는 하나의 지령하에 일사불란하게 움직이는 월가 트레이딩 플로어에서 일하다 보면 'No free lunch(세상에는 공짜는 없다)'라든지, 'Someone is eating our lunch(누군가가 우리 비즈니스를 빼앗아가고 있다)' 같은 표현을 통해 자주 접하게 된다. 월가에서 보냈던 시간 동안 겪었던 각종 사건·사고 때문에, 지극히도 일상적인 이 단어를 들을 때마다 이따금 기억 속 심상을 자극하는 인물들이 몇 생겼는데, A도 그중 하나다.

A는 월가 엘리트 트레이더의 아이콘이라 불리기에 손색이 없는 인물이었다. 그에게는 날카로운 인상과 말쑥한 외모, 그리고 뛰어난 언변을 바탕으로 상대를 휘어잡는 카리스마가 있었다. 편하다는 이유만으로 후줄근할 정도로 품 넉넉한 셔츠를 고집하는 트레이더들 사이에서도 그는 항상 각 잡힌 정장과 광을 낸 구두를 포기하지 않았고, 그 덕에 플로어 반대편에서도 모두가 A를 알아보곤 했다. 그는 그렇게 자신만의 존재감을 확고히 형성한 인물이었다.

그러나 수많은 트레이더들 사이에서 A를 진정 돋보이게 만든 차별점은 그의 외모도, 복장도 아닌 그만의 독특한 화법이었다. 트레이딩 플로어의 모든 데스크에는 트레이딩 터렛Trading Turret이라고 불리는 통신 장비가 하나씩 놓여 있었는데, 쉽게 설명하자면 데스크 간 신속한 통화 연결을 위해 수십 개의 버튼에 즐겨찾기 번호를 지정해놓은 전화기다. 매일 아침 시장이 열리면 물밀듯이 걸려오는 전화에 터렛의 버튼들이 일제히 점멸하며 트레이더들에게 하루의 시작을 알렸다. 터렛은 일반 전화를 송수신하는 데에도 쓰이지만, 연결되어 있는 모두에게 일괄 방송을 하는 후트Hoot라는 기능도 탑재되어 있었다. 후트는 일반적으로 트레이더가 자신이 완료한 거래에 대한 복기를 공유하거나 다른 지역에 있는 동료를 긴급하게 호출할 때 사용하는 기능이었다. 그런데 A는 남들과는 다소 다르게 온전히 그만의 고유한 방식으로, 후트를 누구보다도 잘 활용하곤 했다.

시장에서 자산의 가격이 급격하게 움직이거나 모두가 주목할 만한 뉴스가 갑자기 등장할 때마다 A의 손가락은 지체 없이 후트 버튼으로 향했다. 그렇게 시작된 그의 광역 방송은 복잡하면서도 자극적이었다. 미국 연방준비위원회의 금융 정책 발표로 인해 채권지수가 한 방향으로 급격히 튈 때 A는 사실과 허상 사이 모호한 경계에 위치한 소문, 이를테면 할리우드 배우의 외도 가십을 비유로 가져와 채권지수의 움직임을 설명하는 등 청취자의 관심을 끌어오는 방법에 거침이 없었다. 더욱이 A는 자신의 비유를 복잡하게 꼬거나 의도적으로 허점을 드러내는 전략도 적극 차용했는데, 이는 마치 노련한 복싱 선수가 상대를 도발하기 위해 일부러 가드를 내린 것과 같았다. 점심시간 이후 나른하게 앉아 있다가 A의 후트를 들은 고객사 측 트레이더들은 저도 모르게 그의 링 위로 올라왔고, 할리우드 배우의 외도가 커플 중 누구의 잘못이냐로 실없는 스파링을 한껏 벌이다 결국 웃음이 터지며 홀린 듯 지수 스왑 거래를 체결하고서야 풀려나곤 했다.

이렇게 사람을 끌어당기는 화법으로 다수의 애청자를 보유한

A는 종종 기념할 만한 이벤트가 있을 때마다 같이 일하는 사람들에게 점심을 사곤 했다. 장이 열리는 동안 자리를 비우기 쉽지 않은 트레이딩 플로어의 업무 특성상 다수에게 한턱을 낼 때는 배달 음식을 시키는 것이 기본적인 관행이었는데, 여기서 종종 문제가 발생했다. 배달 문화가 잘 자리 잡은 한국과는 다르게 미국, 특히 코로나 이전의 미국에선 배달 실수가 꽤 잦았다. 다수를 배불리 먹일 양의 음식이 주문 내역대로 잘 조리되어, 배달원에게 전달되고, 트레이딩 플로어의 보안 규정에 따라 외부인과의 접선이 허락되는 지정 구역을 통해 주문자에게 온전히 전달되는 과정은 지난했다. 그 와중에 실수가 없으려면 운은 필수 요소였다. 트레이딩 플로어의 점심 주문은 해당 팀의 가장 막내가 도맡아 하기에, A의 주니어 트레이더는 빅 오더를 소화하느라 난처한 상황에 부닥치곤 했다.

그날은 A가 큰 트레이드를 성공시켜 자축의 점심 턱을 주문했는데, 하필이면 이 주문을 담당한 배달부가 심각한 길치였던 적이 있었다. 주문을 넣은 사람의 의지만으로는 결코 통제 불가능한 외부 변수 탓에 배달이 늦어진 상황이었지만, 굶주린 트레이더들은 원인에는 크게 관심을 두지 않았다. 성난 군중은 해명이 아닌 결과를 요구하기 위해 순서를 바꿔가며 A에게 다가가 점심은 언제 오냐는 질문을 던졌고, A는 아무런 말 없이 왼쪽 입꼬리를 올리며 어깨를 으쓱하는 것으로 대답을 대신했다. 그때마다 주문을 담당한 막내 팀원은 모니터만 말없이 응시하며 배달원의 실시간 위치를 확인할 뿐이었다. A가 어깨를 서너 번 으쓱거린 뒤에도 음식의 행방이 여전히 묘연하자, A는 급기야 자리에서 일어나 모니터를 응시하며 배달부의 행적을 파악한 뒤, 후트를 통해 배달부의 동선을 직접 생중계하기 시작했다.

"No no no, don't make a left turn there(거기서 좌회전하면 안 돼)!"

"Just a little bit closer(조금만 더 앞으로)!"

정작 배달부에게는 닿을 수 없는 내비게이션 생중계가 후트를 통해 엉뚱한 사람들에게 전달되자, 굶주려 성났던 트레이더들조차 박장대소하며 A의 방송을 청취하기 시작했다. 클라이맥스는 배달부가 몇 블록 떨어진 경쟁사의 빌딩에 잠시 멈춘 것을 지도에서 본 A가 갈라지는 목소리로 고함을 질렀을 때였다.

"Gents, they are literally eating our lunch(여러분, 우리 경쟁자가 말 그대로 우리 점심을 빼앗고 있습니다)!"

A를 비롯한 시니어들이 입버릇처럼 'Never let your competitors eat your lunch(경쟁자가 네 몫을 가져가지 못하게 하라)'라는 비유를 들

먹이며 트레이더들의 호승심을 부추기는 것이 일상이었기에, 청중의 표정을 읽고 분위기의 결을 바꾸는 데 도가 튼 사람만이 할 수 있는 계산된 한마디였다. 그 말이 사람들 사이를 휘저으며 모두의 표정을 뒤흔드는 찰나, A는 팔짱을 낀 채 여유롭게 그 반응을 감상했다. 시장의 급등락조차 아무 일 아닌 듯 바라보는 노련한 트레이더의 모습 그 자체였다. 뿜어져 나온 도파민 덕분인지 그 직후 트레이딩 플로어의 시간은 가속했고, 잠시 후 데스크의 전화가 울렸다.

"Hello, your food delivery is here(음식 도착했어요)."

배달부의 긴 여정, 그 종결을 알리는 전화였다. 우리는 그렇게 반쯤 식어버린 치킨을 씹으며 미뤄두었던 A의 트레이드 무용담을 경청하는 시간을 가졌다.

트레이더들은 빠르게 변화하는 시장 속에서 작게는 수백만, 크게는 수십억 달러가 넘는 거대한 규모의 자본을 다룬다. 그러다 보니 이따금 서로 날 선 모습을 보이며 경계하거나, 쓸데없는 부분에서 자존심을 내세우기도 하고, 때로는 괴팍하게 신경전을 벌이기도 했다. 이런 이들에게 화술을 통해 호감을 사고 공감대를 자연스럽게 끌어내는 A의 재능은 빛을 발했다. 이는 일상의 잡담에서뿐만 아니라, 전문성을 바탕으로 한 업무 대화에서도 마찬가지였다. A가 전달하고자 하는 메시지는 언제나 아슬아슬한 수위의 뒤틀린 유머 한 꺼풀로 포장되어 있었고, 대화 상대는 괴상한 포장지를 벗기는 데 정신이 팔려 저도 모르는 새에 A에게 고지를 내주는 일이 빈번했다. 이렇듯 '독특하다'라는 표현만으로는 다 형용할 수 없던 A의 영업 주도 방식은 그를 뛰어난 트레이더로 거듭나게 한 원천이었다. 월가의 투자은행에서는 뛰어난 세일즈 능력이 곧 초고속 승진의 기반이 되기에, A는 자신이 가진 강력한 무기를 적극 활용해 자신만의 영역을 공격적으로 넓혀나갔다.

그런데 대다수의 동료들이 A에 대해 놓치고 있는 것이 있었다. A가 가진 욕심의 크기였다. 매년 A가 회사에 가져오는 성과와 화려한 언변을 재료 삼아 꾀어놓은 충성 고객층을 생각하면, 그가 한두 단계 더 승진하는 모습은 크게 이상하지 않았다. 하지만 A는 그 이상을 원했다. A와 가깝게 일하지 않았더라면 그가 청산유수의 말솜씨 하나만으로 영업 성과를 냈다고 착각하기 쉽지만, 그건 사실이 아니었다. A는 틈틈이 무언가를 준비하기 시작했다. 어느 조직이건 평사원이 임원까지 올라가는 일은 드물다. 성과주의가 문화로 자리 잡혀 경쟁이 숨 쉬듯 당연한 조직이라면 더욱 그렇다. 내가 남들 위로 올라가고자 하는 만큼 남들도 똑같이 노력하기 때문이다. 특별한 무기를 갖추는 시간은 소설에서처럼 짧고 경쾌하지 않다. 그래서 A는 긴 시간 조용히 물밑 작업을 시작했다.

월가의 인재 밀도는 높았다. 2008년 금융위기 발발 이후 생겨난 각종 금융시장 규제와 실리콘밸리의 부흥으로 인해 투자은행 커리어의 상대적 매력도가 경감되었다는 우려가 무색하게도, 매년 전 세계의 최상위권 대학을 통해 수천 명의 지원자들이 월가의 문을 두드렸다. 엄청난 숫자의 지원자들이 몇 차례의 면접과 잠재력 평가 목적의 인턴십 프로그램을 통해 추려졌다. 회사는 그 걸러진 인재들을 체계적으로 교육하고, 서로 경쟁하도록 유도했다. 월가의 근간이 되는 철학은 극도의 성과주의이기에 평생직장이나 고용 안정성이라는 개념 자체가 존재하지 않았고, 그곳에서 일하는 사람들은 누구나 살아남기 위해 자맥질을 멈추지 않았다. 대신 살아남은 자들에게는 달콤한 보상이 주어졌다. 자신의 성과에 비례한 보수 구조 덕분이었다. 실적이 좋은 트레이더에게는 연봉의 수배가 넘는 연말 성과급이 지급되기도 하지만, 그 반대편 자리에 앉은 사람은 성과급을 한 푼도 못 받고, 심지어는 한순간에 일자리를 잃는 상황도 발생했다.

극한의 성과주의로 단련된 월가의 세일즈 역량만큼은 타 산업의 추종을 불허했다. 기본적으로 모든 사업 활동이 금융시장이란 통로를 거쳐 완전경쟁에 노출되어 있다 보니, 하루하루가 클라이언트를 유치해 딜을 성사시키기 위한 경합의 연속이었기 때문이다. 이 경합을 뚫고 살아남은 월가의 베테랑들 사이에서 두각을 드러내고 한층 더 위로 올라가려면 흡인력 있는 화법을 뛰어넘는 무언가가 필요했다. 영업 전쟁을 거치며 산전수전을 다 겪은 A도 이를 잘 알고 있었다. 그는 남들이 쉽사리 눈치채기 어려울 정도로 조용히 또 다른 무기 하나를 벼려놓았는데, 그건 바로 신사업에 대한 준비였다. 알고리즘을 활용한 채권 거래의 자동화라는 신사업을 시작할 당위성을 확보하고자 A는 조심스레 사내에서 자신의 위치를 다시 설계하고 있었다.

인터넷과 통신기술이 발달하기 시작한 1990년대에 들어서면서 월가 내 알고리즘 거래Algorithmic Trading에 대한 관심 또한 본격적으로 커졌다. 이후 미국 증권거래위원회Securities and Exchange Commission의 주도하에, 자산 거래 시장 내 자동화 플랫폼의 도입과 알고리즘을 이용한 거래 체결에 대한 규제가 지속해서 추가·보완되었다. 그 결과, 제도적 명확성이 갖추어졌고, 거래소와 투자은행, 각종 펀드 등 월가의 모든 플레이어들이 앞다투어 거래 자동화를 수용하기에 이르렀다. 이와 같은 금융시장 선진화의 추세는 IT 산업의 발전과 궤를 같이하며 더욱더 가속되었다. 알고리즘 거래란 미리 정해둔 규칙에 따라 프로그램이 자동으로 주문을 체결하는 거래를 말한다. 예를 들어, 동일한 자산이 두 시장에서 미세하게 다른 가격에 거래되고 있으면 프로그램이 즉시 싸게 사고 비싸게 파는 차익거래 등이 알고리즘 거래의 일부다.

월가를 뒤덮기 시작한 전산화와 자동화의 물결은 빠르면서도 느렸다. 외환과 주식처럼 규모가 크되 개별 종목의 개수가 제한적이라 구조가 잘 정형화된 자산군이 가장 먼저 자동화의 우선순위에 올랐다. 1968년 6월, 뉴욕증권거래소New York Stock Exchange는 급증

한 주식 거래량으로 인한 서류 처리 과부하를 해결하기 위해, 매주 수요일 장을 열지 않기로 결정했다.[1] 그러나 1980년대 후반에 이르러, 주식 현물과 주식형 파생상품의 거래 처리는 완전히 전산화되었다.[2] 일간 1,600만 주의 거래를 감당하지 못했던 시스템은 전산화를 통해 구조를 개편했고, 그 수십 배를 웃도는 규모의 거래량도 소화하게 되었다.

2000년대 초반에 접어들며, 금융 산업 내 알고리즘의 위상은 한층 더 높아졌다. 초 단위로 수십 건의 거래를 일으키는 고빈도 거래High Frequency Trading 기법은 이전 세대의 기술과는 비교할 수 없을 만큼 빠르게 발전했다.[3] 자기자본으로 거래하는 시카고와 뉴욕의 프랍 트레이딩사들은 자체 개발한 알고리즘을 통해 천문학적인 거래량을 발생시키며 수익을 추구했다.

2010년대에 들어서며 서버 성능과 데이터 처리 기술은 급격히 발달했다. 이로 인해 복잡성이 높은 파생상품과 채권에도 자동화 거래 기술이 본격적으로 도입되기 시작했다. 하지만 이 자산군은 주식과 외환처럼 고빈도 거래 기술의 수혜를 온전히 받지 못했다. 알고리즘을 적용하고 자동화 거래 전략을 도입하려면, 먼저 데이터를 통일된 형태로 정제해야 하고, 거래 체결 방식도 규격화돼야 했다. 그러나 채권과 일부 파생상품은 거래소가 아닌 딜러 간의 양자 거래로 이뤄지는 경우가 많아, 주식과 외환시장을 바탕으로 만들어진 자동화 기술을 그대로 적용하긴 어려웠다. 그래서 초창기의 채권 관련 트레이딩 알고리즘은 조악하기 짝이 없었다.

하지만 과거에 시장의 구조적 변화가 일어나지 않았다는 사실과, 앞으로도 변하지 않을 것이라는 예단은 전혀 다른 차원의 판단이다. 기술적 진보를 탐색하는 시도는 한번 시작하면 멈추기 어렵다. 시장 지배력을 확보한 쪽이 큰돈을 벌 수 있다는 '고해상도 가능성'은 돈 냄새를 맡고 기회를 잡고자 판에 뛰어든 다양한 인재를 끌어모았다. 채권시장과 복잡한 구조의 파생상품시장 역시 타 자산군보다는 다소 느렸지만, 분명히 한 단계씩 기술적으로 진화하고 있었다. 제인스트리트Jane Street나 시타델증권Citadel Securities, 그리고 서스쿼하나Susquehanna 등 자동화 전략 솔루션에 일찍이 크게 투자한 트레이딩사들이, 이제는 월가 투자은행으로부터 채권시장의 점유율을 서서히 빼앗고 있었다.

이 상황을 면밀히 지켜보던 월가 트레이더들의 반응은 크게 두 부류로 나뉘었다. 새로운 기술이 자신들의 일자리를 위협하리라 생각해 어떻게든 발전의 속도를 늦추어보려 이빨을 드러냈던 집단과, 반대로 최대한 기술을 빨리 받아들여 경쟁 우위를 가져가려 하는 집단이었다. A는 후자의 길을 택하고자 했다. 시장의 자동화와 시스템의 전산화는 멈출 수 없는 시류이고, 그가 보아왔던 지난 십여 년간의 흐름을 바탕으로 생각해본다면 변화의 속도는 점점 더 빨라질 것이 자명했다. 트레이딩 플로어에서 한때 모두가 선망했던 데스크 중에서도 자동화의 트렌드에 호환되지 않는 팀들은 매년 하나둘씩 인원을 줄이다 결국 사라졌다. A는 이 같은 변화는 거스를 수 없으리라는 확신을 가졌다. 그래서 시류를 놓치지 않기 위해, 과감히 투자에 나섰다.

A는 알고리즘을 활용한 거래를 주도하는 퀀트 트레이딩 부서의 리더가 되고자 하는 계획을 세웠다. 그는 이미 트레이딩 부서의 한 팀을 운영하는 시니어 트레이더였고, 산업의 큰 방향성에 대해 뜻을 같이하는 사내 경영진과 적지 않은 시간 동안 대화를 지속했다. 출사표를 던질 적절한 시기를 찾기 위해서였다. 단, A에게는 해결해야 할 문제가 하나 있었다. 그는 수학도 코드도 다루지 못했다. 그래서 A가 알고리즘을 활용하는 팀을 이끈다고 했을 때 의구심이 따랐다. 상당수 트레이더들이 그가 감당하기 어려운 싸움을 시작한 건 아닌지 의문을 제기했다. A는 채권 파생상품을 다루는 트레이더였다. 파생상품을 다루기 위해서는 기본적으로 수학적 모델에 대한 이해가 어느 정도 필요하긴 했지만, 실제 수학 모델들을 만들고 개선하는 직무는 사내 퀀트 분석가들의 몫이었다. 그래서 단순히 파생상품을 담당하는 트레이더였다는 꼬리표 하나만으로는 사람들을 설득할 수 없었다.

이와 같은 상황을 타개하기 위해 A는 팀 구성부터 손을 대기 시작했다. 트레이딩 부서의 일반적인 팀 구성은 단순하다. 거래 전략 수행과 리스크관리는 트레이더가, 거래 소싱과 고객 대응은 세일즈가 맡는 방식이다. A는 과감하게 팀의 구성 대부분을 IT와 퀀트 분석 인력들로 대체했다. 이는 기존 룰을 완전히 뒤집는 방식이었다. 직접 초빙한 시니어 퀀트 분석가에게는 팀의 전략적 방향을 결정할 권한을 부여했고, IT 인력들로 조직 피라미드의 상단을 채웠다. 트레이딩 플로어의 퀀트 분석가들과 IT 인력 중 적지 않은 수가 자신들의 성과가 트레이더나 세일즈에 비해 과소평가된다는 불만을 품고 있었는데, 위와 같은 A의 공격적인 인사 대우가 입소문을 타자 A의 팀에는 지원자들이 몰리기 시작했다. 팀은 점점 더 단단해졌고, A가 제시한 방향성에 공감하는 경영진도 늘어났다. A의 후트 방송에서도 그 전략의 색깔이 점점 더 선명해졌다.

"You may spot 'trading desk' on my business card, but we're really a powerhouse of quant expertise(팀명은 '트레이딩'이라고 적혀 있지만, 실제로는 퀀트팀이나 마찬가지입니다)."

계량 분석과 알고리즘 위주의 팀이라도 전략의 실행을 맡는 트레이더와, 거래 기회를 잡아 올 세일즈 인력은 구비해야 한다. 이전에는 퀀트 분석가 출신의 리더가 경영진의 승인을 받아 비즈니스를 개시한 뒤 팀을 확장하며 트레이더와 세일즈를 합류시켰다. 그러나 A는 정반대의 방향에서 출발했다. 트레이딩과 영업 능력은 자신을 포함한 소수가 커버하는 동시에, 부족한 모델링과 프로그래밍 능력은 외부에서 구해 와 팀에 내재화했다.

A의 전략은 성공적이었다. 퀀트 전략에 관심을 두고 여러 투자은행의 문을 두드리던 기업 고객들은 퀀트 모델의 근간이 되는 수학적 지식이나 기술적인 이해도만큼이나, 해당 전략을 사업적으로 어떻게 적극 활용할지를 묻곤 했다. A는 이 점을 파고들며 자신의 강점을 바탕으로 고객에게 솔루션을 제공했다. 그는 고객들이 수학 공식을 이해하기 위함이 아니라 모델의 언어를 시장의 언어로 바꾸어 들려줄 사람을 찾고 있음을 잘 알고 있었다. A를 만난 기업 투자자들은 사업적 상상력을 자극하는 그의 설명에 고개를 끄덕였다. 그는 시장의 구조가 바뀌는 흐름을 이해할 뿐만 아니라, 그 흐름에 올라탄다면 무엇이 가능한가를 제시할 수 있는 사람이었다.

퀀트 모델에 대한 설명을 심도 있게 해줄 분석가는 많았지만, 기업 투자자 고객들은 그걸 통해 직간접적으로 어떻게 돈을 벌어들일지 끊임없이 고민하는 사람들이었다. A는 그런 투자자들의 갈증을 해결해주며 고객의 마음을 사로잡았다. 그렇게 A가 기업 고객을 하나둘 유치하기 시작하자, 경영진의 인정을 받기 시작한 것은 물론이고 A의 영향력은 타 부서와 자산군까지 확장되었다.

이와 같은 A의 행보는 트레이딩 플로어에 큰 반향을 일으켰다. A의 이미지는 대인 능력을 기반으로 한 월가의 전형적인 트레이더였다. 그럼에도 불구하고 퀀트 전략을 차용하는 팀을 꾸려 새롭게 시작했다는 사실, 그리고 그런 변화를 추구한 속도까지 모두의 예상 범주를 뛰어넘었다. 점차 자신의 입지가 단단해지자, A는 더 많은 시간을 비즈니스 확장에 할애했다. 주요 고객사의 경영진을 만나 자신이 추구하는 전략의 방향성을 이야기하거나, 경쟁사 추이를 살피기 위해 정보를 모으는 등 외부 활동 빈도를 늘려갔다. 자연스럽게 A가 트레이딩 데스크에 붙어 있는 시간은 줄어들었고, 점심 주문 현황마저 콘텐츠가 되던 후트 방송 또한 듣기 어려워졌다.

기술 발전은 사람들의 사고방식과 행동 양상까지 바꾸어놓는다. A의 행적은 개인의 이야기이기도 하지만 월가라는 집합이, 혹은 더 나아가 금융 산업 전반이 겪고 있는 변화를 여과 없이 드러내는 사례다. 금융시장은 제도와 규제 위에서 작동하고, 금융시장을 통해 발생한 수많은 산업은 관례라는 관성에 발목을 잡혀 변화를 거부하기도 한다. 구성원들의 시각도 대체로 보수적일 수밖에 없다. 하지만 이런 상황에서도 A와 유사한 생각을 가진 사람들은 경주를 시작했다. 월가는 그렇게 천천히, 또 빠르게 변화 중이다.

Insider's Note

금융시장은 미지의 장소가 아니다. 수많은 사람들의 선택이 쌓여 만들어진, 살아 움직이는 집합일 뿐이다. 그 안에서 베테랑조차도 흔들리고, 살아남기 위해 매일 변화한다. 사람을 이해하는 것이야말로, 금융시장과 투자를 배우는 가장 현실적인 출발점이다.

근 손실을 두려워한 신입과
월가의 통과의례

'도제식 교육'이라는 말이 있다. 특정 분야에 통달한 장인이 신입을 가르칠 때 사전에 계획한 대로 가르침을 주기보다는, 실무를 보조하면서 어깨너머로 배우도록 하는 교육 방식이다. 정신없이 빠르게 돌아가는 트레이딩 플로어의 신입 교육 또한 도제식 형태를 따른다. 각 데스크에 배정된 순간부터 선배 트레이더들의 행동을 면밀하게 관찰하고 그들의 업무를 돕는 식이다. 이 과정에서, 과거의 나를 포함해 적지 않은 수의 신입사원들이 그간 꿈꿔온 월가와는 너무나도 다른 현실을 마주하게 된다.

월가에 처음 발을 들인 사람들은 꿈에 부풀어 있게 마련이다. 금융시장이라는 다이내믹한 전쟁터에서 전문성을 쌓을 기회를, 그것도 대학을 갓 졸업하자마자 1억 원이 넘는 초봉을 거머쥐게 되었으니, 들뜨는 것은 어찌 보면 당연하다. 물론 IT업계가 잘나가다 보니 월가에 대한 선호도가 이전만은 못하다고들 한다. 그렇다 해도 트레이더는 실력만 좋다면 경제적으로 큰 보상을 받을 가능성이 있는 만큼, 여전히 굉장히 매력적인 커리어 선택지다. 트레이딩 플로어에서는 올해엔 성과급으로 누가 얼마를 받았다더라 하는 소문이 굉장히 빨리 돈다. 그 액수는 신입사원들의 마음에 불을 지피기 충분한 거금이기에, 모두가 장밋빛 미래를 꿈꾸며 데스크에 배정되어 일을 시작하는 날을 기다린다. 하지만 여기엔 큰 착각이 있다. 트레이딩 데스크에서 신입사원들을 기다리고 있는 첫 업무는 무엇을 예상했든지 상당히 고통스럽다는 사실이다. 이번 이야기에 등장하는 B와 C는 둘 다 녹록지 않은 월가에서의 통과의례를 겪은 인물들이다. 하지만 그들은 각자의 첫해 이후 서로 정반대의 행적을 걷게 된다.

  B는 나와 같이 신입 시절을 지낸 동료였다. 당시 우리의 직함은 애널리스트^{Analyst}였다. 애널리스트란 직함은 트레이딩 플로어에서 두 가지 정반대의 의미로 통용되는데, 연차가 오래 쌓인 리서치 부서 총괄역을 지칭할 때도, 갓 커리어를 시작한 사원을 지칭할 때도 쓰였다. 물론 우리의 경우는 후자에 속했다. 직함을 직역하면 '분석가'지만, 사실 초짜 애널리스트가 담당하는 일은 분석과는 거리가 멀었다. 바로 이 사실이 많은 신입사원들이 처음으로 맞닥뜨리는 암초였다. 대개 애널리스트들은 자신들의 첫 업무가

팀에서 사용할 트레이딩 전략을 구상한다거나 데스크가 부담하는 리스크의 분석, 혹은 기민하게 움직이는 금융시장의 트렌드를 파악하는 일일 것이라고 멋대로 생각한다. 하지만 그런 업무는 데스크가 다루는 자산군에 대한 전문 지식과 함께 시장에서 포지션을 쌓아본 경험을 요구한다.

신입사원들은 본 업무를 맡을 역량이 부족한데, 동시에 팀 내 업무의 밀도는 빡빡하다는 현실이 합쳐지니 자연스럽게 트레이딩 플로어의 교육 방식은 도제식이 되었다. 트레이더들은 물밀듯이 밀려오는 고객들의 요구에 응대하느라 애널리스트들을 붙잡고 별도의 교육을 진행할 여유가 거의 없었다. 우리가 던져진 상황도 마찬가지였다. B와 나는 '도자기 빚는 장인'의 어깨너머를 훔쳐보고자 물을 길어오는 일부터 시작하였다.

"I feel like throwing up(토할 거 같아)."

B는 이따금 의자를 뒤로 잔뜩 젖히고 얼굴에 손을 올린 채 피곤한 한숨을 내쉬었다. B의 모니터 위에는 어지럽게 얽힌 거래 주문 내역이 보였다. 많은 거래가 자동화되어 기계로 처리되는 현대 금융시장에서도, 적지 않은 수의 거래는 담당자가 시스템에 직접 손으로 입력해야 한다. 그 이유는 많은 자산군이 장외거래Over The Counter 형식을 통해 거래되고 있기 때문이다. 개인 투자자에게 친

숙한 주식시장은 거래소Exchange를 기반으로 작동한다. 불특정 다수의 매수자와 매도자가 하나의 전자 플랫폼에서 만나 호가를 제시하고, 희망 가격이 맞는 경우에 거래가 자동으로 체결되는 구조다. 대다수의 거래가 빠른 속도로 이루어지며, 매수자와 매도자가 호가창을 통해 만나다 보니 거래상대방을 특정할 수 없다. 장외거래는 정반대의 성격을 갖는다. 매수자와 매도자 쌍방이 서로의 니즈를 파악해 거래를 직접 성사시킨다. 호가창이 존재하지 않기에 거래 과정에서 가격 협상이나 경쟁 입찰도 모두 수동으로 처리된다. 예를 들자면, 장외거래를 진행할 때는 블룸버그 터미널로 다음과 같은 메시지가 오간다.

'I am a seller of bond X(나는 X라는 채권을 팔고 싶어).'
'What's your offer(얼마에 매도할 건데)?'
'100.5(단위당 100.5달러).'
'Can bid 100.3(100.3달러면 살게).'
'Sure(그렇게 하자).'
'Thanks, done(오케이, 거래 완료).'

매수자와 매도자가 서로를 명확히 인지한 채 거래를 진행하기 때문에 장외거래를 양자거래Bilateral Trade라 부르기도 한다. 이렇게 장외에서 체결된 거래는 시스템에 수동으로 기재되어야 한다. 전화 통화, 혹은 채팅으로 가격 협상을 거쳐 매매한 증권이 어떻게 시스템에 자동으로 반영될 수 있겠는가? AI 기술의 발달로 음성 인식이나 자연어 처리 기술을 활용할 수 있다고는 하지만, 정확성이 생명인 증권 거래에서 기술의 불완전함으로 인해 거래 기록이 잘못 입력되는 리스크는 치명적이다. 이런 배경 때문에 트레이딩 데스크의 신입 애널리스트는 장외거래를 통해 체결되는 수많은 증권 거래 기록을 시스템에 집어넣는 업무를 도맡게 된다.

이미 발생한 거래를 시스템에 기재하는 단순한 업무지만 어려움은 존재했다. 트레이더들은 쉴 새 없이 채팅, 전화 통화, 이메일, 심지어 사내 메신저까지 동원해 증권을 활발하게 거래하기 때문에 모든 거래 기록을 빠짐없이 챙기는 일의 난도는 생각보다 높았다. 심지어 채권과 파생상품의 경우 비슷한 이름을 가진 종목이 수십 개 넘게 존재하고 각각의 가격 표기 방식도 다르기 때문에, 오류 없이 완벽하게 시스템을 업데이트하기 위해서 정신을 바짝 차려야 했다. 자칫하다가 실수라도 하면 트레이더들이 인지하고 있는 리스크와 시스템상에서 보여지는 리스크 상태가 달라질 수 있었다. 이는 심각한 문제였다. 월가 트레이더들의 비교우위는 전문적인 리스크관리에서 나오는데 자신의 리스크를 제대로 파악하지 못하는 순간 이 비교우위를 다 잃어버리기 때문이었다. 그리고 누군가의 실수로 인해 수익성이 위협받는 순간 트레이더들은 쉽게 끓어올랐다. 성난 트레이더를 마주한 애널리스트는 굶주린

사자 앞에 선 검투사와 같았다. 다만 이 검투사의 손에는 칼도 방패도 들려 있지 않았다. 물론 아래나 밖으로 도망간다는 선택지도 없었다.

애널리스트 B가 매일 생존을 위한 전투를 벌였던 경기장은 채권 구조화 파생상품을 거래하는 데스크였다. 이 데스크가 다루는 자산군은 극도로 난해한 구조를 가진 것으로 악명 높았고, 그 때문에 자동화 시스템을 거쳐 전산상에 입력된 거래라고 마냥 마음을 놓을 수도 없었다. 시스템 오류로 인한 실수 고치기, 고객이 이미 체결했던 거래를 취소 요청했을 때의 예외 처리, 거래한 증권이 시스템에 제때 등록되지 않은 경우 신규 증권 등록팀에 전화해서 요청 넣기 등 해결해야 할 문제가 끊임없이 이어졌다. 그럼에도 불구하고 B는 매일 차분함을 잃지 않았다. 그는 홍수처럼 밀려드는 각종 서포트 업무를 처리하며 싫은 소리 한 번 한 적 없었고 웬만해서는 애초에 실수를 하지도 않았다.

심지어 B는 많은 선대 애널리스트들을 좌절시켰던 손익 정산(PnL, Profit and Loss) 프로세스 또한 정복했다. 주식처럼 구조도 간단하고 종목의 가격이 확실히 존재하는 자산군을 다룰 때야 데스크의 손익이 얼마인지 계산하는 것이 쉽지만, 거래가 거의 일어나지 않는 구조화 금융상품의 경우 이야기가 전혀 다르다. 해당 상품이 어느 가격에 정산되느냐에 따라 당일 팀의 손익 결과는 천차만별 달라질 수 있었다. 그래서 트레이더들의 사고 구조를 잘 이해하고, 시스템이 해당 논리를 잘 반영하고 있도록 세심히 관리하는 것이 중요했다. 연산 과정의 복잡성 때문에 B는 매일 자정에 가까운 시간이 되어야 퇴근했다. 그러한 노력과 세심함은 주목받게 마련이다. B는 그렇게 트레이더들의 신뢰를 사게 되었고, 점차 중요도 높은 업무를 하나씩 도맡게 되기에 이르렀다.

사실 B의 인내심과 감정 조절 능력은 초인적인 수준이라 할 만하다. 언젠가 B가 업무 중 언짢은 표정을 지었던 날이 있었다. 그날엔 리스크관리 시스템에 오류가 발생했고, B는 오류의 원인을 파악하기 위해 구부정한 자세로 모니터를 가까이 들여다보고 있었다. B를 잘 모르는 사람이라면 그의 미간이 구겨진 이유가 고장 난 시스템 때문이라 생각했겠지만, 늘 함께 철야를 거치며 동고동락을 한 팀원들에게는 B의 모습이 평소와는 다르게 어딘가 불편해 보였다. 하지만 괜찮냐는 질문에도 B는 그저 무표정으로 고개를 끄덕였을 뿐이었다. 약 두 시간이 지나 시스템이 정상으로 돌아온 뒤, B는 자리에서 일어나더니 데스크를 황급히 떠났다. 그는 자리를 뜨는 와중에 데스크 헤드와 팀원들에게 이메일 한 통을 보내두었는데, 오전에 가족상을 당했다는 내용이었다. 외국에 있어 당장 장례식에 참석하기 위해 비행기를 탈 수는 없지만 잠시만이라도 감정을 추스르고 오겠다는 말이 쓰여 있었다. 몇 시간 뒤 B는 붉어진 눈시울을 하고 플로어에 돌아왔다. 업무를 대신 처리해주겠다는 모두의 제안을 정중히 거절하고 정산 업무까지 깔끔하게 마무리 지은 뒤에야 B는 비로소 소지품을 챙겨 건물을 나섰다.

커리어에 대한 야망이 있는 사람들이야 어느 분야에나 항상 존재한다. 다만 그 야망에 더욱더 기름을 들이붓는 곳이 금융시장이다. 자신의 업무 성적표가 시장을 통해 실시간으로 나오기 때문이다. 트레이더들은 수익으로, 영업 담당들은 고객으로부터 받아 오는 거래의 양으로 성적이 결정된다면, 애널리스트의 경우에는 팀이 업무에 집중할 수 있도록 얼마나 잘 서포트했는지에 따라 퍼포먼스 평가를 받게 된다. 매 순간이 시험인 셈이다. B도 나도 그리고 다른 애널리스트들도 이 시험을 치르며 매일매일 생존을 이어 나갔고, 그 과정에서 금융시장의 구조와 각종 자산군의 디테일을 체득하게 되었다.

데스크의 트레이더들은 신입 애널리스트들이 필요한 기초지식을 충분히 쌓았다 싶을 때쯤 작은 거래를 체결해보라고 등을 떠밀었다. 데스크의 손익에 영향을 거의 주지 않는 매우 작은 거래에 불과하지만 모든 신입들에게 첫 거래의 기억은 강렬하게 남기 마련이었다. 여태껏 어깨너머로만 훔쳐보던 거래와 협상의 기술을 직접 행해본다는 것은 값진 경험이었고, 이 기회를 놓치지 않고 거래를 잘 마무리 지으면 더 큰 거래의 기회로 연결되었다. 비로소 월가의 트레이더로서 본격적인 커리어가 시작되는 셈이었다.

B에게 주어졌던 첫 거래는 데스크가 노출된 환율 리스크를 없애기 위한 소규모 환헤지 트레이드였다. 환율시장은 금융시장뿐

만 아니라 실물 경제를 작동하기 위한 외환 거래까지 포괄하는 거대한 시장이니만큼 개별 거래 규모가 굉장히 크다. B에게 주어졌던 달러-엔 환율 헤징 거래 또한 비교적 크기가 작다고는 하나 액수 자체는 수백만 달러 단위였다. 하지만 B는 숫자에 압도되지 않고 차분하면서도 민첩하게 거래를 완료했고 팀을 향해 엄지손가락을 치켜올려 보였다. 그날도 여느 거래일과 마찬가지로 우리는 일일 정산을 끝마치느라 철야를 한 뒤에야 사무실을 나섰지만, 회사 근처의 작은 펍에 들러 맥주 한 잔을 들고 자축의 시간을 가졌다.

월가에서 일하는 동안 B와 같은 사람들을 통해 많은 배움을 얻을 수 있었지만, 모두가 명석하기만 한 것은 또 아니었다. 사람이 여럿 모이면 그들의 능력치는 대개 표준 분포를 그리게 된다. 실력자들만 모아두더라도 등수는 나뉘고, 그중 상위권 인력을 다시 뽑아 경쟁을 붙이면 그 안에서 상대적으로 두각을 보이는 이와 뒤처지는 사람이 또다시 나타난다. 이 이야기의 두 번째 주인공인 C는 B와는 정반대의 인물이었다. 누군가 내게 월가에서 일하는 동안 만났던 사람 중 가장 기억에 남는 사람을 꼽으라 하면 C는 항상 세 손가락 안에 들 것이다.

B와 함께 애널리스트로 고군분투했던 시점으로부터 시간이 꽤 지나, 나도 데스크에서 신입사원을 맞이하는 입장이 되었다. 그해에 우리 팀이 모집해야 했던 애널리스트는 총 네 명이었는데, 팀 소속의 트레이더 넷이 각각 애널리스트 한 명을 추천해 면접을 진

행하기로 결정했다. C는 동료의 추천을 받은 신입 중 한 명으로, 큰 체격에 비해 꽤 순박해 보이는 표정을 가진 후보였다. 하지만 C의 순박한 표정 뒤에는 타인이 쉽사리 알 수 없는 그만의 사차원적 사고 체계가 드넓게 펼쳐져 있다는 사실을 우리 누구도 짐작하지 못했다.

C는 면접 과정 초반부터 남들과는 조금 다른 독특한 언행으로 모두의 고개를 갸우뚱하게 했다. 면접 참여자들에게 우리 팀의 분기별 예상 교육 과정에 대한 안내가 나가던 중, C는 뜬금없이 연말 성과급을 분기별로 나누어 지급할 수 있냐는 질문을 던졌다. 성과급과는 전혀 관련 없는 안내 사항이 전달되던 중이었고, 일을 시작하기도 전에 성과급에 대해 물어보는 것 자체가 보통의 상식으로는 이해하기 힘들었다. 백번 양보해 트레이딩 플로어에 발을 들였기 때문에 성과급에 대해 궁금증을 가질 수는 있겠지만, 이런 질문은 면접 도중 팀에게 물어볼 것이 아니라 인사팀에 문의할 주제였다. 갑작스러운 C의 질문에 모두가 눈썹을 올리며 당혹스러운 시선을 주고받았지만, C를 애초에 추천했던 트레이더 한 명이 체면 때문이었는지 강력하게 긍정 의견을 내는 바람에 결국 C는 팀에 합류하게 되었다.

월가에서 C의 여정이 순탄치 않겠다는 생각이 강하게 든 건 그의 첫 출근 후 채 두어 시간이 지나지 않은 시점이었다. 부서의 시니어 한 명이 잠시 데스크를 방문해 신입 애널리스트들을 모아두고 한참 무언가를 설명해주던 참이었다. 그때 C의 애플워치 알람이 울렸고, C는 단 일 초의 망설임도 없이 자리에서 일어나 책상 밑에서 가방을 뒤졌다. 그가 가방에서 꺼내 든 것은 닭가슴살 파스타가 들어 있는 큰 통이었다.

"Sorry, I got to keep the protein up(제때 단백질을 챙겨 먹어야 해서요)."

아무리 업무 분위기가 상대적으로 자유로운 서구권 문화, 그중에서도 극도의 성과주의가 뒤섞여 업무 수행만 잘하면 큰 터치가 없는 월가라지만, 정상의 범주를 아득히 넘은 C의 행동은 모두에게 큰 충격을 주었다. 근 손실 때문에 제때 먹어주어야 한다는 말을 덧붙이며 태연하게 포크를 빙빙 돌리던 C의 모습, 이게 무슨 상황인가 싶은 부서장의 표정, 그리고 건너편에서 대화를 엿듣다 귀를 의심해 일어선 트레이더들까지 C가 만들어낸 상황에 잠시 시장의 시간이 멈춘 듯한 느낌까지 들 정도였다.

C의 화려한 데뷔는 단편적인 해프닝에서 끝난 것이 아니었다. 그의 업무 실수는 정도가 과했고 빈도도 지나치게 높았다. 고객의 오더 정보를 잘못 전달해 시니어들로 하여금 확인 전화를 걸도록 만들던 것은 사소할 정도였다. 그 전화를 걸었던 상대방의 신원도 파악하지 못한 채 트레이드를 미궁에 빠뜨린 적도 있었고, 심지어

는 데스크 손익 정산 보고 중 시스템에 들어가는 수치를 2백만 달러를 뜻하는 $2M이 아닌 20억 달러를 의미하는 $2B로 입력하여 리스크 시스템의 알람을 시끄럽게 울리기도 했다. 월가에서 이루어지는 모든 사업 영역은 철저하게 규제의 울타리 안에 있다. 리스크 보고와 관리 감독의 실패는 팀 차원을 넘어 부서장 이상의 질책으로 이어질 수 있어 심각한 사안이었다. 이렇다 보니 C의 악명은 꽤 높은 위치에 있는 경영진의 귀에까지 들어가게 되었고, 우리 팀은 수습에 본격적으로 힘을 쏟기 시작했다.

"We need to figure out this C situation(우리는 C 사태를 어떻게든 해결해야 돼)."

데스크의 팀장은 C로 인한 각종 골칫거리를 'C 사태'라 표현하며 모두의 경각심을 일깨우려 했다. C로 인해 크고 작은 사건·사고가 계속 발생하다 보니 팀 내에서는 C를 혼내기도 하고, 타이르기도 하며, 때로는 팀원들이 돌아가며 그와의 일대일 면담을 주최하는 등 여러 사후 조치가 시도되었다. 다양한 노력에도 불구하고 C의 업무 퍼포먼스는 딱히 나아질 기미를 보이지 않았.

그러던 중 하루는 동료 트레이더 한 명이 C에 대해 분노를 터뜨리게 된 계기가 있었다. 평소 이 트레이더는 말을 꽤나 무미건조하게 하는 편이었는데, 그의 훈계를 듣던 C는 어느 순간 불만을 가졌던 모양이었다. C는 인사팀에 보고하기 위한 목적으로 트레이더에 대한 불만 사항을 틈틈이 적어두었는데, 이 사실을 그가 알게 된 것이었다. 심지어 C의 기록 행위가 드러난 경위도 놀라웠다. 그 무뚝뚝한 동료 트레이더가 C에게 업무를 알려주기 위해 펜과 종이를 가지고 가까이 오라는 지시를 했는데, C는 아무 생각 없이 그 트레이더의 흠을 잔뜩 기록해둔 이면지를 들고 나타났던 것이다. 트레이더는 한참 업무 설명을 하던 도중, C의 메모장에 눈이 갔고 이면지 위에서 자신의 이름이 반복되는 것을 이상하게 여겨 자세히 들여다보았다. 그리고 그는 이면지 위에 적나라하게 적힌 자신의 험담을 보고 이성을 잃었다. 결국 터질 게 터져버렸다.

감정이 격해진 양쪽을 중재하느라 나를 포함해 우리 팀 전원은 며칠간 꽤 고생을 해야 했다. 여담이지만 최초에 C를 강력히 지지했던 팀원은 일찍이 다른 부서로 이동해 이 모든 과정에서 자유로울 수 있었다. 이렇게 커리어의 시작부터 화려했던 C는 몇 차례 퍼포먼스에 대한 피드백을 받아보았고, 당연하게도 좋은 말이 적혀 있을 리가 없었다. 오래 지나지 않아 C는 별안간 다른 회사로 옮겨갔다. 남겨진 우리는 종종 블룸버그 터미널에서 C의 이름을 검색해보며 그가 일으켰던 소동을 회상하곤 했다. 그는 새로운 곳에서도 여전히 문제를 일으키고 있을까?

C와 같은 시행착오를 거쳐도 트레이딩 데스크는 애널리스트의

모집을 멈출 수 없다. 금융시장은 끊임없이 움직인다. 매일 급변하는 시장 속에 파묻혀 업무를 하다 보면 항상 무언가에 쫓기는 느낌이 들기 쉽다. 그렇기에 트레이더들에게 영민한 애널리스트는 큰 도움이 된다. 트레이더들이 온전히 거래에 집중할 수 있도록 거래 기록 입력부터 정산(세틀먼트) 진행, 리스크 시스템 체크까지 전방위적으로 트레이더를 보조할 수 있기 때문이다. 첨단 금융공학 기술이 난무하는 월가의 트레이딩 플로어에서도 이렇게 사람 손에 의존할 수밖에 없는 업무가 존재하는 것은 아이러니하다. 물론, 오픈AI가 불붙인 AI 전쟁이 가져올 파괴적인 혁신이 이러한 수동 업무를 어떻게 변화시킬 것인지도 하나의 큰 관전 포인트다.

모든 증권이 수동 관리가 필요한 장외시장이 아닌 자동화 플랫폼을 통해 거래된다면 애널리스트의 애환은 불필요해질 수도 있겠지만, 시장의 구조상 모든 증권이 거래소를 통해 체결이 이루어지기는 어렵다. 주식이야 한 기업이 일반적으로 보통주와 우선주 정도를 발행하는 것이 고작이다. 하지만 채권의 경우는 다르다. 한 기업이 다양한 만기일과 이자율을 가진 채권 수십 종류를 발행하기도 할뿐더러, 기업을 넘어 국가, 지방정부 채권 심지어는 미래의 현금흐름을 담보로 한 자산유동화 채권까지 그 종류가 방대하다.

파생상품으로 시선을 옮기면 상황은 더욱더 복잡해진다. 파생상품은 금융시장 내 존재하는 다양한 니즈를 반영해 무수히 다양한 형태로 존재할 수 있기 때문이다. 자산의 종류가 방대한 만큼 그 종류를 한데 모으고 관리하는 플랫폼을 만드는 것은 굉장히 어려운 일이다. 애써 시스템을 만들어놓는다고 해도 그 플랫폼이 제대로 활성화될지 또한 미지수다. 형태의 통일이 이루어지지 않은 종목에는 자본의 효율성이 떨어져 유동성은 파편화될 수밖에 없고, 유동성이 흩어져 있는 시장에서는 거래가 잘 일어날 수 없기 때문이다.

물론 데이터 처리 전략과 통신기술이 발전하며 더 많은 자산군이 순차적으로 자동화 플랫폼 내에 편입되고 있다. 어떤 자산군은 주식처럼 거래소 모델을 통한 체결이 시도되기도 하고, 또 다른 자산군은 기존의 장외거래 형태를 본뜬 전산 플랫폼에 통합되기도 한다. 다만 금융시장은 돈이라는 매개체를 중심으로 거대한 이권이 복잡하게 얽혀 있는 곳이다. 가뜩이나 복잡한 매듭을 더욱더 단단히 당겨 묶는 존재가 규제당국이다. 신기술 도입 이전에 금융사고의 가능성을 최소화해야만 시스템 실패로 인한 혹시 모를 사회적 혼란을 미연에 방지할 수 있기 때문이다. 이런 역학관계로 인해 아마 월가에서의 업무는 완전히 자동화되기까지 적지 않은 시간이 소요될 것이다. 그렇기에 애널리스트라는 신입사원들의 고군분투는 당분간 계속될 예정이다.

Insider's Note ─────────────

자동화의 시대에도, 사람은 금융시장이란 기계를 움직이는 핵심 부품이다. 화려한 기대와 달리, 이 세계의 구성원들은 허드렛일부터 버티며 기회를 쌓아간다. 금융 역시 여느 산업처럼 실수와 성장이 공존하는, 사람들의 드라마다.

금융 정글의 인간 군상

 트레이딩 플로어를 구성하는 가장 작은 단위는 '데스크'라 불리는 몇 명 규모의 팀이다. 플로어 위의 수많은 데스크들은 제각기 독립적인 회사처럼 움직인다. 데스크마다 다루는 자산군의 종류와 사용하는 전략도 다르고, 팀 문화도 고유한 데다가 심지어 팀원에 대한 독자적인 인사권까지 가지고 있다. 어떤 데스크에 합류하는지에 따라 개인의 회사 생활과 커리어 성장 속도가 판이하게 달라질 수 있다 보니, 인기 있는 데스크의 배정에는 치열한 경쟁이 붙는다.
 데스크 선별 과정은 트레이더가 되고자 월가에 발을 들인 신입 사원들이 처음 맞닥뜨리게 되는 경합이기도 한데, 이 경쟁의 장에서 승리하기 위해 정말 다양한 전략이 시도된다. 이번 이야기에

등장하는 D는 나름의 작전을 세워 데스크 배정 과정에서 원하는 바를 거머쥐는 듯했지만, 고지에 깃발을 꽂기 직전 갑자기 등장한 제삼자에게 기회를 빼앗겼던 비운의 인물이다.

"I'm just aiming for the options trading desk. I guess I have a decent shot(난 옵션 데스크만 노리고 있는데, 꽤 해볼 만한 거 같아)."

원하는 데스크에 들어가기 위해 내게 조언을 구하던 D는 자신은 옵션 파생상품을 다루는 팀에 관심이 있고, 그중 이자율이나 환율을 기초자산으로 하는 옵션 트레이딩팀이 가장 흥미로워 보인다는 말을 꺼냈다. 하필 왜 옵션이냐는 내 질문에는 '퀀트 전략 요소가 섞여 있고 리스크를 가장 크게 다룰 수 있는 팀이다'라는 답이 돌아왔다.

D의 답변에는 몇 가지 의도가 함축되어 있었다. 퀀트 전략을 다루던 팀에서 일한 경력은 추후 월가의 투자은행을 떠나, 다음 커리어 기회를 모색하게 될 때 큰 도움이 된다. 글로벌 투자업계에서는 시간이 지날수록 계량화 가능한 전략을 활용할 수 있는 인재에 대한 수요가 더 커지고 있기 때문이다. 그리고 트레이딩 데스크에 허용된 리스크 양에 비례해서 데스크의 수익 상한선은 높아진다. 물론 더 큰 퍼포먼스를 낼 가능성만큼 아래로 곤두박질칠 위험 또한 같이 높아지지만, 모두들 생존자의 위대한 무용담에만

초점을 맞추기에 트레이딩 플로어의 트레이더들은 항상 더 큰 리스크 허용치를 원한다.

이런 맥락에서 D가 옵션 데스크를 원했던 이유는 자명했다. 옵션이란 자산군을 거래하기 위해서는 그릭Greek이라 불리는 여러 리스크 항목들을 빠짐없이 이해하는 것이 중요한데, 이 그릭 항목들은 다양한 옵션 가치평가 모델로부터 역산되어 나온다. 여기서 '그릭'이란 감마Γ, 델타Δ, 세타Θ, 베가V처럼 그리스 문자를 사용해 표현하는 파생상품의 리스크 민감도 지표를 뜻한다. 다양한 그릭들은 옵션의 가치가 기초자산의 가격, 만기일까지의 계약 수명, 내재 변동성, 시중 금리 등에 영향을 받는 정도를 수치화한 것으로, 일반적으로는 블랙-숄스Black-Scholes 모델 같은 수학적 가치평가 공식을 통해 계산된다.

파생상품 트레이더들은 옵션을 활용한 포지션을 잡으면 자신이 원하지 않는 리스크를 제거하고 쥐고 있고 싶은 그릭만 고립시켜 운용하는 헤지Hedging를 굉장히 능숙하게 구사해야 했다. 감마 값이나 베가 값 같은 그릭을 이해하고 적절히 헤지하기 위해선 리스크 모델에 대한 수학적 이해는 필수인 만큼 옵션 트레이딩에는 퀀트 전략 요소가 다분히 섞여 있다. 또한 동시에 여러 리스크 항목들을 다룰 수 있다는 속성은, 잘 관리하기만 하면 그만큼 더 다양하고 큰 리스크를 운용할 가능성을 열어주기도 한다. 정리하자면, 옵션 트레이딩 데스크에서는 퀀트 전략에 대한 노출로 커리어

상향 가능성을 챙김과 동시에, 리스크 한계치도 높아 실력만 좋다면 높은 성과급을 노려볼 가능성도 존재한다. 이런 자리에 D가 눈독을 들이는 건 너무나도 당연했다.

하지만 내게 좋아 보이는 기회는 다른 이들에게도 좋아 보이는 법이다. D와 같은 생각을 하는 지원자들은 한둘이 아니었고, 위와 같은 팀의 장점들은 누구에게나 구미가 당길 만한 요소라 옵션 데스크는 매해 가장 인기 많은 팀 중 하나였다. 데스크에 지원하기도 전에 해당 팀의 트레이더들과 대화를 나누려는 신입사원들이 줄을 서서 대기할 정도였기에, 옵션 트레이딩팀의 지원 경쟁률은 항상 최상단에 분포하고 있었다. D도 이를 모르진 않을 터였다. 그런데도 자신의 입으로 "꽤 해볼 만한 것 같다"는 말을 꺼냈다는 건 둘 중 하나였다. 무언가 믿는 구석이 있거나, 혹은 아예 상황을 파악하고 있지 못하거나. D는 아무런 물정을 모를 정도로 무른 사람은 아닌 것 같았다. 이번 대화 이전에도 몇 차례나 함께 이 이야기를 나눌 기회가 있었는데 그때마다 D는 대화 주제에 대해 꽤 날카로운 인사이트를 끄집어내곤 했다. 그래서 나는 되물었다.

"Did you ask them where they are placing you(데스크에서는 너를 몇 번째로 적어 내는지 체크해봤어)?"

"I was told, either first or second(첫 번째 아니면 두 번째라던데)."

"Oh, okay(그렇구나)."

D가 옵션 데스크로부터 들은 바가 사실이라면 상황은 꽤 고무적이었다. 데스크 배정 과정은 매해 차이가 있지만, 대략 약 2주간 진행된다. 공채를 통해 뽑힌 신입사원들은 인사팀이 주관하는 공통 트레이닝을 끝마친 뒤부터 이 2주간의 공식적인 기간 동안 각 데스크와 네트워킹하거나 면담의 기회를 가졌다. 팀에게 독자적으로 주어진 인사권 때문에 진행 방식도 제각각이었다. 어떤 데스크는 원하는 지원자들을 모아두고 설명회를 주최하기도 했고, 또 다른 데스크는 질문을 정해두고 불시에 압박 면접을 보는 경우도 있었다. 네트워킹 기간이 종료될 즈음, 인사팀은 데스크와 지원자들에게 '랭킹' 설문조사를 보냈다. 지원자에게는 어떤 데스크에 가장 가고 싶은지 묻고, 데스크 측에는 어떤 지원자를 받고 싶은지 묻는 설문이었다. 설문은 보통 1위에서 5위까지 선정해 입력하는 방식으로 진행되며, 인사팀은 양측의 결과를 취합하여 데스크 배정을 마무리 지었다.

D는 당연하게도 설문의 최상단에 옵션 데스크를 적어 낼 테니, 데스크 측으로부터 최우선 지원자로만 선정된다면 일대일 매칭이 되는 셈이었고 별다른 이변이 없는 한, 원하는 팀에 합류하게 되는 상황이었다.

보통 인기 있는 데스크에서 가장 선호받는 지원자로 선정되기까지는 적지 않은 노력은 당연하고 나름의 전략도 필요했다. 인사부가 허락하는 공식 데스크 네트워킹 기간은 2주이지만 실제 경합은 그보다 한참 전에 시작되었다. 월가 투자은행의 공채 프로그램은 '서머 애널리스트Summer Analyst'라는 고유한 인턴십 제도로부터 시작한다. 졸업을 일 년 앞둔 대학교 재학생들이 대상인 이 프로그램은 다음 연도에 필요한 신입사원의 몇 배수에 달하는 인턴을 채용해, 여름 방학 동안 트레이딩 플로어에서 사무 보조와 간단한 리서치를 시키는 제도이다. 인턴은 프로그램 기간 내에 업무 수행 능력을 비롯한 다양한 항목에 걸쳐 팀의 평가를 받게 되는데, 평가가 긍정적인 경우 풀타임 오퍼를 받아 대학 졸업 후 신입으로 플로어에 돌아올 수 있다. 당연하게도 팀 입장에서는 자신들이 한 번 겪어본 인턴 출신 지원자를 신입으로 받는 것이 부담이 적다. 운 좋게 인기 데스크에서 인턴을 했던 이들은 남들보다 유리한 출발선상에 서 있다는 뜻이다. 그러한 운이 모두에게 허용되는 것은 아니기에, D를 포함한 다른 지원자들은 더 많은 노력을 기울일 수밖에 없었다.

인턴 프로그램 이후에도 원하는 데스크를 쟁취하기 위한 물밑 경쟁은 계속되었다. 인사팀이 허용하는 네트워킹 주간 이전부터 많은 신입들이 데스크와 비공식적인 접촉을 시도했고, 가끔은 공통 트레이닝 전후로 짬을 내 배정을 희망하는 데스크로 매일 출퇴근을 하는 이들도 나타나곤 했다. D의 경우도 이에 속했다. D는 교육 기간이 시작되자마자, 친분이 있는 주니어 트레이더의 도움을 받아 옵션 데스크로 매일 얼굴을 내밀었다. 그의 말에 따르면,

D는 데스크 트레이더들의 뒤에 앉아 그들의 일과를 관찰하기도 하고, 흥미로운 점이 눈에 띄면 질문을 던지기도 했다. 심지어는 데스크가 바빠질 땐 커피 심부름을 자처하기도 했다. 그런 집념에 대한 보상으로 옵션 데스크의 트레이더들과 조금씩 더 친해졌고, 끝내는 자신이 구상했던 거래 전략까지 공유하여 팀으로부터 적잖이 긍정적인 평가를 받았던 모양이었다.

여태까지 D의 여정을 전해 들어보니, 그가 옵션 데스크의 지원자 중 최상위권에 들어가 있다는 건 충분히 가능할 법한 결과라는 생각이 들었다. 나는 조심스레 D에게 긍정적인 의견을 공유했고, 다만 '만약'이라는 것이 있으니 2순위와 3순위 데스크도 최대한 확보해두라는 조언을 덧붙였다.

"Hey, I'm in real trouble(큰일 났어)."

그로부터 며칠 뒤, D는 새빨갛게 달아오른 얼굴로 내게 다시 찾아와 입을 열었다. 인사팀이 데스크 배정 결과를 최종 공개했는데 D는 1순위로 적어둔 옵션 트레이딩팀은 고사하고 2순위와 3순위 데스크에도 배정받지 못한 채, 4순위로 적어 낸 팀과 매칭이 된 것이었다. 희망하는 데스크에 합류하지 못하게 되는 경우야 꽤 보아왔지만, 데스크와 지원자 양측이 서로를 최우선 선택지로 적어 냈음에도 불구하고 이런 결과가 나온 것은 예상 밖이었다. D는 불같이 화를 내며 설명을 계속했다. 결과를 받자마자 D는 인사팀의 담당자를 직접 찾아가기도 하고, 데스크에 문의하는 등 상황 파악을 이미 완료한 뒤였다.

내막은 이랬다. D와 옵션 트레이딩팀 모두 서로를 1순위로 올려 인사팀의 설문에 답한 것은 사실이었다. 하지만 옵션 데스크에는 최종적으로 D가 아닌 그들의 2순위 지원자가 배정되었다. 배정된 2순위 지원자가 들고 왔던 전략은 '배수의 진'이었다. 그는 인사과의 설문에 옵션 트레이딩 데스크를 최우선 선택지에 올렸을 뿐, 그 밑으로는 아무런 데스크도 기재하지 않고 설문을 제출했던 것이었다. 이 설문 답안을 받은 인사팀의 배정 프로그램 담당자는 적잖게 당황하여 그와 면담을 시도했으나 그가 워낙 강경하게 고집을 부리는 바람에, '그래도 팀에서 바라는 2순위 지원자니까 팀도 어느 정도 만족하겠지'라는 생각으로 데스크 매칭을 마무리 지었다고 한다.

심지어 이 지원자는 D를 교란시키기 위해 방해 공작까지 펼친 것으로 보였다. D는 옵션 팀의 눈에 들기 위해 시간과 노력을 많이 할애한 만큼 2순위, 3순위 선택지에 올린 데스크에는 그만큼 신경을 쓰지 못했기에, 그들의 선택지 상에서는 순위권에 들지 못했다. 이 사실을 파악한 D의 경쟁자는 D를 썩 맘에 들어 했던 D의 4순위 선택지 데스크에 방문해 그곳의 사람들에게 은근히 D를 추켜세웠다. 작전은 잘 먹혀들어 갔다. 이 데스크는 D를 불러 그가 합류했으면 한다는 의사를 넌지시 밝혔고, D는 어차피 자신은 1순위 데스크로 배정될 것이라 예상했기에 예의상 그들에게 모호하지만 긍정적인 답을 전달했다. 인사팀 담당자 입장에서는 배정 과정을 최대한 효율적으로 마무리해 데스크가 필요한 인력을 확보하도록 돕는 것이 급선무였으므로, 이런 상황을 굳이 들춰보려는 노력 없이 배정은 완료되어버렸다. 이렇게 꼬여버린 우선순위와 적극적인 방해 공작으로 인해 D는 원하는 데스크에 합류하지 못하게 되었다. D는 불만을 표출했지만, 한번 완료된 데스크 배정이 번복되는 일은 결코 없었다.

    D의 상황은 안타까웠지만, 데스크 배정에서 불만이 제기되는 상황은 흔했다. 매해 각 투자은행에 들어오는 신입사원은 백 명이 넘고, 트레이딩 플로어의 데스크는 그보다도 더 많았다. 애초에 모든 이해당사자를 만족시키는 완벽한 솔루션은 존재하지 않았다. 게다가 인기 많은 데스크가 지원자가 덜 몰리는 데스크보다 마냥 우월한 선택지라고 볼 수도 없다. 금융시장에는 '순환매'라는 개념이 존재한다. 순환매는 규제 상황과 거시경제의 큰 흐름이나 불특정 다수의 투자자가 선호하는 투자 전략의 변경 등으로 자산군과 자산군을 넘나드는, 혹은 같은 자산군 내에서도 섹터의 경계를 가로지르는 대규모 자금 이동을 의미한다. 순환매의 수혜를 받는 자산군에는 수급이 몰리고 자산의 손바뀜이 활발하게 일어나기에, 해당 자산군을 다루는 트레이더들에게는 엄청난 기회가

주어진다. 반면 순환매의 수혜가 증발한 시장은 힘을 잃게 된다. 상황에 따라 데스크와 데스크가 다루는 자산군의 우열이 얼마든지 바뀐다는 말이다. 2008년 금융위기 이전 신용파생상품의 인기가 하늘을 찌를 것 같다가도 새롭게 도입된 규제로 인해 그 수요가 완전히 꺾여버린 사례, 혹은 미국 연방준비위원회의 양적완화 Quantitative Easing 도입으로 인해 준정부기관의 지급 보증을 받은 모기지담보채권Agency Mortgage-Backed Securities의 급작스러운 수요 증가가 좋은 예시다.

이따금 미디어들은 어떤 투자사의 자극적인 수익률을 조명하며 투자 성과의 좋고 나쁨을 강조한다. 마치 온 세계에서 일어나는 일을 면밀하게 관찰하며 그때그때 필요한 투자 결정을 기민하게 내리는 신비스러운 일처럼 포장하기도 한다. 그리고 이를 통해 금융 세계의 소식을 접하는 사람들은 거대 투자사의 투자 결정이 개인의 주식 투자만큼이나 신속하게 이루어지겠다는 착각을 할 수도 있다. 하지만 이러한 이해는 사실과 거리가 멀다. 여느 회사와 마찬가지로 금융 산업을 구성하는 투자사 또한 체계에 의해 움직인다. 거대한 규모의 자금을 집행하기 위해서는 사전 조사와 현직 전문가 인터뷰, 장시간에 걸친 내부 토론은 물론이고 자금 집행에 대한 전략 수립과 사후 리스크관리 계획까지 세우는 게 당연하다. 보험 기관 같은 금융사도 마찬가지다. 각 금융사는 자신들이 가진 비즈니스 모델을 고려했을 때 투자에 가장 적합한 증권이 무엇인지, 해당 증권은 언제 어떻게 매매해야 최소의 비용으로 원하는 자금 집행을 할 수 있는지 고민한다. 상급자를 통해 경영진에게 보고하고, 실행에 필요한 승인을 차례로 내려받는 절차 또한 필요하다. 이렇게 만들어진 계획은 하루아침에 뒤바꿀 수 없다. 그렇다 보니 거시경제 환경이나 투자 트렌드의 변화로 인해 만들어진 금융시장 내 자금의 흐름은 작은 사건 한두 건으로 인해 단기간에 그 방향이 바뀌지 않는다. 금융시장의 관성이 자산의 단기적 수명 주기를 결정짓는다는 뜻이다. 관성의 수혜를 받는 자산군을 다루는 사람은 그렇지 못한 자산군에 집중하는 사람보다 성공할 확률이 높다. 아무리 우물을 잘 파는 사람일지라도 강물이 넘쳐흐르는 곳에 서 있는 사람보다 더 많은 물을 확보할 수 없는 이 치처럼, 금융시장이라는 공간 내에서 어디에 자리 잡을 것인지는 투자나 커리어 성패에 큰 영향을 미친다.

거시적 요소로 인한 순환매의 수혜를 제외하더라도 어떤 데스크가 좋은 데스크인지 논하는 일은 그리 간단하지 않았다. 개개인이 가진 고유한 특성에 따라 한 데스크에서는 열 배의 능률을 내는 경우도, 또 다른 데스크에서는 전혀 빛을 보지 못하는 경우도 있었기 때문이다. 수학 이론에 대한 이해도가 깊은 신입 애널리스트는 복잡한 자산군을 다루며 퀀트 전략을 적극적으로 활용하는 구조화상품 트레이딩이 최선의 선택지일 수 있고, 대인 스킬이 좋은 사람은 자산군의 복잡도는 낮으면서 고객과의 접점이 많은 주식 세일즈 트레이딩팀에서 제 역량을 펼칠 수 있었다. 만약 자신의 장단점이나 성향을 전혀 고려하지 않은 채 그저 인기가 많은 데스크만 고집해 합류한다면, 생각만큼 퍼포먼스가 나오지 않는 자신의 모습에 낙담할 가능성이 존재했다. 많은 수의 신입 애널리스트들이 각 데스크의 작년 성과에만 연연하거나, 특정 팀에 소속되어 있는 스타 트레이더들에게 끌리기에 지원자의 쏠림 현상은 항상 나타났지만, 이는 본질을 외면하는 행동이라 할 수 있었다. 개인의 성공 가능성을 최대치로 끌어올리기 위해서는 일단 자신이 온전히 능력을 발휘하고 팀에게 인정받을 자리를 찾아야 했다.

 자신이 빛날 자리를 찾는다는 건 당연히 어렵다. 특히 신입 애널리스트들의 경우, 트레이딩 플로어 위의 수많은 데스크들이 각각 어떤 업무를 하는지 파악하는 것도 쉽지 않거니와, 자신의 특성에 대해서도 깊게 생각해본 적이 없는 경우가 빈번했다. 이를 해결하기 위해 존재하는 것이 바로 공통 교육 프로그램이었다. 월가의 투자은행들은 이 교육 기간을 준비하는 데 꽤나 공을 들였는데, 신입사원들이 본격적인 업무를 시작하기 전 약 한 달 반에 걸쳐 필요한 업무 기초지식부터 시작해 부서별 라이선스 취득 준비, 회계와 규제를 다루는 수업, 개개인의 특성을 파악하게끔 돕는 테스트까지 넓은 스펙트럼의 커리큘럼이 준비되어 있었다. 교육 기간에는 강의 형태의 수업이 주로 진행되었지만, 인사팀은 신입사원들이 시니어 경력자들이나 바로 위 기수의 선배들과 다양한 환경에서 대화를 나누도록 유도했다. 자연스러운 분위기에서 대화를 통해 스스로의 장단점을 돌아보게끔 돕고, 각 데스크에서 어떤 인재상을 찾는지 넌지시 배울 기회를 조성해주기 위해서였다.

교육 기간 중반부에는 신입들이 트레이딩 플로어를 간접적으로 경험해보며 자신이 어떤 역할을 맡았을 때 가장 자연스럽게 역량을 발휘할지 가늠할 수 있는 트레이딩 시뮬레이션도 준비되어 있었다. 이 이전 시점까지는 프로그램이 다소 딱딱한 수업 형태라 흥미를 갖기 어려웠지만, 시뮬레이션 세션만큼은 모두가 굉장히 적극적으로 참여했다. 마치 실전에 던져진 듯한 느낌을 주도록 설계된 프로그램 덕분이었다. 각 참가자는 플랫폼에 접속해 가상의 계좌를 부여받아 가상의 환경에서 쏟아져 나오는 각종 클라이언트의 주문에 대한 호가를 제출하며 거래를 해야 했다. 동시에 시뮬레이션 프로그램은 중앙은행의 이자율 정책 발표라든지, 무역수지나 물가상승률 등의 뉴스와 데이터를 압축된 시간 내에 쏟아내며 증권 가격이 움직이는 현상을 재현해냈다. 이 환경에서 참가자들은 호가를 제출하여 유동성을 공급하는 의무를 지킴과 동시에 최대한의 수익을 내야 했다.

모든 세션이 종료되면 참가자들은 다양한 평가 항목에 따른 성적표를 받아본다. 거래에 얼마나 활발히 참여했는지, 수익은 얼마나 냈는지, 거래 상대는 얼마나 다양했는지, 또 리스크관리는 얼마나 적절하게 수행되었는지를 포괄해 개인의 장단점을 계량화한 결과표를 받아본 신입 애널리스트들은 자연스레 트레이딩 플로어에서 자신이 어떤 역할을 잘 수행할지 상상해보게 되었다.

이 시뮬레이션 세션에 대해서 조금만 더 얘기해보자면, 프로그램 내에선 리스크관리를 위한 참가자들 간의 거래 또한 적극적으로 장려되었다. 시뮬레이션이 시작되고 얼마 지나지 않아, 서로가 서로의 이름을 부르짖으며 거래상대방을 찾아다니는 바람에 장내의 분위기는 금세 달아오르곤 했다. 마치 과거에 존재했던 트레이딩 피트를 재현해놓은 듯 말이다. 더욱이 시뮬레이션 세션에선 모두의 순위가 실시간으로 공개된다. 의도된 바인지는 명확히 알 수 없으나, 인사팀은 시뮬레이션 성적이 데스크 배정에 영향을 줄 것처럼 암시하기도 한다. 그래서 분위기는 더 불이 붙는다. 이렇게 단시간에 참가자들의 텐션을 끌어올리면서 성적에 대한 압박까지 주다 보니, 참가자들 저마다 각기 다른 행동을 하는 모습이 보이곤 했다. 마치 금융시장을 하나로 축소해놓은 양 각종 시장 심리와 행동 양상이 고스란히 드러났다.

다음은 기억에 남았던 시뮬레이션 참가자들의 대표적인 유형이다. 시장 참가자들의 캐릭터 분류로 봐도 손색이 없을 것이다. 독자들은 만약 자신이 이런 시뮬레이션 환경에 던져진다면, 어떤 유형에 속할지 생각해보며 읽어봐도 좋겠다.

1) 극단적인 위험 수용자 집단

아무래도 시뮬레이션에 구현되어 있는 가상의 경제 지표들은 시장 등락의 균형을 맞추기 위해, 의도적으로 호재와 악재가 혼재되어 반영된다. 이를 파악한 몇 참가자들은 악재가 몇 번 연속으로 나오는 타이밍에 호재를 노리고 굉장히 큰 포지션을 구축해두는 전략을 사용했다. 마치 카지노의 룰렛에서 공이 붉은색 칸에 연속으로 도달한 것을 관찰한 뒤, 검은색 칸에 올인을 한 것과 같았다. 이들의 손익 성적은 격렬하게 움직이다가, 시장 방향과 포지션이 맞아떨어지는 시점에는 큰 수익으로 전환되기도 했다. 현실이 아닌 시뮬레이션 환경이었기에 장기간 생존을 고려하기보단 짧게나마 순위권에 이름을 올리는 것이 우월전략이라 생각하는 이들이 적지 않았고, 나 또한 신입 시절 시뮬레이션 트레이닝에 참여했을 때 전광판에 오르락거리는 상위권 이름을 보고 있노라면 다소 무분별하더라도 큰 리스크를 지는 전략의 유혹에 빠지기 십상이었다. 다만, 이들의 최후는 대부분 비참했는데, 극단적인 위험 노출 때문에 수익 지점까지 도달하지 못하고 고꾸라져버리거나, 위험 관리 항목에서 큰 감점을 받아 순위가 내려가곤 했다. 물론 시장의 방향성 리스크에 대한 제한이 엄격하게 적용되는 실전에서는 이와 같은 전략은 꿈도 꾸지 못한다. 시뮬레이션 참가자들의 모습에서도 잘 드러나듯, '잃어도 내 돈을 잃는 게 아니다' 라는 생각이 들면, 위험은 회사가 지는데 성과는 트레이더와 함께 나눠가는 구조를 악용하는 사람이 나타날 수 있다 보니 트레이더에게 리스크 제한을 거는 등의 규율은 필수적이다.

2) 극단적인 위험 회피자 집단

첫 번째 참가자 유형과는 정반대 지점에 서 있는 집단이다. 이 부류에 속하는 사람들은 아예 아무런 리스크도 지지 않으려 했다. 한 번 매수 거래를 했다면, 무조건 다음 거래는 매도해 리스크를 완벽히 없애려 노력했다. 리스크관리를 잘하는 것처럼 보일지 모르지만, 실전에서도 그렇고 시뮬레이션에서도 마찬가지로, 아무런 위험도 감수하지 않으려 한다면 수익을 올리기 어렵다. 포지션이 열리는 것을 극도로 꺼리다 보니 위험을 무조건 회피해, 거래 기회를 놓치기 일쑤였고 시장 참여율이 너무 낮아 감점을 받았다. 크게 잃지 않아 꼴찌는 면했지만, 이 부류의 참가자들은 대부분 하위권을 면하지 못했다.

3) 대인 관계 활용 집단

이들은 위험 회피자 유형과 비슷하게 수용하는 위험도와 포지션 관리에 심혈을 기울이면서도, 거래 빈도 또한 높게 가져간 집단이다. 시뮬레이션상에서 쏟아지는 거래를 적극적으로 받아내다가 증권 포지션이 한쪽으로 쏠릴 때 이들이 차용한 해법은, 자신과 비슷한 성향을 지녔지만 반대쪽으로 포지션이 쏠린 사람을 찾아내는 것이었다. 이들은 빠른 시간 내에 타깃을 물색해 굉장히 공격적으로 대화를 시도했고, 설득과 으름장을 적절히 섞어 리스크를 해소할 반대매매를 잡아 왔다. 이는 사실상 월가 투자은행의 트레이더로서 가장 훌륭하게 살아남는 방법이다. 다만, 이 작전의 한계점은 명확했다. 얕은 관계를 무기 삼아 다수의 사람들과 대화를 진행하다 보니 대화가 꼬여버리는 경우도 있었다. 타인의 포지션을 파악하는 정보전에서 뒤처지는 순간 리스크관리 또한 어려워지기도 했다.

4) 잘못된 대인 관계 활용 집단

대인 관계를 적극적으로 활용하며 리스크를 관리하는 참가자 집단과는 다르게, 이 유형에 속하는 이들은 친분을 잘못된 방식으로 사용했다. 시뮬레이션의 채점 요소로 가상의 증권을 얼마나 크게 거래했는지, 그리고 거래 빈도는 얼마나 잦았는지 평가한다는 점을 알아차리고, 친분이 있는 몇이 서로 물량을 사고팔며 겉으로 드러나는 성적을 부풀렸던 것이다. 실제 금융시장 내에선 이와 같은 행동은 '자전 거래'로 불리며 시장 조작의 행태로 분류되어 엄격하게 규제된다. 시뮬레이션의 한계 때문에 이 집단을 완벽히 잡아내는 것은 불가능했으나, 결국 거래상대방이 제한적이었다는 사실을 통해 이들의 부정행위는 밝혀지게 마련이었다.

5) 디테일을 활용한 반칙자 집단

가장 창의적이면서도 악랄한 전략을 펼쳤던 유형이었다. 시뮬레이션에서는 현실의 정보량을 압축해 풀어놓다 보니 거래 진행 속도가 매우 빠르기 때문에, 참가자들이 모든 정보를 일일이 체크

할 수 없다. 이 부류의 참가자들은 거래 상대가 정신없는 틈을 타, 거래를 제안해놓고는 증권 가격의 앞자리 수를 교묘하게 바꾸는 등의 비겁한 방식으로 큰 수익을 올렸다. 예를 들어, 시뮬레이션 상 국채 가격이 104.65로 표기되는 중엔 대부분의 거래가 104.64의 희망 매수가와 104.66의 희망 매도가 사이에서 일어나고 있었는데, 이들은 채권의 매수 희망자에게 가격의 앞자리 수를 바꾼 105.63이란 가격을 보여주었던 것이다. 매수 희망자는 가격의 뒷자리만 확인하고는 성급하게 거래에 응해 큰 손해를 입게 되었다. 시뮬레이션 내에선 매 순간 다수의 거래 알림이 계속해서 팝업의 형태로 정신없이 화면을 가리기에 이런 공격에 취약해질 가능성이 컸다. 자전 거래를 일삼았던 집단과 함께, 왜 금융시장에는 적절한 규제와 관리·감독이 필요한지 보여주던 케이스였다.

이 시뮬레이션 세션을 보고 있으면 기본적으로 똑똑하고 경쟁에 익숙한 사람들을 모아두었더라도, 아주 짧은 시간 동안 많은 정보가 흘러 들어오는 시장 환경에 처음 던져지면 비상식적인 행동이 잦다는 사실을 알 수 있었다. 이성적인 판단을 내리지 못하는 경우도 빈번했다. 특히나 경쟁심에 불이 붙어 높은 퍼포먼스를 보여주고 싶다는 생각에 사로잡힐수록, 더더욱 머리로 이해하고 있는 정석과는 다른 행동을 할 가능성은 커지는 듯했다.

시뮬레이션에서도 이만큼 압박을 느낄 수 있는데 실전은 더욱

더 냉혹하다. 실수할 때마다 벼랑 끝에 내몰리는 듯한 오싹함과 수익을 올려야 한다는 강박이 뒤섞여 하루하루를 보내게 된다. 금융시장이 매 순간 나눠주는 성적표에는 무언의 칭찬도 경고도 담길 수 있다. 그래서 자신의 역량을 잘 발휘할 수 있는 팀에서 커리어를 시작하는 것이 매우 중요하다. 가뜩이나 극단적인 스트레스에 상시 노출될 수밖에 없는데, 자신과 궁합이 좋지 않은 데스크에서 억지로 버티는 건 발에 맞지 않는 신발을 신은 채 마라톤에 참여하는 것과 같기 때문이다.

D가 그랬듯, 월가에서 커리어를 시작하는 신입 애널리스트들은 올해에도 서로를 견제하고, 각자의 자리에서 노력하며 자신이 원하는 출발선상에 서기 위해 싸우고 있을 것이다. 하지만 이때 원하는 것을 거머쥐었다고 해서 만사가 해결되는 것은 결코 아니다. 월가의 트레이딩 플로어를 벗어나 금융시장으로 시야를 넓히더라도 교훈의 핵심은 바뀌지 않는다. 우리가 돈이라는 총알을 쥐고 야심 차게 뛰어든 금융시장은 매일 변화무쌍하게 움직이는 곳이고, 어제의 최선이 오늘의 최선이 아닐 수 있으니 말이다.

Insider's Note ───────────────

천문학적인 돈이 오가는 금융시장은 사람을 극한까지 몰아붙인다. 그 속에서 심리와 원칙은 시험대에 오르고, 때로는 이성조차 무너진다. 시장은 수익이라는 성적표로 조용히 메시지를 던지지만, 그 성적표는 칭찬을 담았는지, 경고를 담았는지 알 수 없다. 냉철함이 주는 압박은 부정행위와 실수의 씨앗이 된다. 그렇기에 금융시장에는 엄격한 규제와 감독이 생략될 수 없다.

당신은 트레이더인가, 투자자인가?

"We are traders. And our job is to price(우리는 트레이더고, 가격을 매기는 게 우리의 업무다)."

군인 출신의 트레이더인 E는 중저음의 굵은 목소리로 강조하듯 말했다. 당시 나는 애널리스트를 갓 벗어난 주니어 트레이더였는데, 매일 E와 함께 고객으로부터 날아온 채권 프라이싱 요청을 처리하는 것이 주 업무 중 하나였다. '프라이싱pricing'이라는 다소 생소하게 들릴 법한 개념을 살피다 보면 금융시장의 작동 원리를 파악할 수 있다. 기업 고객들은 막대한 양의 채권을 사고팔며 자신들의 포트폴리오를 관리한다. 그러나 채권은 주식과는 달리 거래소를 통해 거래되는 것이 아니므로 '시장가'를 알아내기 위해서는 트레이더들이 거래를 희망하는 호가를 먼저 받아볼 필요가 있다. 트레이더들은 채권의 매력도와 위험 요소, 그리고 유사한 채권 종목들이 거래되었던 기록을 종합적으로 참고해 호가를 제시하는데, 고객은 이 호가에 채권을 거래할지 말지 결정한다. 거래되면 그 가격이 바로 시장가인 셈이다.

이 호가 제출 요청의 본질은 절묘한 심리전에 있다. 트레이더는 고객을 상대로 증권을 최대한 싸게 매수하거나 비싸게 매도해 수익을 극대화하고자 하는, 어찌 보면 너무나 당연한 경제적 유인을 갖고 있다. 하지만 고객에게 너무 극단적인 가격을 제시하면 거래는 불발된다. 경쟁사에 시장 점유율을 빼앗기는 것은 물론이고, 고객을 영영 잃어버릴 리스크도 존재한다. 그래서 터무니없는 가격을 제시하는 것은 지양해야 할지라도, 어쨌건 고객이 지불할 용의가 있는, 최대한의 마진을 받아내기 위한 노력이 채권 프라이싱의 출발점이다.

트레이더의 고객, 즉 기업 투자자들의 입장도 애매하긴 마찬가지다. 트레이더가 제시한 채권의 가격이 과도하게 낮거나 높으면 실제로 시장에서 어떤 사건이 발생해서 가격이 변한 것인지, 혹은 트레이더가 필요 이상의 거래 마진을 붙이려는 것인지 판단하기 어렵다. 그래서 채권을 매매하려는 투자자들은 트레이더들에게 채권의 매수 호가와 매도 호가를 동시에 요구하는 전략을 사용하기도 한다. 호가가 터무니없이 낮거나 높으면 원래 마음먹었던 방향과 반대로 거래해버려 트레이더들을 당황케 하는 경우도 종종 발생한다. 이렇게 거래할 때마다 전화선 너머로 마진을 최대한 받아내려는 자와, 가능하면 최소의 비용을 지불하고 싶은 자의 진검 승부가 펼쳐지는 곳이 월가의 트레이딩 플로어다.

E와 나는 고객의 호가 요청을 받을 때마다, 각자 채권의 가격을 매겨 비교하는 과정을 거쳤다. 고객들이 보내오는 채권들은 열에 일곱은 시장에서 활발히 거래되는 종목들이었기에 가격 산출이 무난했다. 이 경우 E와 나 사이에 의견 불일치는 거의 없었다. 반면 열 번 중 두 번꼴로 전달되었던 채권들은 거래가 된 적은 있으나 마지막 거래일이 몇 달 전이었기 때문에 참고할 기준 가격이 모호하거나, 혹은 마지막 거래 이후 종목의 가치에 영향을 줄 만한 큰 사건이 발생했던 케이스였다. 이 채권들의 가격 산출에는 품이 많이 들어갔고, 가끔은 각자가 생각하는 채권의 가치가 멀리 떨어져 있기도 했다. 의견을 교환할 때마다 E는 작전 브리핑을 받는 장교처럼 의자에 비스듬히 걸터앉아 아무 말 없이 나의 설명을 끝까지 듣곤 했다.

물론 그 순간의 침묵이 반드시 동의를 의미하는 것은 아니었다. 내 논리 전개가 끝나자마자 그는 기다렸다는 듯 반박했고 우리는 적지 않은 시간 동안 토론했다. 토론을 거쳐 도출한 결과가 꼭 정답이라는 보장도 없었다. 이따금 우리가 예상했던 것과는 반대로 고객이 움직였을 때도 있었고, 경쟁력 있는 가격이라 생각해 제출한 호가가 경쟁사의 호가에 밀려 딜을 빼앗기기도 했다. 그럴 때마다 우리는 거래에 대해 복기하는 일을 거르는 법이 없었다. 균형 가격이 불투명한 채권시장에서 모든 거래는 소중한 정보를 담고 있기 때문이었다. 고객의 반응도, 경쟁사의 호가도, 거래 체결 유무도 채권시장이라는 망망대해를 항해하는 트레이더들에게는 나침반과도 같았다.

"Do we have any color(우리가 가진 정보가 뭐지)?"

E가 가장 많이 던졌던 질문 중 하나였다. 'Color'라는 단어는 사전적으로는 색깔을 의미하지만, 트레이딩 플로어에서는 '거래 정보'라는 뜻으로 사용된다. 시장에서 어떤 거래가 발생했을 때, 해당 거래가 체결된 가격 수준, 매수자와 매도자의 성격, 혹은 거래의 사이즈 등으로 정보의 해상도가 결정되었다. 때로는 짙은 색깔의 정보가 주어지기도, 때로는 무채색의 밋밋한 정보만 공개되기도 했다. 호가 제출 요청 중 가장 난도가 높은 케이스는, 열 번 중에 한 번꼴로 등장하는 미스터리 채권들의 가격 책정이었다. 이 미스터리 채권들은 발행 이후 한 번도 손바뀜을 거치지 않았거나 타 채권들과는 성격이 너무나도 달라 가격 벤치마크를 전혀 찾을 수 없는 경우들이었다. 즉, 아무런 '컬러'가 없는 무색의 종목들이었던 셈이다.

"Not really. No color on that one(아무런 정보가 없는데)."

이전의 거래 기록들을 담아둔 데이터베이스를 살펴본 뒤 내가 이렇게 답할 때마다 E는 곤란하다는 표정을 지었다. 심지어 어떤 클라이언트의 경우에는 거래하기 쉬운 종목들 사이에 교묘하게 이 미스터리 채권들을 섞어서 호가 제출 요청을 하기도 했다. 예상치 못한 곳에서 복병을 맞닥뜨리면, 우리는 어떻게 호가 기준을 잡을지 고민에 빠져들었다. 당시 경험이 적었던 나는 이따금 미스터리 채권의 평가는 건너뛰는 게 좋겠다는 제안을 한 적도 있었다.

"We should never skip anything. We are traders, and our job is to price(아무리 어려워도 가격은 매겨야 해. 우리는 트레이더이고, 가격을 매기는 게 우리의 업무다)."

하지만 그럴 때마다 E는 위와 같은 대답과 함께 "이 클라이언트는 하필 왜 이 채권을 보여주었을까?"라고 반문했다. 그의 질문에는 뼈가 있었다. 트레이더는 기본적으로 시장의 비효율에서 나오는 기회를 포착해 수익을 올린다. 그리고 특정 종목의 시장가격이 불투명하다는 말은, 그 종목을 거래하는 데 비효율이 크다는 점을 시사한다. 가격 산정이 어려우면 어려울수록 더 높은 마진을 요구할 수 있다는 뜻이다. 2008년 금융위기 이후 생긴 규제로 월가 투자은행의 트레이더들은 증권의 가격 방향성에 직접적인 베팅이 금지되었다. 시장에서의 포지셔닝으로 수익을 올릴 수 없으니, 트레이더들의 주 수익원은 고객의 거래상대방이 되어주며 얻는 마진으로 제한되었다. 이런 상황에서 '부르는 게 값'인 미스터리 채권은 거래를 성사시킬 수만 있다면 굉장히 싼 값에 구매해 비싼 값에 매도하는 것이 가능했기에, 트레이더 입장에서 오히려 반겨야 하는 종목들이었던 것이다. 그렇게 우리는 최대한 많은 고객의 호가 제출 요구에 응하며 매일 심리 게임의 줄타기를 이어나갔다. 그 결과로 데스크의 수익은 매일 조금씩 불어나갔다.

일상의 업무가 이렇다 보니, 트레이더들은 자연스럽게 심리전이 주는 긴장감에 도취되어버린다. E의 데스크가 속해 있던 부서는 매달 첫 금요일에 발표되는 비농업고용지수 Non-farm payroll 결과를 두고 정기적으로 베팅 게임을 벌였다. 비농업고용지수는 직전 달의 고용시장 정보를 가장 많이 함축한 단일 수치인데, 채권과 주식을 아울러 금융시장의 전 자산군의 단기 향방을 결정지었기에 모든 트레이더들이 물가지수와 함께 가장 많이 참고하는 거시 경제 데이터였다. 이 지표를 활용해 진행하는 베팅 게임의 규칙은 다음과 같았다.

- 각 참가자는 소정의 참가비를 내고 종이에 비농업고용지수 예상치를 적어 낸다.

- 실제 수치가 발표되면 각자의 예상치와 비교해 가장 가까운 숫자를 적어 낸 사람이 승리한다.
- 다만 승리한 사람은 자축하는 의미에서 참가자들을 대상으로 그날 점심을 사야 한다.

보기에는 굉장히 단순한 이 내기의 이면에는 꽤 복잡미묘한 심리전 요소가 가미되어 있었다. 일단 참가비의 규모는 한 사람분의 점심값에 못 미치는 수준이었다. 이긴다고 하더라도 어떤 메뉴를 주문하느냐에 따라 상금 이상의 지출이 발생할 수 있었다. 물론 트레이더들이 초과 점심값 출혈에 크게 연연할 정도로 궁핍한 것은 아니나, '손익'이라는 키워드 하나에 묶여 매일 전쟁을 치르다 보니 자연스레 흑자와 적자 여부를 의식할 수밖에 없었다.

내기에 참가하지 않는다는 선택지는 없었다. 이따금 귀찮음에 이번 베팅은 건너뛰겠다고 말하는 사람이 나오면 팀 전체가 보내는 야유를 감내해야 했다. 마지막으로 이 게임에는 각자의 자존심도 걸려 있었다. 누가 몇 번 이겼는지 철저하게 데이터베이스화되어 팀 전체가 각자의 스코어를 들여다볼 수 있었다. 이렇다 보니 한 번도 못 이긴 사람들은 승리를 갈망하기도, 운 좋게 몇 차례 연속으로 이겨 적자를 본 사람들은 참가는 하되 굳이 승리를 노리지 않기도 했다. 가끔은 내기에서 이긴 사람이 잔꾀를 부려 단가가 제일 낮은 피자를 시켜 수익을 챙기는 경우도 있었지만, 우연찮게 전날 부서에 누군가가 피자 턱을 냈다면 두 번 연속 동일한 메뉴를 시키지 말자는 트레이딩 플로어 불문율에 의해 눈치 싸움에는 더욱더 불이 붙기도 했다. 매달 첫 금요일에 이루어졌던 비농업고용지수 베팅 내기는, 이렇게 다양한 이해관계가 얽힌 트레이더들의 작은 유희였다.

그렇다면 베팅에 참가하는 트레이더들은 어떤 기준으로 예측치를 제시했을까? 비농업고용지수가 가지는 중요성 때문에 다수의 경제학자들과 전문 분석가들이 저마다의 연구를 통해 도출한 예측치를 공개하고, 해당 통계는 블룸버그 터미널을 이용해서 확인할 수 있었다. 평균적으로 이 예측치는 실제 발표되는 수치에 근사한 값이었기에 내기에서 이기고자 하는 자는 이 예측치에 최대한 가까운 값을 적어 내는 것이 기본 전략이었다.

"My strategy is to take the wing(예측 범위 바깥에 베팅할 거야)."

E는 역발상 전략을 선호했다. 어차피 다들 분석가들의 예측치 근처에 베팅할 확률이 높으니 격전지에 걸어 들어가 남들과 비슷한 값을 제출할 바에야 실제 지표가 예측치를 벗어나는 경우에만 확실히 우위를 점하겠다는 의도였다. 트레이더들이 아무리 비농업고용지수를 중요하게 여긴다고 하더라도 이들은 정보의 수요자일 뿐, 전문 분석가들만큼 많은 에너지를 사용해 분석치를 날카롭

게 다듬으려고 노력하기는 어려웠다. 즉, 이 내기의 핵심은 얼마나 비농업고용지수에 대해 정확히 예측할 수 있느냐에 초점이 맞추어진 것이 아니었다. 대신 다른 사람들이 어디에 돈을 걸었고, 그 정보를 바탕으로 내가 어디에 위치해야 하는지를 결정하는 데 본질이 있었다. 모두가 재미 삼아 참가하는 게임에 불과할 뿐이지만, 이런 작은 내기에서조차 트레이더들은 정보의 우위를 점해 심리전을 펼치고자 했다.

금융시장에서는 정보가 곧 경쟁력이다 보니 같은 데스크 소속 트레이더들은 서로 아는 바를 신속하고 정확하게 공유하는 데 많은 노력을 기울인다. 정보전에서 가장 중요한 건 메시지의 간결성이다. 같은 말을 하더라도 길게 풀어서 설명하는 것보다, 군더더기 없이 핵심만 전달하는 것이 효율적이기 때문이다. 정보를 압축하기 위해서는 가끔 전문 용어들이 섞이기도 하는데, 업계에서만 쓰이는 특수 용어는 그 자체에 구체적인 맥락이 녹아 있어, 적절히 활용한다면 커뮤니케이션 시간을 단축시키는 효과가 있다. 예를 들자면, 앞에서 언급한 '컬러'라는 단어가 있다. 컬러는 증권의 거래가 일어났을 때 그 체결에 관련된 일련의 정보를 의미하기에 '컬러를 알려달라'는 표현만으로 특정 증권의 체결 가격과 시간, 거래 사이즈 등을 망라하는 디테일을 챙기는 셈이다.

처음에는 업계 용어들에 익숙하지 않아 트레이더들의 대화를 듣고 있노라면 마치 해독할 수 없는 암호문을 도청하는 듯 막막한 기분이 들었다. 하지만 E를 비롯한 트레이더들과 매일 부대끼며 시장을 마주하다 보니 나도 어느덧 이런 업계 용어를 자유자재로 사용하며 압축된 커뮤니케이션을 주고받게 되었다.

트레이딩 플로어에서 자주 사용되는 용어 중 몇몇 예시는 다음과 같다. 각각의 용어가 어떤 맥락에서 사용되고, 또 만들어지게 된 계기는 무엇인지 살펴보는 것도 금융시장의 작동 방식과 본질을 이해하는 데 도움이 된다.

1) 비드 Bid

매수 호가, 즉 특정 증권을 구매할 의사가 있는 구매 희망가를 의미한다. 금융시장에서 증권의 매도자가 타인의 매수 호가에 자신의 보유 포지션을 매도하는 행위를 '호가를 때렸다 Hit the bid'라고 일컫는데, 이 표현의 유래는 증권시장의 전산화 이전에 트레이더들이 모여 증권을 거래하던 트레이딩 피트 Trading Pit에서 시작되었다고 한다. 당시 증권의 매도자는 매수자의 손에 증권을 때리듯 던져 넘겼고 점차 '때렸다 Hit'라는 표현이 상대의 매수 희망가를 온전히 받아들여 증권을 매각했다는 표현으로 굳어지게 되었다.

2) 오퍼 Offer

비드의 반대 표현으로 증권의 매도 호가를 뜻한다. 누군가가 내가 제시한 매도 호가에 증권을 사 가는 행위를 '호가를 들었다Lift the offer'라고 표현하고, 그 용어의 유래는 비드의 경우와 맥락이 같다. 트레이딩 피트에서 증권의 매수자가 매도 희망자의 손에서 증권을 위로 낚아채듯 가져가며 거래를 체결시키는 행동이 표현으로 자리 잡은 경우다.

3) 커버 Cover

'덮는다'는 사전적 정의에서 파생된 용어인데 증권의 경쟁 입찰에서 최종 낙찰자의 가격을 덮는 가격, 즉 두 번째로 좋은 가격을 의미한다. 주식과는 달리 장외거래로 체결이 이루어지는 증권들은 대부분 가격 투명성을 위해 여러 딜러들이 경합하며 호가를 제시하는 경쟁 매매의 형태로 거래된다. 이때 경쟁에 참여한 트레이더들은 고객사에게 커버 가격 정보를 요구하는 것이 관례이고, 커버 가격을 통해 증권의 시장 균형 가격을 가늠해볼 수 있다.

4) 라스트 룩 Last Look

경쟁 매매에 참여하는 트레이더가 첫 입찰에서 지는 경우, 호가를 개선할 기회를 달라고 요청하는 행위다. 경매장에서 경매 진행인이 입찰 현황을 파악할 때 장내를 좌우로 훑으며 'Looking once, looking twice(한 번 확인하고, 두 번 확인합니다)'라고 표현하곤 하는데, 이때 더 공격적인 가격으로 재입찰하도록 마지막으로 확인해달라는 의미에서 사용되었던 용어다.

5) 리얼 머니Real Money & 패스트 머니Fast Money

기관 고객의 특징을 분류하는 방법이다. 대차시장을 통한 레버리지 없이 순수하게 원금만으로 거래하는 기관투자자를 리얼 머니 고객이라고 표현한다. 레버리지를 사용할 수 없는데 보유한 자금 규모가 큰 대형 고객을 지칭하는 데 많이 사용되는 용어이기도 하다. 반대로 헤지펀드처럼 레버리지를 적극적으로 활용하고 시장 상황에 맞게 빠르게 움직이는 고객은 패스트 머니라고 표현한다. 트레이더가 거래 정보를 전달할 때 정보의 대상이 되는 투자자의 신원을 보호하기 위해 이런 표현들을 활용한다.

이렇게 특수 용어들을 활용해서 커뮤니케이션 시간을 단축하면서까지 트레이더들이 이루려는 것은 무엇일까? 당연하게도 자신이 운용하는 트레이딩북trading book의 수익 극대화가 주목적이다. 다만 기관 트레이더들의 수익 활동인 '트레이딩'은 보통 사람들이 생각하는 투자와는 다르다. 금융시장에 종사하지 않는 사람들이 보기에 트레이더들은 이리저리 시장의 흐름을 읽어내어 투자를 잘하는 사람들이라 생각하기 쉽지만, 트레이딩과 투자는 엄연히 다른 행동이다. 대개 트레이딩과 투자를 구분 지어보라는 질문을 던지면 트레이딩은 단기 방향성에 대한 베팅이고 투자는 장기 흐름에 대한 베팅이라는 답변이 들려온다. 하지만 트레이딩에도 장기 전략이 존재하고, 초단기 투자 상품 또한 쉽게 찾아볼 수 있다.

포지션의 보유 시간만으로는 트레이딩과 투자의 차이점을 온전히 설명할 수 없다는 뜻이다.

투자와 트레이딩 사이에는 교집합이 존재하긴 하지만 둘 사이에는 분명한 차이점이 있다. 트레이딩은 수익을 얻기까지 시간이라는 요소가 강제되지 않지만, 투자는 수익을 누리기까지 시간이라는 요소가 강제된다는 점이다. 트레이딩은 금융시장 내 존재하는 각종 '비효율'을 통해 절대적 수익을 올리는 기법을 지칭한다. 예를 들어 동일 종목이 다수의 거래소에서 유통될 때 플랫폼 간의 수급 불균형에 의해 거래소별 가격이 다른 경우가 발생한다. 이 불균형을 이용해 돈을 버는 트레이딩이 차익 거래Arbitrage 전략이다. 시장 효율성이 떨어져 가격 차이가 벌어지면 그만큼 트레이딩의 기회는 증가한다. 다른 예시를 하나만 더 들어보자면, 금융시장 내 존재하는 다수의 매수자와 매도자가 서로의 존재를 알기 힘든 상황에서는 시장 투명성이 훼손되어 효율성이 낮아진다. 트레이더는 이 상황에서 매수자와 매도자의 거래를 중재해주며 수익을 올릴 수 있다. 이렇듯 트레이딩의 수익성은 시장의 비효율에서 나오며 기대수익의 크기는 시간이 아닌 불균형의 스케일에 비례한다.

투자의 경우는 반대다. 투자란 특정한 리스크를 감수했을 때 그 리스크가 시간이 지나며 해소됨에 따라 발생하는 보상을 누리는 행동이다. 투자를 집행한 투자자는 수많은 불확실성에 던져진다. 주식 투자로 예를 들어보자면, 투자한 회사가 거시적 환경의 변화나 산업 내 지각 변동으로 인해 계획해두었던 성장을 하지 못할 수도 있다. 혹은 시장 내 투기적 수요의 급격한 변화로 인해 주가가 회사의 성장세를 장기간 제대로 반영하지 못할 수도 있으며, 심지어 해당 회사가 상장된 국가의 정권이 바뀌는 과정에서 주식시장 세금 제도가 개편되어 투자자가 손실을 입을 수도 있다. 이런 불확실성 때문에, 미래에 얻을 것으로 기대하는 소득은 현재 가치로 환산하면 낮아진다. 반대로 생각해보면, 시간이 지나면서 걱정했던 위험 요소가 하나씩 해소될 때마다 자산의 가치는 미래 가치를 더 잘 반영하게 된다는 결론에 다다를 수 있다. 투자 수익은 이렇게 창출된다.

그리고 너무나도 당연한 말이지만, 투자의 시간 축이 길어지면 길어질수록 투자자가 감수해야 할 불확실성의 총량은 증가한다. 그러다 보니 채권이든 주식이든, 혹은 대체투자 상품이든 특정 자산을 보유하면 보유 기간에 비례해 투자 수익 기댓값은 증가한다. 이렇게 리스크를 보유한 시간에 따라 발생하는 수익을 '수익률Yield(일드)'이라고 표현한다. 채권은 시간이 지남에 따라 이자 수입이 발생하고, 주식의 경우엔 보유 기간에 비례해 배당금과 주식가치의 변동으로 인한 손익이 발생한다. 일드(수익률)를 얻기 위해서는 증권을 일정 시간 동안 반드시 보유해야 하기에, 많은 이들이 투자는 장기 전략이고, 트레이딩은 단기 전략이라는 오해를 하게 된 것이다. 금융시장에서 성공한 사람일수록 트레이딩과 투자의 차이점을 고집스럽게 구분 짓는다. 시장의 불균형에서 수익을 창출하는 트레이딩, 불확실성 해소의 결괏값인 일드를 통해 자산을 증식하는 투자는 각각 집중하는 영역이 다르기 때문이다.

투자와 트레이딩의 차이점을 명확하게 인지하지 않는다면 어느 한쪽도 잘해내기 어렵다. 두 행동은 너무나도 다르기 때문이다. 소프트웨어를 개발해 기업 고객에게 납품하는 회사가 있다고 가정해보자. 이 회사에는 제품 개발에 특화된 개발자가 있을 것이고, 고객의 니즈를 파악하는 세일즈 전담 인력이 있을 것이다. 개발을 잘하기 위해서는 고객과의 상호작용을 어느 정도 상상하는 능력이 필요할 수 있고, 영업을 잘하기 위해서는 기본적인 개발 지식을 보유하면 유리하다는 것은 사실이다. 하지만 개발자와 영업 직원이 직무를 하기 위해 필수적인 주요 기술은 분명히 구분된다. 증권의 거래가 시장에서 어떤 비효율을 갖고 있는지 찾아내 수익화하는 트레이딩과, 다수의 자산 중 특정 증권의 보유가 위험 대비 수익률 측면에서 가장 우월하다는 점을 찾아내는 투자의 능력은 위의 예시만큼이나 다르다.

투자와 트레이딩의 경계를 구분 없이 넘나들려 했던 사람들의 끝은 그다지 좋지 못했다. 월가 트레이딩 플로어 위의 직원들은 정해진 업무인 트레이딩의 범위를 벗어나 회삿돈으로 무모한 베팅을 한 '로그 트레이더 Rogue Trader'의 사례에 대해 매달 꾸준히 교육을 받곤 했다. 로그 트레이더들의 잘못된 행동으로 인해 소시에테 제네랄Société Générale 사는 2008년 49억 유로 규모의 손실[1]을, 스위스 투자은행 UBS는 2011년 14억 유로 규모의 손실[2]을 입었다. 로그 트레이딩이 일어나는 과정에는 공통점이 있었는데, 단기적으로 입은 트레이딩 손실을 메우기 위해 트레이더로서의 본분을 잊고 단기 시장 방향성 베팅을 시도하다 손실이 불어났다는 점이었다. 전문성이 없는 영역에서 그것도 개인이 감당할 규모를 훨씬 넘는 자금으로 도박하는 행동은 당사자뿐만 아니라 회사 전체의 명운을 위협할 결과를 초래할 수 있었다.

E는 이런 산업의 본질을 너무나도 잘 파악한 인물이었다. 그는 항상 의도치 않게 매수나 매도 쪽으로 포지션이 열려 자신이 부담하는 리스크가 애초에 계획했던 트레이딩의 구조를 약간이라도 벗어날 때마다, 표정을 일그러뜨리며 상황을 수습하는 데 열을 올렸다. 마치 정해진 규칙을 따르며 임무를 완수하는 군인처럼 E는 항상 트레이더의 본분을 잊지 않았다.

우리가 정신없이 채권을 프라이싱하고, 수많은 트레이드 사이에서 열린 포지션 리스크를 정리하며 시간을 보낸 그해, E는 승진했다. E의 승진을 축하하기 위해 팀 전체가 근처의 아이리시 펍으로 향하는 순간에도 그는 미처 파악하지 못하여 안게 되는 오버나이트 리스크는 없을까 전전긍긍했다.

"Do you think the market will go down tomorrow(내일 시장이 떨어질 거 같아)?"

"I don't know, but we still have to close the risk today(모르지. 그래도 리스크는 닫아둬야 해)."

금융시장의 최전방에서 증권의 움직임을 살피다 보면, 자연스레 시장의 등락을 점치고자 하는 욕구가 생기곤 한다. 나는 종종 E에게 우리가 거래하는 종목들이 상승할지 하락할지 묻곤 했었다. 이따금 E는 시장에 대한 자신의 견해를 공유할 때도 있었지만, 업무를 위한 거래에서는 결코 시장 등락을 섣부르게 예측하려 들지 않았다. 기관 트레이더의 업은 트레이딩이지, 투자가 아니었기 때문이었다. 트레이더의 비교우위는 수급에 대한 이해와 자금력을 바탕으로 시장 불균형을 해결하는 능력에서 나오는 것이며, 투자를 집행해 시장의 리스크를 고스란히 받아내는 데 있지 않았다. 트레이더가 자신의 본분을 잊고 트레이딩이 아닌 투자를 하는 순간, 회사는 의도치 않은 시장의 방향성 리스크에 노출되어 큰 문제가 생길 수 있다. 그래서 각종 금융 규제와 엄격한 사내 규율 또한 트레이더의 행동 범위에 명확한 기준을 두어 제한하고 있었다. 그만큼 트레이딩과 투자에 필요한 역량은 다르므로, 금융시장에서 성공하기 위해서는 두 개념을 명확히 구분 짓는 이해도가 필수였다.

금융시장에서 업을 가졌던 경험을 토대로 주변을 둘러볼 때 한 가지 안타까운 점은, 많은 개인 시장 참여자들이 실질적으로는 단기 투자를 하면서도, 트레이딩을 하고 있다고 착각하는 상황이다. 개인들이 이런 혼란을 겪게 된 데에는 많은 이유가 있다고 생각한다. 트레이더는 무언가 마법 같은 방법을 이용해 돈을 쓸어 담는 듯 포장한 미디어 매체부터 시작해서, 더 많은 거래를 유도해 수수료 수익을 올리려는 증권사들, 그리고 잘못된 정보를 바탕으로 차트를 뜯어보는 것만으로 큰 성공을 할 수 있다는 거짓 강의를 하는 자칭 전문가들까지, 개인 투자자들을 현혹하는 이들은 수없이 많다. 투자에 대한 정석적인 방법론은 상대적으로 많이 알려졌지만, 트레이딩을 어떻게 해야 하는지 원론적으로 설명하는 문헌은 드물다는 점도 안타깝다. 성공적인 투자를 위해 재무제표를 뜯어본다거나 거시경제를 공부하는 것처럼, 트레이딩을 통해 수익을 내고자 하면 논리적으로 설명 가능한 시장의 비효율을 찾아내는 노력이 필요하다. 두 행동을 잘 구별하는 것만으로도 각 전략에 맞는 시간과 노력을 올바르게 사용하게 되므로 시장에서의 비교우위를 점할 수 있다. 금융시장이 점점 더 성숙해짐에 따라 이러한 시장의 본질에 대한 정보가 개인 투자자들에게도 조금 더 퍼지기를 바란다.

Insider's Note ───────────────

트레이더는 시장의 비효율을, 투자는 리스크를 보유한 시간을 통해 수익을 만든다. 수익의 방식이 다르듯, 그 안에서 요구되는 감각과 태도도 전혀 다르다. 두 행동의 차이를 이해하지 못한 사람에게 시장은 무자비하다. 금융 역시 본질의 이해를 요구하는 세계다. 내가 트레이더인지, 투자자인지 먼저 묻는 것. 그게 시장에서 살아남는 최소 조건이다.

당신의 몸값은 얼마입니까?

전년도 성과급이 지급되는 연초가 지나면, 트레이딩 플로어에서는 '누가 얼마를 받았다더라'는 이야기가 슬며시 들려오곤 했다. 타인에게 성과급에 관한 디테일을 공유하는 건 사칙으로 금지되어 있었지만, 발 없는 말이 천 리 간다는 말이 있듯 소문은 어느새 퍼져나갔다. 소문을 들은 사람들은 정확한 수치를 알 수는 없으니 자신이 알고 있는 데이터를 가져와 소문의 해상도를 높이려고 시도하기도 했다. 자신이나 동료의 성과급과 비교한다거나, 혹은 직급 체계를 넘나들며 공개된 정보를 가져오는 등 다양한 노력이 더해졌다. 이를테면 2022년도 제이피모간체이스의 CEO 제이미 다이먼Jamie Dimon은 그해에 3,450만 달러, 즉 대략 450억 원의 총 보수를 받았고,[1] 시티그룹의 CEO인 제인 프레이저Jane Fraser는 약

2,450만 달러를 챙겼다.[2] 골드만삭스의 수장 데이비드 솔로몬David Solomon은 같은 시기 2,500만 달러를 수령했다.[3] 매해 각 조직 수장들의 보수를 기준점으로 잡아, 직급 차트를 내려가며 직함과 전년도 대비 해당 팀의 성과를 감안해 보정치를 적용하면 꽤 그럴듯한 계산이 나왔고, 이는 소문의 액수를 검증하는 데 요긴하게 사용되곤 했다.

월가에서의 성과 보수는 다양한 의미를 갖는다. 직접적으로는 전년도의 개인별 수익에 대한 회사의 인정을 나타내며, 간접적으로는 해당 개인이 속한 팀에 대한 회사의 미래 투자 규모를 시사하기도 했다. 회사가 성과 보수를 두둑이 챙겨주는 행동에는 트레이더가 올해에도 회사에 남아 작년처럼 퍼포먼스를 내주기를 바란다는 뜻이 담겨 있는데, 만약 트레이더가 소속된 데스크의 사업 전망이 밝지 않다면 회사는 굳이 비용을 늘려가며 붙잡으려 하지 않는다. 그래서 트레이딩 플로어의 모두는 성과 보수에 대한 소문에 민감할 수밖에 없었다. 내 기여를 회사가 얼마나 인정해주고 있는가를 가늠함과 동시에, 회사가 바라보고 있는 산업의 방향성을 읽어보는 직관적인 지표이기 때문이다.

성과에 대해 회사가 조정 작업을 거치므로, 성과 보수는 자신이 낸 수익에 단순히 어떤 숫자를 곱해서 계산되는 것은 아니었다. 만약 자신이 만들어낸 성과 대비 회사의 처우가 불합리하다는 생각이 들면, 트레이더들은 대개 두 가지 선택지를 떠올렸다. 경쟁사로 이직하거나, 혹은 사내에서 새로운 기회를 찾는 방법이었다. 월가는 이직에 대해 꽤 관대하기에 트레이더들은 자주 경쟁사 쇼핑을 통해 자신의 가치를 최대한 인정받으려 노력했다.

하지만 경우에 따라서 경쟁사로 옮기는 선택지가 사라지는 때도 있었는데, 바로 자신이 속한 자산군이나 사업 분야의 성장세가 꺾여 성장동력을 잃는 상황이었다. 이때는 경쟁사로 옮겨봤자 아쉬운 상황이 반복될 것이 자명하기에, 이직은 그저 짧은 시간 동안 생명 연장만을 허락하는 차악책일 뿐이었다. 자산군 전반의 자금 경색이나, 산업의 구조적인 변화로 인해 큰 물길이 바뀌게 되었을 때 개인이 문제 해결을 위해 할 수 있는 건 많지 않았다. 이런 경우엔 어떻게든 사내에서 자신의 입지를 활용해 다른 기회를 만들어보거나, 혹은 월가를 벗어나 다른 산업의 문을 두드려보는 것이 정석이었다. 이번 이야기에 등장하는 F는 모두가 선망하는 직급의 피라미드까지 올랐지만, 새로운 기회를 찾아 떠나야만 했던 인물이다.

본격적으로 F의 이야기를 풀기 전에 월가 투자은행의 직급 체계를 살펴보자. 피라미드의 최하단에는 애널리스트가 있다. 앞서 말했듯이 대다수의 애널리스트는 정규직 전환을 전제로 한 인턴십 프로그램을 거쳐 채용되며, 각 트레이딩 데스크의 보조 업무를 담당한다. 투자은행마다 애널리스트를 활용하는 법은 조금씩 차이가 있는데, 어떤 곳은 데스크에 귀속시켜 한 팀에서 쭉 성장하게끔 방향성을 설정해둔 곳도 있고, 반대로 매년 다른 데스크로 소속을 변경시키며 다양한 자산군을 경험하도록 프로그램을 꾸린 곳도 있다.

약 2~3년의 시간이 지나면 반수 정도의 애널리스트는 진급 심사를 통과해 어소시에이트Associate 직급으로 승진할 수 있다. 어소시에이트 레벨부터는 데스크에 온전히 배정되어 커리어를 쌓아나가게 되는데, 애널리스트의 경우 인사팀을 통해 팀 재배치를 요청하는 경우도 종종 있지만, 어소시에이트가 자리를 이동하는 일은 거의 일어나지 않는다. 본격적으로 트레이딩 데스크에서 자신의 어카운트(계정)를 전담해 관리하는 최소한의 연차이며, '버는 만큼 받는' 성과급 제도에 노출되기 시작하는 단계다.

빠르면 2년, 늦으면 4년 정도 어소시에이트로서 자신의 능력을 증명하면 VPVice President 승진이 기다리고 있다. 몇몇 어소시에이트들은 VP의 문턱을 넘지 못하고 해고당하거나 자진 퇴사하기도 한다. VP부터는 데스크의 핵심 트레이더로 활약할 수 있는 직급인데, 구성원들의 평균 연차가 낮은 데스크에서는 가끔 VP가 팀장의 역할을 맡는 경우도 있다. VP 레벨 이상으로의 진급에는 이전보다 성과에 비중이 훨씬 더 크게 실리기에, 시간이 지나면 자연스레 승진하는 방정식은 존재하지 않는다. 따라서 VP 트레이더들의 연령은 이전 직급 대비 스펙트럼이 넓은 편이다.

VP 다음에는 투자은행마다 약간의 명칭 차이가 존재하나 큰 맥락에서 디렉터Director가, 그리고 그 위에 매니징 디렉터Managing Director가 존재한다. 디렉터 레벨부터는 승진의 기준이 다소 모호해진다. 수익을 꾸준히 내는 것은 기본이고 부서에서 바라는 방향성의 업무를 추가적으로 수행할 능력이 되어야 하는데, 새로운 고객을 찾아내거나 취약했던 자산군의 시장 점유율을 크게 끌어올리는 등 데스크 비즈니스의 성장 전략을 제시할 수 있어야 한다. 여기서 한 단계 더 나아가 부서에서 대체 불가능한 존재감을 가지면 매니징 디렉터로 올라가는데, 대부분의 디렉터들이 여기까지 도달하지 못한다. 매니징 디렉터에 오른 트레이더들은 압도적인 수익을 매년 연속으로 올린다든지 핵심 고객군을 꿰차고 있어 자신의 존재 자체가 부서의 비즈니스로 연결될 수 있는, 부서장과 임원진을 제외한 피라미드의 정점에 서 있는 이들이다. F는 이렇게 지난한 승진의 과정을 거쳐 매니징 디렉터까지 도달한 인물로, 트레이딩 플로어에서 커리어 전성기를 맞이하며 많은 사람들의 인정을 받았던 전력을 보유했다.

    회사에서는 대체 불가능한 인력에게 그에 합당한 보상이 돌아가게 마련이다. 매니징 디렉터의 직급으로 데스크의 비즈니스를 성공적으로 이끌어나가면, 매년 굉장히 큰 성과급이 주어진다. 이 성과 보수의 규모는 평범한 직장인의 생애 소득을 초과하는 수준일 때도 있다. 플로어에 돌았던 소문에 의하면 F 또한 전성기 시절 매년 막대한 보수를 챙겨 갔다고 들었다. 다만 보수만큼의 책임과 위험도 뒤따른다. 비용 절감이 논의될 때마다 가장 먼저 경영진의 시야에 들어오는 이들은 몸값이 비싼 직급 피라미드 상단부의 임직원들이니까 말이다.

버는 만큼 받는 보상 구조에 익숙해진 사람들에게 회사는 역으로 '받는 만큼 버는' 것을 기대했다. 그런데 트레이딩 데스크의 퍼포먼스는 항상 외부 변수에 노출되어 있기에 올해 매출이 내년 매출을 보장하지 못했다. 따라서 아무리 연차 쌓인 시니어라도 자맥질을 멈출 수가 없었다. 매니징 디렉터급의 노장들은 여태까지의 성과가 아무런 노력 없이 유지될 거라 믿는 만용을 부리지 않았다. 퍼포먼스가 한번 꺾인 시니어는 몸값은 비싼데, 자리가 빠져도 당장의 실무에는 큰 지장이 없기에 회사 입장에서는 부담스러운 짐으로 여길 수 있었다. 노장들은 이 순리를 너무나도 잘 알았다. 물론 이들이 구축한 인적 네트워크는 회사의 소중한 자산이므로 한 번의 실수만으로 내처지는 경우는 거의 없었지만, 그래도 막대한 몸값 때문에 비용 절감의 이야기가 돌 때마다 시니어들은 긴장을 늦추지 못했다. 그때마다 이들은 자신의 네트워크를 더욱 견고히 하거나, 새로운 사업 영역에 고개를 들이밀어보는 등 나름의 대비책을 꺼내 들곤 했었다. 이야기의 주인공인 F 또한 그랬다.

F는 여러 파생상품을 다루는 데스크의 헤드였다. 그는 기업 고객을 유치하는 데 뛰어난 능력을 보였는데, 다수의 트레이딩 데스크가 그의 클라이언트 네트워크에 의존해 필요한 거래를 조달해

왔다. 투자은행의 트레이더들에게 고객의 유무는 성과를 좌우하는 중요한 요소였기에, 고객군을 거머쥐고 있는 F의 의견에는 항상 힘이 실렸다. 그뿐만 아니라 F는 적지 않은 나이에도 항상 새로운 기술과 시장의 최신 트렌드를 따라가려는 태도를 지녀, 데스크의 중역들부터 시작해 트레이딩 플로어의 신입사원들까지 다양한 이들의 의견을 귀담아듣곤 했다. 부서 내 그의 명망은 두터운 편이었다.

하지만 견고해 보이기만 했던 F의 성벽에도 미세한 흠집이 하나둘 나고 있었다. F의 관할권 내에 있던 파생상품 자산 중 대다수가 강화된 자본 규제의 범위 안에 들어오기 시작했던 것이다. 2008년 금융위기를 계기로 각국 금융 시스템의 자본 건전성을 강화할 목적으로 제정된 바젤3Basel III 기준서를 포함, 각종 규제들은 유동성이 떨어지는 금융자산과 파생상품에 페널티를 부과하기 시작했고, 거래 당사자들에게 요구되는 파생상품 포지션의 증거금 부담 또한 증가했다. 늘어나는 규제로 인해 자본효율성이 감소하면, 기업 투자자들은 자연스레 규제 대상이 되는 자산군을 포트폴리오에서 줄인다. F의 고객들도 마찬가지였다. 줄어드는 성과가 처음에는 그저 하나의 데이터일 뿐이었지만, 데이터가 모이니 추세가 되었고 추세가 이어지니 부정할 수 없는 현실이 되었다. 시장은 점점 수축했고, F와 산하의 트레이더들은 표정이 어두워졌다.

시장은 때에 따라 커지기도 줄어들기도 한다. 다만 이번엔 상황이 달랐다. 기업 투자자들이 시장에서 이탈하기 시작한 이유는 단순히 시장 내 자금 순환이 아니라 규제의 강화 때문이었고, 그들이 다시 돌아오기 위해서는 이 문제가 해결되어야 했다. 전년도에 새롭게 도입된 규제 사항들이 다음 해에 원상 복귀되는 모습은 상상하기 힘들었다. 이런 정황을 뜯어보던 F의 머릿속은 복잡해질 수밖에 없었다. 더군다나 새로운 규제의 핵심 키워드는 '유동성'이었다. 2008년 사태가 유동성 위기로부터 초래되었던 것을 참작하면, 정책자들이 금융기관들의 유동성을 제어하는 정도가 지금보다도 더 엄격해질 것이라는 건 쉽게 예견되었다. 고객 이탈이 가속화된다는 뜻이었다.

특히 파생상품의 유동성은 모든 규제자들의 초점이 맞춰진 영역이었다. 파생상품의 평균 거래량은 기본적으로 현물 증권의 평균 거래량에 비해 크다. 현물 증권은 거래 희망자 중 한쪽이 해당 증권을 보유해야만 거래할 수 있지만, 파생상품 거래는 그저 계약의 반대편에 서줄 거래상대방만 찾는다면 언제든지 체결할 수 있기 때문이다. 증권의 거래량이 많은데도 유동성에 대한 우려가 거론된다는 사실이 다소 생소하게 느껴질 수 있지만, 이는 유동성은 거래량과는 엄연히 다른 개념이라는 이유에서 설명된다.

유동성은 하나의 자산을 얼마나 손실 없이 현금화할 수 있는지 측정하는 척도다. 조금 더 쉽게 풀어보면, 보유한 자산을 거래할 때 수수료나 거래 프리미엄을 포함한 전체 비용이 적게 발생할수록 자산의 유동성이 높다고 말할 수 있다. 우리가 흔히 아는 거래량과는 개념의 정의가 다르고, 이는 트레이딩을 업으로 삼는 금융시장 종사자들도 간혹 간과하는 부분이다. 물론 유동성과 거래량은 밀접하게 연관되어 있다. 거래량이 풍부한 시장일수록 많은 매수자들이 존재하고 그들의 매수세도 강하기에 내 자산을 시장의 균형 가격에 온전히 매도할 가능성이 높아진다. 따라서 거래량과 유동성은 양의 상관관계를 갖는다. 하지만 거래의 규모가 큰 시장이라고 마냥 높은 유동성을 보유한 건 아니다. 부동산시장을 떠올려보자. 부동산시장은 막대한 거래량을 보유하고 있음에도 불구하고 집 한 채를 매매하는 데는 주식 한 주를 사고파는 데 드는 노력의 몇 곱절이 요구된다. 만약 누군가가 집을 산 바로 다음 날 다시 매도해야 할 상황에 부닥친다면, 그 사람은 큰 손해를 볼 수밖에 없을 것이다. 이는 부동산시장의 유동성이 낮기 때문에 발생하는 문제다.

유동성이 낮은 자산을 보유한 금융기관은 급작스러운 자금 충격에 취약해진다. 기관의 회계장부에 수십억 달러의 자산이 존재한다고 하더라도, 그 자산을 매수해줄 거래상대방이 없으면 현금화가 불가능하다. 작은 신용경색에도 기업이 도산할 수 있다는 뜻이다. 각국의 금융 규제기관들은 2008년 금융위기를 통해 금융기관의 유동성 관리가 중요하다는 점을 학습했다. 그래서 구조가 복잡하고 거래가 빈번하게 이루어지지 않는 파생상품을 금융기관이 거래하거나 보유하기 위해서는 그만큼의 대가를 치르도록 각종 규율을 도입하기에 이르렀다. 미국, 유로존, 아시아 국가들 모두 앞다투어 금융 건전성을 확보하기 위해 각자의 정책을 손보기 시작했고, 파생상품을 거래하기 위한 금융 비용은 점점 높아져만 갔다. 부담을 느낀 시장 참여자들 중 일부는 복잡도가 높은 파생상품을 더 이상 거래하지 않기로 결정하기에 이르렀고, 이는 해당 상품군의 유동성을 축소하는 결과로 이어졌다. 시장의 구조적 변화는 개인의 역량으로는 도저히 뒤집지 못하는 것이라, 몇 명의 고객을 찾아가 설득한다고 해서 해결될 문제도 아니었다. 그래서 F는 과감한 결단을 내리게 된다. 자신이 담당하던 자산군을 내려놓고 새로운 사업을 꾸리기로 결정했던 것이다.

  F가 새로운 기회를 발견한 분야는 대체투자시장이었다. 서브프라임 사태의 직격탄을 맞았던 부동산시장은 2010년대 초반을 거치며 빠른 속도로 회복했다. 자연적으로 돌아온 수요와 더불어 금융위기의 대응책으로 미국 연방준비위원회가 꺼내 든 금리 인하와 양적완화 정책 덕분이었다. 시장에 돈이 몰려 자산에 대한 수요가 증가하면 유동성이 높고 가치평가가 쉬운 자산 가격이 가장 먼저 오른다. 가치평가가 쉬운 자산일수록 해당 자산의 가격 퍼포먼스는 시장에서 조명을 받아 추가 수요를 불러일으키기 때문이다. 또한 해당 자산의 유동성이 높을 경우, 위에서 설명했듯 자산 거래가 더 쉽게 일어나기에 수요가 더 빠르게 몰릴 수 있다. 다시

말해, 금융 정책으로 인해 시장에 풀린 유동자금은 일차적으로 유동성이 높은 주식과 채권의 가격을 빠르게 끌어올린다. 순환매가 발생하는 것이다. 심지어 같은 자산군 내에서도 순환매를 관찰할 수 있는데 채권 중에서도 거래가 활발히 일어나는 투자적격등급 Investment Grade 채권의 가격은 상대적으로 거래가 빈번하지 않은 부실등급 Distressed 채권보다 상승장에서 빠르게 올라간다.

2010년대 초반, 기관투자자들은 고민에 빠졌다. 저금리 환경이 불붙인 순환매로 인해 주식과 채권의 가치가 먼저 상향 조정되었고 기관투자자들의 자산배분 전략은 다소 애매해졌다. 기관투자자들은 투자 전략의 위험 대비 기대 수익률이 합리화되어야 포트폴리오에 자산을 추가할 수 있는데, 종목의 내재적 가치는 변하지 않았음에도 그 가격이 빠르게 올랐다는 것은 해당 종목의 기대 수익률이 줄어들었다는 것을 의미했다. 기관투자자들 입장에서 순환매가 이미 발생한 주식과 채권은 상대적으로 덜 매력적일 수밖에 없었다. 그래서 투자자들은 자연스럽게 다른 자산에 눈을 돌렸고 가장 직관적인 선택지는 부동산과 사모펀드 같은 대체투자 자산군이었다. 이 자산들은 거래 환경이 잘 조성되어 균형 가격 발견이 효율적으로 이루어지는 주식이나 채권에 비해 가치평가도 더디었고, 유동성도 낮았다. 그래서 해당 자산들은 아무래도 주식이나 채권만큼 시장에 풀린 유동자금의 수혜를 빠르게 받지 못했다. 기관투자자들이 선호하는 저평가 자산이 된 셈이었다. 매일

기관 고객과의 접점에서 시장을 읽어오던 F는 이런 트렌드를 보고만 있지 않았다.

F는 자신과 함께 일해오던 트레이더와 세일즈 담당자들에게 연락해서 자신이 그리는 새로운 비즈니스의 청사진을 제시했다. 막대한 양의 유동자금이 시장을 종횡무진 휩쓸고 있는 시기에는 자본력의 쏠림 현상이 일어날 수 있다. 때문에, 자본조달의 난도가 낮음에도 불구하고 적절한 투자자 네트워크를 갖지 못했거나 프로젝트의 스케일이 너무 큰 경우, 필요한 자금을 원활하게 구해오지 못하는 경우가 발생하기도 한다. F는 바로 그 점을 주목하여 신사업 계획을 세웠다. 부동산이나 사모펀드 시장 내에서 진행되고 있는 수준 높은 딜을 선별해 와서 그들이 겪고 있는 자금 문제를 직접적인 조달을 통해 해결해주거나, 혹은 구조화금융 기법을 적용해 해결하려는 시도였다.

F에겐 그가 평생 커리어를 통해 쌓아온 두터운 투자자 네트워크가 있었고, 부동산시장은 초저금리 환경의 직접적인 수혜를 받아 무서운 기세로 폭발적인 성장을 기록하고 있었다. F의 입장에선 그야말로 '물 반 고기 반'인 환경이었던 셈이다. 그는 밤낮을 가리지 않고 업계 사람들을 만나며 사업 기회를 물색하고 다녔는데, 초대형 펀드 매니저부터 소규모 부동산 개발사의 실무진까지 그 대상은 다양했다. F는 저녁 식사 미팅에서 들었던 부동산시장 내 신화적인 성공 스토리를 매번 주변에 전달하곤 했다. 그중 하나는

30대 초반에 억만장자가 되었던 한 개발사의 창업자 이야기였는데, 이 창업자는 텍사스 외곽 지역에서 침수 등으로 물리적인 파손을 입은 창고 부지를 경매를 통해 싸게 구해 와, 창고 대신 새로운 건물을 올려 빠르게 부지를 정리하는 식으로 부를 쌓아 올렸다고 했다.

"This dude is truly a genius(이 사람은 정말 천재라니까)."

이야기를 전하던 F의 표정은 밝았다. F는 이 창업자가 수십 건의 실적을 통해 업계 큰손들의 눈에 들었고, 결국 큰 단위의 자금 조달을 받아 더 많은 개발 프로젝트에 착수할 수 있었다는 설명을 덧붙였다. F의 말에는 사람을 끌어당기는 에너지가 담겨 있었다. 그의 설명을 듣고 있노라면, 마치 지금 밟고 있는 기회의 땅에서 아무것도 하지 않은 채 가만히 서 있는 것이 민망해질 정도였다. F는 자신의 언변으로 트레이딩 플로어의 시니어들 몇 명을 설득해 냈고, 그들과 함께 새롭게 팀을 꾸려 신사업을 시작했다.

한동안 F의 새로운 팀은 활기로 가득 찼다. 기존의 트레이딩 데스크와는 차별화되는 영역에서 사업을 시작했다는 사실에서 오는 고양감, 그리고 종종 F의 네트워크를 통해 연결되었던 잠재적인 사업 기회들은 팀의 사기를 끌어올리기에 충분했다. F는 새 프로젝트 정보를 얻어 올 때마다 그의 데스크에 합류한 애널리스트들에게 해당 딜에 관심을 가질 만한 투자자 후보군을 선별해달라고 주문했다. 애널리스트들은 프리퀸^{Preqin} 사가 제공하는 대체투자시장의 정보와 기업 투자자 목록을 대조하며 F에게 정보를 전달하고 투자자 피칭용 장표 작업을 계속하며 온종일 업무에 파묻혀 지냈다.

하지만 F의 여정은 곧 한계에 부딪혔다. F는 새로운 팀을 창설한 만큼 강렬한 한 건의 성과를 올려 경영진으로부터 비즈니스의 가능성을 인정받아야 한다고 생각했다. 어려움은 여기서부터 시작되었다. 큰 건의 실적을 내기 위해서는 한정된 팀의 시간과 역량이 하나의 프로젝트에 집중될 수밖에 없었는데, 이는 짧은 시간 내에 가시적인 성과를 낼 수 있는 다른 프로젝트를 포기해야 했음을 뜻했다. 또한 큰 딜을 물어올 수 있는 인력 위주로 팀을 꾸리다 보니 F의 팀은 소수의 신입 애널리스트와 다수의 시니어로 구성되어 있었다. 이들에게 나가는 기본급만 하더라도 웬만한 트레이딩 데스크 두어 개를 유지할 만한 액수였기에, 경영진 입장에서는 데스크의 운영이 부담스러웠다. 이런 상황에서 쉽사리 잡아 오기도 어렵고, 성사되더라도 진행에 오랜 시간이 걸리는 큰 규모의 딜을 좇는 F의 전략은 위태로워 보였다. 시간은 F의 편이 아니었다.

문제는 그뿐만이 아니었다. 일 년이 지나는 시점부터, F의 팀에선 하나둘 이탈자가 발생했다. 월가의 성과주의 철학은 양방향으로 작동한다. 성과를 내지 못하는 사람들이 밀려 나가는 동시에,

직원들 역시 자신의 역량이 회사에서 완전히 활용되지 않는다고 느끼면 스스로 자리를 떠나기도 한다. 회사의 자원을 온전히 활용하지 못하는 만큼 자신의 성과급이 줄어들기 때문이다. 더욱이 F의 팀을 구성하고 있던 시니어들은 기존에 받아오던 성과급의 액수가 컸기에, F의 데스크에 소속되어 있는 동안 발생하는 기회비용 또한 상당했다. 성과를 기대했던 경영진도, 인내심이 그리 길지 않았던 팀 구성원들도, 한 방의 만루홈런보다 적절한 번트를 희망했다. 하지만 F의 전략 설정은 확고했다.

물론 F도 산전수전을 다 겪어온 베테랑이었기에 자신의 배가 침몰하는 것을 잠자코 지켜만 보던 것은 아니었다. F는 자신이 가진 모든 자원을 끌어와 매력적인 기회를 만들어내려고 끊임없이 시도했다. 다만, 안타깝게도 그의 노력은 빛을 발하지 못했다. F가 가져와 반쯤 성사시킨 프로젝트들은 수익화되기까지 아무리 짧아도 2~3년 이상의 시간이 필요했고, 그전까지 팀이 성과를 인정받는 것은 매우 어려웠기 때문이다. 아직 확정되기 이전의 수익에 대해 공치사를 하는 것이 맞는지, 하더라도 올해의 몫은 어떻게 계량화해야 하는지 명확한 기준을 제시할 사람은 아무도 없었다. 심지어 F 본인도 확실한 답을 가지고 있지 않았다.

야심 차게 출사표를 던졌던 F의 팀은 끝내 해산되었다. F를 포함한 데스크의 구성원들은 제각기 새로운 커리어 기회를 찾아 회사를 떠났다. 떠나는 이들 중 그 아무도 큰 아쉬움을 드러내는 사람은 없었다. 시대는 변하고 시장은 끊임없이 움직이기에, 이들은 평생 똑같은 업무를 하면서 자리를 보전할 거란 기대를 애초에 하지 않았다. 그저 새로운 곳에서 여태까지는 알지 못했던 또 다른 기회를 찾기를 바랄 뿐이었다.

Insider's Note

금융 산업은 장밋빛 보상만큼이나 냉정한 시장 원리가 지배하는 곳이다. 자신의 가치를 증명하면 큰 보상을 얻지만, 그러지 못하면 빠르게 잊히고 만다. 여기서 개인의 생존은 능력뿐 아니라, 시장의 흐름과 산업 구조 변화에 민감하게 좌우된다. 끊임없이 자맥질하지 않으면 가라앉는다. 이곳의 생존 논리는 언제나 '시장 원리' 그 자체다.

Insider Insight

2부

돈의 전쟁, 시장은 어떻게 사람을 움직이는가

"시장이라는 공간은 인센티브의 정글이다.
돈의 흐름을 좇는 누군가는 살아남고, 누군가는 무너진다.
돈의 흐름은 시장의 구조에 의해 끊임없이 변화한다.
많은 이들이 이 변화를 읽고자 고군분투하지만,
예측은 보기 좋게 빗나가고, 실력은 결과로 증명된다."

월가의 존 코너,
자동화에 맞서다

　영화나 드라마 같은 창작물에서 월가는 정장을 빼입은 사람들이 왜인지 모르게 심각한 표정을 지은 채 서로의 이권을 위해 암투를 벌이는 미스터리한 곳으로 그려지곤 한다. 매체에서 보이는 알력 다툼의 방식과 스케일에는 다소 과장이 섞여 있지만, 이권을 지키려 서로 반목한다는 묘사 자체는 꽤 정확한 편이다. 월가에서 연봉은 개인의 사내 매출 기여도에 크게 영향을 받도록 설정되어 있다. 수익을 많이 올리면 연봉의 몇 배를 초과하는 성과급을 받기도 한다. 다만 손해를 보면 책임도 자신의 몫이다. 한 번의 실수만으로도 일자리를 잃을 수 있기에 월가의 구성원들은 매일 전투에 내몰린다. 상황이 이렇다 보니 트레이딩 부서도 각 팀의 자율권을 보장해주는 형태로 구성되어 있다. 한 팀이 다른 팀의 의사

결정에 영향을 주는 순간, 결과에 대한 책임을 따지기가 불분명해지기 때문이다.

월가의 트레이딩 부서를 이루는 최소 조직 단위는 개별 팀인데, 일정 규모 이상의 투자은행 본부에서는 다수의 팀이 동일한 자산군을 공유할 수 있다. 다만 자산군이 같다 할지라도 각 팀이 채택하는 전략이 다르다거나, 하위 자산군에 차이가 존재하는 등 팀의 고유성은 분명하게 확보되어 있다. 구조화상품 트레이딩팀과 단순 시장조성팀 둘 다 기업이 발행한 회사 채권을 사고팔 수 있지만, 시장조성팀은 말 그대로 채권을 매매하며 수수료와 거래가격 차익을 통해 수익을 올리는 반면, 구조화상품 트레이딩팀은 회사 채권을 활용해 새로운 채권 파생상품을 만들어 수요자들에게 판매하여 수익을 창출한다. 즉, 두 팀이 같은 자산군을 다룰 때에도 각자의 고유한 사업모델이 존재한다.

위의 예시에서 구조화상품 트레이딩팀은 파생상품을 만들어 팔 때 판매가격에 프리미엄을 붙일 수 있는데, 이 프리미엄을 획득하기 위해 다소의 비용을 지불하며 회사 채권을 구매한다. 경우에 따라서는 시장조성팀의 사내 고객이 되기도 한다. 이렇듯 같은 자산군 내의 팀들은 협업할 여지가 많기에 업무 시너지를 위해 물리적으로 가까이 모아둔다. 이 팀들의 집합이 '트레이딩 플로어'다. 트레이딩 부서가 한 건물을 통째로 쓸 정도로 체급이 큰 투자은행의 경우, 건물 내 매 층이 각각 외환, 회사채, 국채, 지방채, 주식 등 하나의 자산군을 점유하고 있는 모습이다. 트레이딩 플로어 상에 존재하는 모든 팀의 목적은 '수익 극대화' 단 하나로 일축된다. 이 목적을 향해 달려가는 과정은 항상 험난하기에 트레이딩 플로어에서는 종종 날카로운 신경전이나 사내 정치 싸움이 발생하기도 한다.

G는 미국 국채를 거래하는 트레이더였다. 국채 트레이딩 플로어는 대개 드센 성격의 승부사, 혹은 수학적 모델링에 조예가 깊은 학구파로 채워졌다. 극과 극의 기질을 가진 이 두 집단이 같은 장소에 모이게 된 이유는 국채라는 자산군의 특징에서 찾을 수 있다. G의 이야기를 본격적으로 풀기 전에 배경 이해를 위해 국채라는 증권에 대해 먼저 알아볼 필요가 있다.

국채는 고정수익증권fixed income securities시장에서 가장 기본이 되는 자산군이다. 고정수익증권은 '채권bond'이란 용어로 대중에게 친숙하게 알려져 있는데, 조금 더 쉽게 표현해보자면 증권의 형태를 띠고 있는 대출이라고 표현할 수 있다. 국가, 기업, 지방자치단체를 막론하고 특정 사업을 수행하기 위해서는 자금이 있어야 하는데, 가장 용이한 자금조달 방식은 대출이다. 채권은 특정 대출의 만기일에 해당 대출의 원금을 수령할 권리를 내포한 증서다. 여느 대출이 그러하듯 채권 보유자에게도 합당한 수준의 이자가 지급된다. 이 이자율은 채권을 발행한 주체의 신용도에 따라 달라지기 때문에, 상환 능력이 좋은 주체일수록 보다 저렴한 이자율로 채권을 발행하는 것이 가능하다.

자본시장 내 신용도 피라미드의 정점에는 현시점 글로벌 통화 패권을 움켜쥐고 있는 미국 정부가 있다. 그래서 미국 정부가 자본 조달을 위해 채권 보유자들에게 지불하는 이자율을 신용 리스크가 없다는 뜻에서 '무위험 이자율'이라 부르고, 채권시장 참여자들은 이 무위험 이자율을 기반으로 각 채권의 상대적 이율을 표현한다. 예를 들어 2년 후 만기가 도래하는 미국 국채의 이자율이 4%이고, 만기 도래 조건이 같은 기업 채권의 이자율이 5%라면, 기업 채권의 이자율은 무위험 이자율 대비 100베이시스포인트(1%)의 초과 이율 형태로 표현된다. 국채가 채권시장의 벤치마크로 활용되는 셈이다.

벤치마크의 지위 때문에 미국 국채에 대한 수요는 굉장히 크다. 잉여자금을 활용해 이자수익을 거두고 싶지만, 동시에 자금을 대출해 가는 주체의 상환 능력에 대한 위험도는 최소화하고 싶은 투자자들은 어김없이 미국 국채를 구매한다. 이렇다 보니 미국 국채시장은 금융 산업 내에서 가장 활성화된 시장이고, 매일 막대한 양의 거래가 체결된다. 다른 채권과는 다르게 신용 위험도가 부재한 미국 국채는 상대적으로 구조적인 복잡도가 낮은 자산군이므로, 투자은행들은 국채 부서에 고객 유치를 잘하고 그들의 요구에 민첩하게 대응하는 데 특화된 승부사형 트레이더들을 전략적으로 배치하기도 한다. 하지만 정반대로, 국채시장의 큰 규모 때문에 자동화 전략을 공격적으로 사용할 여지도 많을뿐더러, 벤치마크 이자율을 활용한 국채 파생상품에 대한 수요도 다양하게 존재한다. 이 분야를 커버하기 위해 퀀트 분석과 알고리즘 활용 능력이 강점인 인력 또한 국채 부서에 배정된다. 같은 자산군을 두고 두 가지 상반된 역량의 인재들이 부서 내에서 상호작용하면서 수익 창출을 도모하는 것이다. 이야기의 주인공인 G는 두 집단 중 승부사형 그룹에 속하는 트레이더였다.

    G는 미국의 한 대학에서 풋볼 선수 생활을 했던 인물이다. 첫 만남에서 G의 인상은 강렬했다. 큰 키와 우람한 덩치 탓도 있었지만, 악수할 때 미묘하게 필요 이상으로 들어간 G의 손아귀 힘도 한몫했다. 악수가 강하다는 내 말에, G는 예상된 질문이었다는 듯 씩 웃으며 강한 손힘은 처음 보는 상대에게 신뢰감을 주는 장치라고 답했다. 클라이언트를 자주 만나다 보니 생긴 습관이라는 말과 함께 G는 이런 사족도 붙였다.

"I manage my clients. You know, we can never just rely on these salespeople(영업 담당자들만 믿고 있을 수 있겠어? 난 고객 관리를 직접 해)."

    월가의 투자은행은 G와 같은 운동선수 생활을 했던 이들을 선호하는 경향이 있는데, 팀 생활을 하며 동료들과 합을 맞추었던 경험을 통해 팀워크와 사회성, 그리고 강도 높은 훈련을 소화하는 동안 스트레스 관리법을 체득했을 것이라는 게 그 이유였다. 실제로 시니어 트레이더 중에는 종종 운동선수 출신 배경을 가진 사람들이 있었고, 이들은 플로어 위에서 대개 여유 있는 모습을 보이곤 했다.

하지만 몇몇 케이스를 바탕으로 운동선수 출신들은 모두 스트레스 관리에 탁월한 기질을 가졌을 거라 판단하는 것은 성급한 일반화일 뿐이었다. 애초에 연차 쌓인 트레이더로 월가에서 살아남았다는 사실은, 시장을 마주하며 발생하는 각종 사건·사고에서 오는 스트레스에 적응할 수 있었다는 방증이었다. 경력자들의 부분집합에 초점을 맞추어 분석을 도출해보려는 건 자칫 생존자 편향적인 분석이 될 수도 있다는 뜻이다. 더욱이 이들은 경쟁과 친숙한 인물들이었다. 호승심 가득한 이들의 경쟁 욕구가 외부 경쟁사의 트레이더들에게 향하는 것은 회사가 바랄 만한 방향이었겠지만, 때때로 그 불똥이 엉뚱하게 내부에 튀는 때도 있었다. 월가는 지극히 결과 지향적인 곳이다. 이곳의 모두는 자신의 성과가 타인에 의해 영향을 받겠다 싶으면 쉽게 이빨을 드러내곤 한다. 이런 문제에 있어 운동선수 출신들의 뇌관은 특히나 민감한 편이었다. 승부를 많이 겪어볼수록 경쟁 구도에서 오는 압박에 익숙하기도 하겠지만, 승리를 갈망하는 욕구도 그만큼 클 수밖에 없다. 그래서 이들은 자신의 성과에 위협이 되는 요소에 대한 적개심을 쉽게 분출하는 편이었다.

시장 변동성이 높아져 자신이 운용하는 계좌의 수익이 좋지 않기라도 한 날에는 큰 목청 덕에 터져 나오는 이 해결사형 트레이더들의 불만이 종종 들려왔다. G의 경우도 그러했다. 트레이딩 플로어 위를 거닐다 G의 데스크 옆을 지나칠 때면, 별다른 노력을 기울이지 않고도 그날 G가 손실을 보고 있는지 알 수 있었다. '리스크 시스템이 불안정하다', 혹은 '고객의 실수로 거래 확정 메시지가 제때 전달되지 않았다' 등의 이유로 거래 지원팀이나 영업 전담팀에 으르렁거리는 G의 분노가 여과 없이 울려 퍼졌기 때문이었다.

평소 우리 팀과 G의 관계는 원만한 편이었다. 우리 팀을 포함한 채권을 다루는 거의 모든 팀들은 이자율 리스크를 관리하기 위해 매일 막대한 양의 국채를 거래했고, 트레이딩 부서 전체의 수익성을 고려해 웬만하면 모든 거래를 사내에서 해결하라는 경영진의 주문에 따라 우리는 G의 충실한 내부 고객이 되었기 때문이다. 타 경쟁사의 호가 대비 G의 호가에 필요 이상의 마진이 붙어 있을 때마다, 다소 찝찝한 기분을 떨쳐내진 못했지만 어쨌건 회사 외부인에게 거래를 내주기보다는 수익성을 내재화하기 위한 노력을 계속했다. 일정 수준 이상의 수익성을 확보한다는 점은 트레이더에게 큰 무기가 된다. 과도한 욕심을 부리지 않으면 이 최소한의 수익성만으로도 자리 보전은 충분히 가능한 데다, 이 안전마진을 활용해 조금 더 공격적인 포지셔닝이 가능해지는 것이 그 이유다. 상황이 잘 맞아떨어져 공격적인 전략이 생각한 대로 작동만 해준다면, 두둑한 연말 성과급 또한 기대해볼 수 있었다. 본격적인 자산시장 팽창기였던 2010년대 중·후반부를 거치며 사내 채권 부서들은 기록적인 성과를 내기도 했는데, 이러한 부서 전반에 걸친 성장의 최대 수혜자는 바로 G였다.

"He has such job security(완전 철밥통이 따로 없네)."

내 옆자리 동료는 기업 고객을 상대로 큰 블록 거래를 체결한 뒤 리스크 감량을 위해 국채 물량을 물색할 때마다 이런 말을 내뱉곤 했다. 모니터를 툭툭 치는 그의 손가락을 따라 시선을 옮겨보면 어김없이 G가 보내온 국채 호가가 띄워져 있었고, 해당 호가는 시장에서 구할 수 있는 최우선 가격보다 항상 한 단계 비싼 값이기 일쑤였다. 그렇다 해도 마땅한 대안은 없었다. 외부 브로커를 이용해 거래를 체결하기 위해서는 브로커를 시스템에 등록해야 하는데 그 절차는 상당히 복잡했다. 내재화가 가능한 거래를 왜 외부인에게 가져가려 하는지 그 이유도 서술해야 했다. 마진 유출을 우려하던 경영진의 지시였다. 결국 볼멘소리로 푸념하다 어쩔 수 없다며 체념한 동료가 블룸버그 터미널 메신저를 통해 체결 완료 의사를 밝히면 곧이어 G의 짧은 대답이 이어졌다.

'kk, done.'

'kk'는 비유하자면 인터넷 채팅에서 동의를 의미하는 'ㅇㅇ' 정도의 약어이고, 'done'은 하나의 거래를 공식적으로 성사시킬 때 쓰는 트레이딩 플로어의 용어다. 이렇듯 G의 답변은 무미건조하다 느껴질 만큼 간결했고, 거래마다 성실히 G의 주머니를 두둑하게 불려주던 옆자리 동료는 이런 G의 말투마저도 탐탁지 않아 했다. 찝찝함이 남는 거래였지만, 하는 수 없이 G와의 거래는 반복되었다. 그렇게 거래 기록이 하나둘 쌓여 어느덧 적지 않은 역사가 쓰였을 무렵, 사건은 터졌다.

어느 늦여름, 시장의 변동성이 줄어든 때를 틈타 우리 팀은 새롭게 적용할 거래 알고리즘을 테스트하고 있었다. 알고리즘의 작동 원리는 매우 단순했다. 미국 국채와 해당 국채를 기초자산으로 삼는 ETF의 가격을 각각 모니터링하다가 비용이 더 유리한 쪽을 선택해 거래 체결을 시도하는 알고리즘이었다. 우리 팀에서는 수많은 채권 상품을 동시다발적으로 다루다 보니 매 거래에 소화할 채권 물량이 많았기에, 이런 비용 절감 알고리즘 하나하나를 쌓아 올려 수익성을 개선하려는 노력이 필수적이었다. 매 거래에서 체감되는 마진 개선 효과는 작아 보일지언정, 리스크관리를 위해 거래하는 국채 거래량을 생각해보면 유의미한 변화를 만들어내는 전략이었다. 따라서 우리 팀은 이 알고리즘의 개발에 꽤 오랜 기간 심혈을 기울였다.

그런데 G를 포함한 국채 트레이더들이 이런 시도를 알게 되자 불편한 심기를 드러냈다. 국채는 구조가 단순한 증권이다. 그리고 구조가 단순한 증권은 자동화의 첫 타깃이 된다. 국채 트레이더들 입장에서는, 자동화 거래 프로그램이 자신들을 대체할지도 모른 다는 생각을 하지 않을 수 없었다. 실제로 그런 위협은 꽤 가시적 이었다. 분명 한 해 전만 해도 알고리즘이 소화하지 못하던 거래 사이즈가 다음 해에는 자동화 처리되는 사례가 속속 나오다 보니, 그들의 반응은 지극히 합리적이었다. 이런 환경에서 '자동화'라는 키워드는 국채 트레이더들의 역린이었던 것이다. 우리 팀 또한 이들의 우려를 잘 알고 있었다. 보수적일 수밖에 없는 그들의 입장을 감안해 사전에 부서장들 간의 회의를 통해 의견 조율을 했고, G를 포함한 개별 트레이더들에게도 사전 협조를 구하기 위해 알고리즘을 설명하는 자리도 가졌다. 미팅에 참석한 G는 의자를 반쯤 젖혀 앉아 있다가 심드렁한 표정으로 입을 열었다.

"So, what's my cut(그래서 이거 도와주면 내 몫은 얼마나 되는데)?"

G가 물어봤던 유일한 질문이었다. G는 알고리즘의 작동 방식이라든지 우리 팀이 전략 구동을 위해 참조할 데이터에 대해서는 그다지 관심을 두지 않았다. 해당 전략이 작동하는 형태가 G의 시

장지배율을 뺏어가는 방식이 아니라 모든 거래는 G의 호가를 통해서만 체결될 예정이며, 거래마다 G에게 얼마만큼의 프리미엄을 지불해 그의 수익이 증가할지 설명하자, G는 그제야 만족스러운 듯 고개를 끄덕였다. 우리는 그 제스처를 동의의 신호로 받아들였고, 그렇게 모든 준비를 거치고 나서야 알고리즘은 작동되었다. 그런데 시작일로부터 며칠이 지난 뒤, 데스크로 한 통의 전화가 걸려왔다. 발신인은 G였다.

"I think you have to pick this up(이 전화는 직접 받아봐야 할 것 같은데요)."

최초로 전화를 응대했던 옆자리 부사수가 당황한 얼굴로 나를 쳐다봤다. 수화기 너머 들려온 목소리의 톤이 심상치 않았기에 무슨 일인가 싶어 서둘러 전화를 넘겨받은 기억이 생생하다.

"Hey, what's happening(무슨 일이야)?"

수화기 반대편에 내가 있다는 걸 확인하자마자 G는 거칠게 고함을 지르기 시작했다. 그 소리가 얼마나 컸는지 다른 업무를 보던 주변 동료들도 화들짝 놀라 제각각 수화기를 들어, 내 통화를 엿듣기 시작할 정도였다. 노발대발한 G의 말을 요약하자면 다음과 같았다.

"너희 팀이 내 전략을 훔쳤다."
"너 어디 있는지 내가 찾아서 혼쭐을 내러 가겠다."

누군가가 분출하는 격한 감정이 온전히 내게 향하는 상황에서도 그 분노의 원인이 너무 엉뚱하다면, 장단에 맞추어 화를 낼 수조차 없다. 일종의 인지 부조화인 셈이다. G의 주장을 들은 나는 너무 황당한 나머지, 반문을 했다.

"우리는 네 전략을 훔친 적이 없고, 지난 회의를 통해 다 설명해 주었다. 현재 구동되고 있는 전략은 그때 설명했던 그대로일 뿐이다."
"우리 팀의 위치는 너도 잘 알다시피 너희 데스크 바로 위층에 있다. 말만 앞세우지 말고 불만이 있으면 와서 얘기해라."

트레이딩 플로어에선 대가 없는 평화란 없다. 누군가가 불합리한 주장으로 공격할 땐 그에 걸맞은 대응을 해주어야 한다. 수화기에 귀를 기울이던 주변 동료들은 내 두 번째 대답을 듣고는 '너 실수했다'라는 표정으로 고개를 절레절레 저었지만, 무작정 유하게 넘기기만 할 상황은 아니었다.

아니나 다를까 G는 더욱더 폭발했고, 전화선을 넘어 걸쭉한 욕설이 쏟아졌다. 다른 직장도 그렇겠지만 특히 트레이딩 플로어에서는 전화를 통해 욕지거리를 하는 행동은 가장 지양해야 할 행동이다. 활동을 감사할 목적으로 인해 모든 회선이 녹음 대상이고, 바르지 못한 언행을 엄하게 처벌하여 사내 문화를 개선하겠다는 기조가 점점 더 강해지고 있기 때문이다. 어쨌거나 약 1분여의 쉼 없는 욕설 퍼레이드 이후 전화는 G에 의해 일방적으로 끊어졌고, 곧이어 이메일이 하나 도착했다. G로부터 전달된 이메일 안에는 우리 팀이 체결한 거래 기록을 담은 화면 캡처와 G의 주장이 동봉되어 있었다.

G의 설명에 따르면 최근에 자신이 개발한 전략이 하나 있는데, 국채 ETF의 가격을 보고 시장의 수급을 읽어 그 수급 변화에 따라 손으로 채권의 호가를 조절하는 방식이라고 했다. 그런데 이 전략에 따라 호가를 조절하려 할 때마다 귀신처럼 한발 앞서 채권을 채어간 곳이 있길래 살펴보았더니, 그게 바로 우리 팀이었다는 것이 그의 주장이었다. 옹기종기 모여 내 모니터를 쳐다보던 팀원들은 실소를 머금을 수밖에 없었다. G가 '개발'했다는 전략은 우리가 설명했던 알고리즘의 구동 방식과 동일했고, 같은 전략을 사람의 손이 아닌 기계를 통해 수행하면 체결 속도가 더 빠른 것은 당연했다. G가 우리의 설명을 제대로 듣지 않았던 게 너무나 자명했다. 트레이더 입장에서 더 합리적인 비용의 솔루션을 찾는 건

당연했다. 심지어 우리 팀은 국채 데스크와의 관계를 의식해 내부 데스크에 독점 거래까지 주고 있었다. 이런 상황에서 G가 제기한 불만은 이해하기 어려웠다. 아무리 생각해도 우리의 행동엔 욕먹을 구석은 없었다.

조목조목 반박해주고 싶어 이메일을 쓰던 나를 만류한 건 뒤늦게 데스크로 복귀한 팀 헤드였다. 국채 부서가 우리 팀의 전략 운용 때문에 가뜩이나 민감한데, 저기에 '팩트 폭격'을 하는 순간 돌아올 수 없는 강을 건너는 꼴이라는 게 이유였다. 각자의 이익을 위해 저마다의 방향으로 달려나가야 하는 트레이딩 플로어의 생리상 부서 간 협력이 원활하기란 어렵다. 그런 와중에 우리 팀이 국채 데스크와 협업을 이끌어내는 데 들어간 노력은 결코 적지 않았다. 팀원 모두가 매 걸음을 살얼음판 딛듯 신경 써왔던 사실을 잘 알고 있기에, 나는 팀 헤드의 의견에 납득할 수밖에 없었다.

상황이 어느 정도 정리된 이후, 국채 부서의 트레이더들과 맥주를 마시며 분위기를 점검하는 자리를 가졌다. G는 끝내 그 자리에 나오지 않았다. 맥주 몇 잔이 오간 이후 국채 트레이더들이 조심스레 입을 열었고, 그들은 G가 얼마나 자동화 거래에 대해 큰 반감을 가지고 있는지 설명해주었다. G는 사건이 있기 몇 달 전부터 트레이딩 부서 전반을 휩쓸고 있는 자동화 트렌드에 적극적으로 반대의 목소리를 냈다고 한다. 이야기를 들어보니 아니나 다를까 G의 자동화 거래에 대한 불신은 자신의 이해관계와 맞닿아 있었다.

팀별로 그리고 부서별로 차이가 존재하고 당해 연도의 전반적인 시장 분위기에도 큰 영향을 받지만, 평균적으로 월가의 트레이더들은 인당 연 5백만 달러에서 8백만 달러 정도의 순수익을 내야 했다. 수익이 그보다 낮으면 성과급 규모가 줄어들거나 자리를 위협받을 수 있었고, 반대로 그 이상이라면 빠른 승진과 두둑한 연말 보너스를 기대해볼 수 있었다. 다만 이 순수익을 올리는 과정에서 시장 방향성에 베팅하는 정도는 최소화되어야 했다. 2008년 금융위기 이후 엄격해진 각종 규제와 위험 대비 보상Risk adjusted return 기반의 평가 방식 때문이었다. 따라서 대부분의 순수익은 고객의 거래 상대가 되어주며 소정의 거래 마진을 챙겨가는 시장조성Market making 전략으로부터 나오게 되었다. 거래를 최대한 많이 유치하며 수익을 쌓아나가는 것이 중요하다는 뜻이었다.

그런데 최근 들어 G의 시장 점유율은 해가 갈수록 하향 곡선을 그리고 있었다. 시간이 지나며 알고리즘을 활용해서 전략을 운영하는 팀들이 국채시장에서 점점 더 많은 거래량과 수익을 가져가고 있었기 때문이다. 애써 외면하려고 해도 더 이상 자동화와 알고리즘의 도입이라는 새로운 트렌드를 무시할 수 없었고, G는 계속 압박을 받게 되었다. 프로그래밍이나 수학 관련 이력이 거의 없다시피 한 G에게는 자신의 일자리를 위협하는 자동화 거래가 눈엣가시였을 것이다. 많이 안달이 났는지, 심지어 G는 나름대로 자신만의 '알고리즘' 전략을 개발해 적용하기까지 했다고 한다.

물론 G가 개발한 결과물은 과연 알고리즘 전략이라고 부를 수 있을까 고민해봐야 할 정도의 애매한 수준이었다. 우리 팀이 설명해준 전략 구동 방식과 동일한 로직을 엑셀 프로그램에 일단 표현해두긴 했는데, 데이터는 일일이 직접 입력해 업데이트해야 하는 데다가 호가 제출마저 시스템 내에서 손으로 조절하는 방식이었다. 그러니 완전 자동화되어 호가를 제출하는 진짜 알고리즘과 부딪혔을 때 승산이 있을 리가 없었다. 이번 해프닝의 근본적 원인은 결국 G의 열등감과 미래에 대한 깊은 근심에 숨어 있었다.

G는 이 일이 지나간 뒤에도 계속해서 우리 팀을 대놓고 경계했다. 심지어 기존에 거래해오던 국채 주문 과정에서도 G의 불편한 심기는 고스란히 드러났는데, 이전보다도 더 과도한 거래 마진이 붙은 호가만 보여주거나 가끔은 호가를 보여달라는 요청에 아예 답을 하지 않는 식으로 뒤끝은 계속되었다. G와의 문제를 그대로 방치하면 자동화 거래는 고사하고 팀의 채권 거래 비즈니스 자체에 영향을 줄 가능성을 생각해, 우리 팀은 일단 문제가 있었던 알고리즘 거래 사이즈를 많이 줄이기로 결정했다. 다만 전략 개발은 계속되어야 했기에 아예 종료할 수는 없었다. 우리 팀이 개발을 멈춘다고 해서 신기술이 도입되고 거래가 자동화되는 금융시장의 트렌드가 바뀌는 것은 결코 아니다. 우리가 손을 놓는다면 그 파이는 경쟁사가 베어 물게 된다. 신기술에 적응하지 못하면 뒤처

지는 건 기정사실이었다. 그래서 우리는 매일매일 신경 써서 살펴보지 않으면 눈에 안 띌 정도로 조금씩 사이즈를 키워가는 방식을 택했다. 펄펄 끓는 물 안에 던져진 개구리는 놀라서 펄쩍 뛰어오르지만, 천천히 데워지는 솥 안의 개구리는 좀처럼 솥 밖으로 뛰쳐나갈 생각을 못 한다. 물이 끓어간다는 현실을 부정한 채 솥 안에서 G와 사이좋게 삶아질 수는 없는 노릇이었다.

A의 이야기에서도 나왔듯 금융시장 내 자동화와 전산화의 물결을 마주한 월가의 트레이더들은 커다란 고민에 휩싸였다. 고민의 결은 크게 두 가지였다. 미시적으로는 개개인이 산업의 변화에서 살아남을 수 있는가 하는 걱정이었고, 거시적으로는 자동화로 인해 사라질 것으로 예상되는 산업 내 여러 기능에 대한 우려였다. 특히 산업 전반의 지각변동은 많은 산업 종사자들에게 큰 두려움으로 다가왔다. 대규모 자연재해 앞에 선 개인이 어떠한 노력을 기울인다 해도 상황을 바꾸지 못하는 것과 같았다. 자동화는 사회 전반의 비용을 낮추는 데 일조한다. 역사적인 관점에서 자동화로 인한 비용 절감은 인류 문명의 진보에 항상 긍정적인 영향을 끼쳤지만, 비용이 줄어든다는 말은 자동화의 영향을 받는 어떤 사업은 수익성이 축소된다는 뜻이기도 하다.

트레이더들이 걱정하는 바도 마찬가지였다. 실제로 월가 트레이더의 거래 건별 수익성을 가늠할 지표인 호가 스프레드bid-offer spread는 거래 자동화와 전산화가 도입된 이후 매년 줄어들고 있었다. 기관 고객들을 상대로 거래할 때 매번 기대되는 예상 마진율이 낮아지고 있다는 뜻이었다. 매 거래에서 수익률이 낮아지는 이유는 단순했다. 알고리즘의 도입으로 거래를 더 빠르게, 더 많이 할 수 있게 되었기 때문이다. 이에 따라 트레이더 간의 경쟁은 심화되었고 시장 참여자들은 거래를 따내기 위해 예상 마진을 줄였다. 단건의 거래 수익은 줄었을지언정 자동화 전략을 효과적으로 사용하는 트레이더는 짧은 시간 동안 많은 거래를 체결하다 보니 더 큰 거래 수익을 올리는 것도 가능했다. 이 상황에서 자동화 전략을 도입하지 않는다는 선택은 그 끝이 뻔했다. 마치 죄수의 딜레마처럼 모두가 자신의 이익 극대화를 추구하는 순간 알고리즘 전략은 필연이 되었다. 냉전기의 군비 경쟁과 같이 그 누구도 상대보다 앞서 나가려는 시도를 멈출 수 없었고, 결국 알고리즘 전략은 시장 전체의 규칙이 되었다. 금융시장 역시 경쟁 시장이기 때문이다.

자동화로 인해 자신의 입지가 흔들린다고 생각한 나머지, G처럼 과격한 행동을 통해 자동화에 반대하는 사람들도 나타났다. 19세기 초 러다이트 운동을 통해 노동자들이 방직기의 사용에 반대하고, 기계를 파괴하고 다닌 것과 마찬가지로 말이다. 하지만 노동자 몇이 기계를 파괴했다고 해서 산업혁명과 문명의 진보가 멈추지는 않았다. 금융시장의 변화도 마찬가지다. 변화의 속도는 기술의 발전과 비례해 빨라지게 마련이고, 새로운 세상에 적응하지 못하는 사람들은 저도 모르는 새 솥 안에서 삶아진다. 반면 변화를 감지해 재빨리 솥 밖으로 뛰쳐나간 누군가는 더 큰 세상을 마주하게 된다. 그리고 더 넓은 무대에는 항상 새로운 기회가 존재한다.

Insider's Note ─────────────────────────

기술은 언제나 진보라는 이름으로 찾아오지만, 인간의 역할을 다시 정의한다. 과거 섬유 노동자들이 방직기를 부쉈듯, 월가의 트레이더도 알고리즘 앞에 저항했지만 변화의 흐름은 멈추지 않았다. 금융시장은 이성과 논리 위에 세워진 질서다. 기술의 진보는 그 질서를 더욱 정교하게, 더욱 냉정한 방향으로 밀어올리고 있다. 신기술이 만들어낸 새로운 질서로 인해 개인이 시장을 이기는 전략 또한 **빠르게** 사라지고 있으며, 이를 받아들이지 못하면 도태될 뿐이다.

시장은 정체를 용서하지 않는다

트레이딩 플로어에는 악어와 악어새 같은 공생 관계가 존재한다. 증권 매매를 담당하는 트레이더와, 트레이더의 거래상대방이 되어줄 투자자 고객을 관리하는 세일즈 인력Salesperson이다. 트레이더와 세일즈 모두에겐 회사의 이익 극대화라는 공통의 목적이 있지만, 그 목적에 접근하는 방식에는 차이가 있다. 트레이더는 고객의 증권 주문에 가능한 한 높은 마진을 붙이려 노력한다. 고객이 비용을 많이 지불할수록 트레이더의 이익은 극대화된다. 반면, 세일즈의 성과는 매 트레이드의 마진 자체보다 각 고객이 얼마나 많은 거래를 꾸준히 보내왔는가에 초점이 맞추어져 있다. 애써 투자자를 잡아 거래를 유치해 왔는데 트레이더가 마진 욕심을 부려 고객이 불만이라도 제기하는 날엔 세일즈의 입장은 난감해진다.

그래서 트레이더와 세일즈는 협력 관계이기도 하지만, 트레이드 과정에서 미묘하게 서로를 견제하기도 한다.

물론 트레이더는 과도한 비용 청구로 고객에게 좋지 못한 인상을 남기면 거래처가 떠나는 리스크를 감수해야 하고, 세일즈도 트레이딩 팀이 수익을 많이 올려야 더 큰 고객 유치 크레딧을 받아 간다는 접점은 있다. 따라서 양측의 견해 차이는 적정선에서 합의되는 것이 보통이다. 다만, 어느 업무 환경이건 결국 사람이 하는 일에는 극단의 경우가 존재하기에 종종 과격한 요구가 오갈 수 있다. 이번 에피소드의 주인공인 H와 I는 각각 고유한 종류의 극단을 경험하게 해주었던 인물들이다.

시니어 세일즈 H는 겉보기에는 항상 에너지가 넘쳤다. 맵시 있게 기른 수염을 쓰다듬으며 트레이딩 데스크 사이를 누비던 그는, 시장에서 작은 뉴스라도 발견했다 싶으면 트레이더들을 붙잡고 격앙된 목소리로 그들의 견해를 물었다. H를 잘 모르는 사람들은 그가 트레이더들에게 갑자기 너스레를 떨며 하이 파이브를 요구할 때마다 '아마 무언가 큰 트레이드를 잡아 왔나 보다'라고 생각하기 쉬웠다. 하지만 H와 함께 업무상 호흡을 맞춰왔던 이들은 H의 활기찬 표정 아래 깔린 수심을 읽었다. 시간이 흐르며 쌓인 연차와 한때 빛났던 실적 덕에, 사내 피라미드의 상위 부근까지 등반하는 데는 성공했지만, H는 한동안 이렇다 할 성과를 내지 못하던 처지였다. 이미 지나버린 전성기 시절, 그의 승진에 이바지했던 고객들은 저마다의 이유로 금융시장에서 자취를 감추었고, H가 가진 트로피는 점점 빛이 바래고 있었다.

H는 이야기를 재미있게 포장하는 능력 하나만큼은 확실했다. 그가 종종 과거의 전성기를 추억하며 십수 년 전 직접 가져왔던 초대형 트레이드의 무용담을 풀어낼 때마다, 경험 없는 신참들은 허풍으로 치장된 그의 이야기에 빨려들듯 매료되곤 했다. 타고난 이야기꾼으로서의 능력이 아마도 지나간 시절에 그가 투자자 고객을 유치한 이유였을 거다. 그러나 H의 한계는 딱 거기까지였다. 시장에서 더는 유의미한 기회로 환금되지 않는 과거의 훈장은, 그저 커피를 마시는 짧은 시간 동안 심심한 귀를 달래줄 오락거리 그 이상도 이하도 아니었다. 월가에서 일하며 가장 경계해야 할 태도 중 하나가 과거의 영광을 과하게 곱씹는 것이었다. 이전의 실적은 이미 과거의 성과급과 승진의 형태로 보상받고 사실상 유효 기간이 다했다. 매일 새롭게 자신을 증명하지 못하면 그 누구라도 뒤처질 수 있는 곳이 트레이딩 플로어였다. 날이 갈수록 트레이딩 플로어의 베테랑들이 H에게 보내는 의심의 눈초리는 점점 더 짙어져만 갔다.

그래도 오랜 시간 금융시장 밥을 먹어서인지 H는 자신을 향한 의구심을 눈치챈 듯 보였다. 위기의식을 느낀 그는 기존에 접점이 없었던 고객에 손을 뻗친다거나, 여태껏 담당하지 않았던 자산군을 건드려보는 등 하락세가 완연한 자신의 커리어를 반전시키고자 노력했다. 그 결과로 작은 트레이드 두어 개를 유치해 소소한 성과를 낸 적도 있었지만, 워낙 익숙지 못한 영역에서 자맥질하는 상황이다 보니 H는 앞으로 나아가지 못한 채 계속 밑으로 가라앉기만 했다.

"Hey, this bond is tough to source(이 채권은 구하기 어렵다니까)."
"Look, let's just get it done(그냥 해치워 버리자)."

H의 가장 큰 문제는 스스로 전문성을 확보하지 못한 분야에서도 의사결정을 주도하려 한다는 점이었다. 트레이더 입장에서는 도저히 견적이 나오지 않는 거래를 주요 고객의 주문이랍시고 들고 와 고집스럽게 진행하기를 여러 차례. 투자자를 데려오는 과정에서도 트레이더와 사전 협의 없이 과도한 약속을 해서 데스크를 곤란하게 만든 적도 있었다. 새로운 업무 분야를 개척하다 보면 혼자서 습득하는 지식에 한계가 있다는 건 너무나 당연한데도, H는 질문을 하는 순간 체면이 구겨진다 생각했는지 절대로 도움을 요청하는 법이 없었다.

그렇게 자신의 자존심에 발목을 잡힌 H는 시장에 대한 정확한 이해 없이 오직 고객을 데려오는 데에만 집중했다. 전후 사정 따지지 않고 '주워온' 거래가 좋은 트레이드일 리는 없었다. 어느새 트레이딩 플로어에서는 H의 요청을 받아주면 손해를 본다는 소문이 돌기 시작했다. H의 고객들은 이따금 그의 미숙함 덕분에 엉겁결에 애초 예상보다 큰 이득을 보고 기뻐하곤 했는데, 그때마다 H는 "고객이 만족했으니 된 것 아니냐"라고 말하며 트레이더의 등을 두드렸다. 문제는 고객이 과도하게 가져간 이익은 트레이더의 손실이 그 출처라는 점이었다. 자축하는 H의 옆에서 얼굴이 붉어진 트레이더가 분을 삭이는 모습을 본 옆자리 동료들은 부디 H가 자신에게는 말을 걸지 말아주었으면 하는 생각으로 애써 그의 시선을 회피했다.

그러던 중 사건이 터지고야 말았다. 여태까지 H의 과잉 친절 덕에 말도 안 되는 가격에 채권을 가져갔던 고객이 이번엔 규모가 큰 트레이드를 하나 하자는 제안을 보내왔다. 거래 요청을 받은 H는 '드디어 올 것이 왔다'라는 생각을 했는지 자신만만하게 데스크에 전화를 걸어 트레이더에게 여태까지의 손실을 메꾸어주겠다고 호언장담했다.

"I can bid 120bps(내 매수호가는 120bp야)."
"Wait a second(잠시만)."

담당 트레이더가 H를 통해 고객에게 호가를 제출하자 잠시 후 H는 거래가 완료되었다는 메시지를 보내왔다. 그 트레이더는 여태껏 H를 탐탁지 않아 했지만, 이번에는 거래가 마음에 들었던지

주변 동료들에게 이게 웬일이냐는 반응을 보였다. 심지어 H한테도 좋은 거래였다는 피드백을 남길 정도였다. 이야기가 여기서 마무리되었다면 트레이더와 H 모두 행복했을 아름다운 결말이었겠지만, 안타깝게도 비극적인 반전이 하나 남아 있었다.

트레이더는 고객과의 거래 정보를 시스템에 입력한 뒤 다른 업무를 보고 있었는데, 황급히 전화를 걸어 그를 찾는 목소리가 있었다. 목소리의 주인공은 H였다. H의 전화를 받은 트레이더는 점점 눈살이 찌푸려지더니, 별안간 소리를 지르며 책상을 손으로 쿵 내려쳤다.

"I said spread, not price(내가 스프레드랬지, 가격이랬어)?"

난데없는 고함에 데스크의 시선이 트레이더에게 몰렸다. 수화기 너머로는 H의 당황스러워하는 목소리가 들려왔다. 사건의 본질은 단순했다. 고객이 거래하고자 했던 종목은 거래 시 호가의 표현을 채권 수익률과 국채 수익률의 차이인 '베이시스포인트bp, basis point' 단위로 하는 것이 관례였다. 채권 수익률이 6.2%고, 국채 수익률이 5%라면, 두 수익률의 차이인 120베이시스포인트(1.2%)가 호가가 되는 셈이었다. 수익률의 차이를 의미하는 '스프레드Spread' 호가는 고객이 거래에 응해 거래가 확정될 때 가격으로 한 번 환산해서 사용해야 했다. 시장 이자율이 계속 움직이면 그에 맞춰 채권 가격의 절대치도 바뀌기 때문이었다. 문제는 H가 이 스프레드 호가를 가격 단위라고 잘못 인지했다는 점에서 터졌다. 그는 트레이더가 전달해준 이 호가를 잘못 이해한 상황에서 고객과의 거래를 마무리 지어버렸다. 비유하자면, 이와 같은 실수는 '센티미터'로 나타낸 길이를 '인치'로 잘못 이해한 채 부품을 조립한 것과 같았다. 트레이더가 제공한 호가와 H가 잘못 전달한 가격 사이의 괴리는 결코 무시할 수 없는 수준이었다. H는 고객에게 전화를 걸어 자초지종을 설명하려 했지만, 거래상대방은 분명 자신은 전달받은 가격에 거래를 완료했으니 결과를 되돌릴 수는 없다고 강하게 주장하고 있었다.

"Can we just get it done this time(이번에는 그냥 거래하면 안 될까)?"

"ABSOLUTELY NO(절대 안 돼)."

고객을 설득하는 데 진전이 없자 H는 역으로 트레이더에게 빌기 시작했다. 자신의 실수를 인정할 테니 이번만은 불리한 가격에라도 거래를 마무리 지으면 안 되겠냐는 부탁이었다. 그런 요구가 받아들여질 리가 없었다. 트레이더가 블룸버그 메신저에 거절의 의사를, 그것도 모든 글자를 대문자로 적어서 보냈다는 건 의견을 결단코 바꿀 리 없으니 더 이상 말을 꺼내지도 말라는 뜻이었다.

결국 데스크 헤드가 직접 고객에게 상황을 설명하고, 미래의 거래 기회를 잃을 각오까지 하면서 이번 체결을 취소 처리해야겠다고 강하게 주장하는 데까지 이르게 되었다. 그제야 고객은 타협점을 찾자는 이야기를 꺼냈다. 오랜 실랑이와 눈물겨운 설득 끝에 고객은 거래 체결가를 트레이더에게 조금이나마 유리한 가격으로 조정해주긴 했다. 그러나 바뀐 가격도 여전히 트레이더가 애초에 의미했던 지점과는 상당히 큰 격차가 존재했다. 이 상황 때문에 트레이더는 며칠 동안 고군분투하며 벌어온 수익을 고스란히 버리게 되었다. H는 아무 말도 잇지 못했다.

스프레드 표기법은 채권 거래를 해오던 사람들에겐 기본 중의 기본인 지식이었다. H가 조금만 주의 깊게 트레이더의 호가를 살펴보았더라면, 숫자가 스프레드의 단위로 표시되었다는 것을 알아챌 수 있었다. 하지만 H는 주식 관련 상품을 담당하며 오랜 커리어를 쌓아오다 최근에서야 채권을 다루기 시작한 데다가, 그저 거래를 빨리 마무리 지어야 한다는 생각에 사로잡혀 확인 없이 성급하게 고객에게 잘못된 정보를 전달했다. 호가를 전달하며 무언가 석연찮은 점을 조금이나마 느꼈더라면 트레이더에게 되물어 상황을 이해할 기회는 분명히 있었다. H가 호가의 이상함을 전혀 인지하지 못할 만큼 무지했는지, 혹은 무언가 애매하다는 느낌을 받고도 자격지심에 질문을 하지 않았는지는 알 길이 없지만, 어떤 경우든 이런 실수는 정당화될 수 없었다.

H에게는 다행히도 이번 건은 그 자체만으로 해고당할 정도의 사고는 아니었다. 하지만 트레이딩 플로어에서 기사회생에 실패한 사람의 말로는 정해져 있는 것이나 다름없었다. 역시 H는 그리 오래 지나지 않아 업계를 떠나게 되었다.

H가 과거의 영광에만 사로잡혀 느슨하고 부정확한 일 처리로 팀에 부담을 줬다면, I는 전혀 다른 방식으로 팀을 시험에 빠뜨렸다. I는 눈을 가린 채 앞으로 달려나가는 경주마처럼 저돌적이고 목표 지향적인 태도로 주변을 몰아붙이는 스타일이었다. I는 대만의 보험사를 담당하는 세일즈였다. 대만의 보험사들은 만기일이 긴 채권을 주기적으로 매입하며 큰 규모의 고정 수요를 창출해, 채권 부서의 매우 중요한 고객이었다. I의 이야기를 더 진행하기 전에 보험사들이 왜 장기채를 선호하는지 그 이유를 살펴볼 가치가 있다. 거기에는 금융시장의 작동 원리가 내재하기 때문이다.

보험사는 생명보험 상품을 보험 가입자에게 판매하여 계약 기간 중의 현금흐름을 확보한다. 이렇게 손에 넣은 잉여자금을 재투자할 때 가장 적절한 자산군은 채권이다. 보험 계약자에게 보험금을 지급하게 될 예상 시점과 비슷한 만기일을 가진 채권을 보유하면, 현금흐름 관리도 쉽고 이자수익도 올리기 때문이다. 신용등급이 매우 높은 채권 위주로 포트폴리오를 꾸리면 원금에 대한 손실 위험도 낮다. 이처럼 채권시장의 큰손인 보험사가 내리는 투자 결정은 보험사의 핵심 비즈니스와 맞닿아 있다. 보험사뿐만 아니라 다른 기관투자자들도 저마다의 사업모델을 가지고 있고, 이 사업모델과 연관성이 있는 투자만 집행할 수 있다. 개인 투자자들이 이따금 막연하게 상상하는, 큰돈을 무기 삼아 시장을 이리저리 휘젓는 기관투자자의 모습과는 확연히 다르다.

다시 I의 이야기로 돌아가 보자. I를 포함한 트레이딩 플로어의 세일즈는 자신이 담당하는 기업 고객의 고유한 사업 전략을 꿰뚫고 있었다. 그들은 이러한 구조적인 이해도를 바탕으로 고객들이 금융시장을 통해 해소해야 하는 문제점을 찾아내 트레이드 기회로 전환했다. 고객의 비즈니스가 하루아침에 바뀔 리 없다 보니, 고객이 매번 보내오는 호가 제출 요청은 큰 맥락에서 대동소이할 수밖에 없었다. 그런데 어느 날, I는 자신의 보험사 고객들로부터 독특한 요청을 받게 된다. 그들이 요청한 거래의 내용은 이랬다.

- 300종이 넘는 미국 장기 회사채권을 구매해줄 것.
- 단, 모든 종목을 묶어서 한 번에 거래할 것.

얼핏 보기에는 이전에 했던 수많은 채권 매수 주문과 큰 차이가 없었다. 대만 생명보험사들은 미국 소재의 사기업들이 발행한 장기 채권의 가장 큰 수요자였고, 이번에 구매하려는 채권은 종목 숫자가 조금 많기는 했지만, 보험사 포트폴리오 구성을 감안하면 정상 범주를 크게 벗어나는 건 아니었다. 다만, I의 눈길을 끌었던 부분은 두 번째 조항이었다. 보통 고객들은 다수의 트레이더들을 경쟁에 붙여 종목마다 가장 좋은 가격을 제시한 곳과 개별 거래를 진행해왔다. 그런데 모든 종목을 묶어서 일괄 거래를, 그것도 3백 개가 넘는 다수의 채권을 한 번에 트레이드하겠다는 요청은 이전까지는 받아본 적이 없었던 새로운 방식의 거래였다. I는 자초지종을 파악하기 위해 보험사 고객들과 연락을 취했고 그들로부터 흥미로운 이야기를 듣게 되었다.

    2018년 대만의 생명보험사들은 딜레마에 빠졌다. 여태까지 신용등급이 높으면서도 상대적으로 준수한 수익률을 가진 미국의 회사채권을 구매해 현금흐름을 만들어왔는데, 국가 차원의 외환 유출을 의식한 대만 규제당국이 생명보험사들에 제동을 걸기 시작한 것이었다. 새롭게 적용된 외환 규제는 보험사들의 해외 자산 보유 비중을 전체 자산 대비 약 65%로 제한함과 동시에[1], 이전에는 해외 자산 카테고리 밖으로 구분되었던 대만 내에서 발행된 해외 채권까지 제한율 계산에 포함했다. 한마디로 미국 회사채를 더는 구매하지 못하게 된 것이었다. 규제를 무시할 수는 없는 노릇인데, 그렇다고 해외 채권처럼 수익률이 우수한 채권을 포트폴리오에 담지 않는다면 보험 상품의 이자 지출을 상쇄할 길이 마땅치 않았다. 그대로 아무것도 하지 않는다면 포트폴리오의 수익률은 곤두박질칠 것이 분명했다. 하지만 문제가 심각할수록 인간의 창의성은 빛을 발하는 걸까? 고민에 고민을 거듭하던 보험사들은 묘책을 하나 떠올리게 되었다.

대만의 생명보험사들이 찾은 해법은 ETF에 있었다. 이들은 자국 증권사들에 ETF를 발행할 것을 요청했는데, 이 ETF의 기초자산은 미국의 장기 회사채 포트폴리오로 설정되었다. 이렇게 되면 ETF 자체는 대만 달러로 거래되기 때문에 외환 규제가 명시하고 있는 해외 자산의 범주에 들어가지 않는다. 하지만 이 ETF를 보유하는 투자자는 사실상 미국의 장기 회사채 포트폴리오를 소유하고 있는 것과 동일한 효과를 누리는 셈이었다. 보험사들은 새로운 규제가 수정되어 미국 채권을 담은 ETF에 대한 구매 제한이 생기기까지는 적지 않은 시간이 걸릴 것으로 예상했고, 그동안 증권사에 소정의 운용비용과 거래수수료만 지급하고 규제의 사각지대에서 원하는 채권을 담고자 했다. 심지어 자산운용사나 증권사를 계열사로 보유하고 있던 생명보험사들은 거래수수료마저 손쉽게 절감했다. I가 이번에 받았던 주문은 이와 같은 대만 생명보험사들의 꼼수가 반영된 것이었다.

고객사의 사정을 전해 들은 I는 이 거래 기회를 잡기 위해 사전점검을 시작했다. 이번 트레이드는 신경 써야 할 점이 많았다. 고객인 보험사는 자신들을 위해 ETF를 생성해줄 파트너 증권사를 통해 I에게 채권 구매 요청을 보내왔다. 이때 중간에 끼어 있는 증권사는 그저 최종 고객인 보험사를 대리해서 채권을 받아 ETF를 생성해주는 역할만 할 뿐이라, 그들이 채권을 구매한 가격과 보험사에 ETF를 넘겨주는 가격이 정확히 일치해야 했다. 그렇지 않으면 가격 차이에 따라 중개자인 증권사가 의도치 않게 손익 변동을 겪게 될 수 있었다. 또한 ETF를 구성하는 채권 종목 중 하나라도 빠지면 ETF를 생성할 수 없었기 때문에 반드시 3백여 종목을 포트폴리오 형태로 한 번에 묶어서 매매해야 했다.

I는 머리가 복잡해졌다. 원래 같았으면 I는 고객사를 위한 채권을 구하기 위해 각 채권을 담당하는 개별 종목 트레이더들에게 따로 연락을 돌려 그들의 거래 의사를 물었을 것이다. 하지만 이번에는 그럴 수 없었다. 모든 종목의 가격을 동시에 매겨야 하는 것은 물론이고, 한 종목이라도 거래가 불발되면 트레이드 기회 전체가 무산될 수밖에 없었다. 트레이더들이 저마다의 가치 판단에 따라 특정 종목의 거래를 거부하는 일은 비일비재했는데, 그들이 한날한시에 서로의 입장을 고려해 모든 종목에 대해 의견을 조율하는 모습은 상상하기 어려웠다. 심지어 대만 보험사 고객이 주문을 보내온 시간은 미국 기준으로 자정에 가까웠다. 필요한 트레이더들에게 연락을 돌렸을 때 그들이 모두 전화에 답만 하더라도 기적 같은 상황이었다.

그래서 I는 우리 팀을 찾았다. 우리 팀은 알고리즘을 활용해 채권 종목의 호가를 산정할 역량이 있었기에 채권의 종류와 상관없이 거래 요청을 받을 수 있었다. 즉, 자동화 거래를 활용하고 있어 동시에 여러 종목을 일괄 매매하는 것에도 무리가 없었다. 대만 생명보험사 같은 큰 고객을 상대로 거래를 진행해 그들의 점수를 따는 것은, 데스크 차원에서 중요한 과제 중 하나였기에 우리도 I의 요청을 마다할 이유가 없었다. 그렇게 I와 우리는 포트폴리오 거래를 받기 위해 만반의 준비를 했고, 여러 차례 예행연습까지 진행했다. 며칠 뒤, 드디어 대망의 거래 예정일이 밝았다. I로부터 최종 거래 요청을 전달받은 우리는 사전에 정의한 프로토콜에 따라 포트폴리오에 대한 호가를 제출했다.

"The portfolio can be done(포트폴리오 거래 완료)."

보험사 고객이 거래를 완료했다는 I의 메시지에, 우리는 뉴욕에서, I는 대만에서 각자 축배를 들었다. 그날을 기점으로 I의 고객사는 계속 포트폴리오 거래 요청을 보내왔고, 우리는 기회를 마다하지 않았다. 모든 게 순조로워 보였다. 거래 단위는 커졌고 우리는 반복되는 과정에서 포트폴리오 단위의 호가 제출에 점점 익숙해지기 시작했다.

하지만 역시나 대가 없는 이익은 존재하지 않았다. 한 보험사의 성공 사례를 지켜본 다른 보험사들은 너도나도 앞다투어 포트폴리오 거래를 요구했고, 시장의 성장 가능성을 눈치챈 우리의 경쟁사들도 뒤따라 고객 유치 경합에 참여했다. 경쟁이 치열해진 만큼 고객의 요구 사항은 점점 더 늘어만 갔다. 이때 우리 팀이 한 가지 간과했던 점은 목표에 몰두한 세일즈는 누구도 말리지 못할 만큼 저돌적이란 사실이었다.

　I는 고객에게 전달할 채권 호가를 받기 위해서라면 하루에도 몇 번씩 전화 세례를 퍼부을 준비가 되어 있었다. 맨 처음 I와 거래 프로토콜을 짤 때만 해도 우리는 시차를 고려하여, 미국 기준으로 자정까지만 거래를 지원하겠다고 약속했는데, 한정된 고객의 주문을 두고 경합이 붙은 이상 시간 약속은 무의미했다. 퇴근 후 한창 휴식을 취하고 있을 때 불현듯 I의 전화가 울려오면 나를 포함한 데스크의 트레이더들은 컴퓨터를 켜 회사 서버에 원격 접속한 뒤 거래에 응했다.

　I에게 브레이크란 없었다. 거래가 불발될 것 같으면 새벽 세 시, 네 시에도 전화를 걸어 호가를 개선하지 않겠냐는 질문을 던졌다. 물론, 이렇게 적극적으로 거래를 가져오고 고객의 요청 사항을 챙기며 업무에 최선을 다하는 세일즈는 칭찬받아야 마땅했고, I의 행동 자체에 불만을 가지는 사람은 없었다. 그저 새벽 업무가 추가되어 비약적으로 상승해버린 근무량으로 인해 우리는 만성 수면 부족에 시달리게 되었을 뿐이었다. 달밤의 거래는 해외 채권형 ETF 구매에 대한 대만의 새로운 규제 가이드라인이 거론되기 전까지 무려 2년여 동안 이어졌다. 순번을 정해 불침번까지 서며 트레이드를 다뤄왔던 우리는 그제야 편안한 숙면에 들게 되

었다.

　기관투자자를 대상으로 불철주야 영업 업무를 수행하는 세일즈의 렌즈를 통해 트레이딩 플로어를 관찰하다 보면, 금융시장의 본질이 드러난다. 투자자들은 저마다의 고유한 니즈를 해결하기 위해 금융시장에서 특정한 자산을 원하는 형태와 방식으로 매매하려 하고, 트레이더는 거래 요청을 받아 고객의 문제를 해결하는 대가로 수익을 챙긴다. 때때로 대만 보험사의 사례처럼 투자자가 맞닥뜨린 문제는 규제, 국내외의 경제 상황, 외교 등 하나 이상의 원인이 복잡하게 얽혀 탄생한다. 하지만 반대로, 이런 복잡한 문제는 그 어려움에 비례해 창의적이고 대담한 솔루션이 개발되는 토양이 되기도 한다. 지금, 이 순간에도 금융시장은 끊임없이 진화 중이고 그 진보의 여정에서 새로운 형태의 니즈 또한 생겨나고 있다. 그렇게 셀 수조차 없이 다양한 니즈를 상황에 맞게 재단하고 해답을 찾아 해소하는 역량이 금융시장에서의 전문성이다.

Insider's Note ─────────────────────────────

금융시장은 과거의 명함이 아니라 오늘의 성과로 말하는 공간이다. 배움을 멈춘 순간 경험은 자산이 아닌 짐이 된다. 거대한 자금은 새로운 트렌드를 따라 흐르고, 정체한 자를 가차 없이 밀어낸다. 시장은 한순간도 멈추지 않기에, 살아남기 위한 유일한 방법은 끊임없는 배움뿐이다.

영화 밖의 트레이더:
구조를 해석하는 사람들

영화나 드라마를 포함한 각종 매체에서 그리는 트레이더의 모습은 많이 왜곡되어 있다. 그래서 금융시장에 종사하지 않는 사람들은 트레이더라는 직업에 대해 잘못된 지식을 갖기 쉽다. 2010년에 개봉한 올리버 스톤 감독의 영화 '월스트리트: 머니 네버 슬립스Wall Street: Money Never Sleeps'에서 트레이더는 미지의 정보와 날카로운 분석법을 활용해 시장에서 큰 포지션을 잡아 수익을 올리는 직업으로 묘사된다. 작중 주인공인 제이크 무어는 1억 달러의 막대한 자금을 움직여 핵융합 연구 프로젝트에 자금줄을 대며 투자 기회를 만들어낸다. 그 과정에서 서로를 속이고 배신하는 정보전을 그린 모습은 대미언 루이스 주연의 드라마 '빌리언스Billions'에서 비추어진 월가의 묘사와 흡사하다. '빌리언스'에서도 트레이더들은 기회를 포착하면 거침없이 시장이나 종목의 방향성에 베팅하며 수익을 좇는다. 극적 허용을 고려하더라도 이는 실제 금융시장에서 트레이더들이 수행하는 업무의 모습과는 거리가 멀다.

해외에서 제작된 콘텐츠뿐만 아니라 국내의 매체에서도 트레이더란 직업에 대한 잘못된 묘사는 쉽게 눈에 띈다. 이호재 감독의 '작전'에서는 트레이더가 차트를 기반으로 시장의 기회를 물색하거나 귀신같은 눈썰미로 모니터 건너편 상대의 심리를 읽는 전문가로 그려진다. 물론 영화의 내용을 곧이곧대로 받아들이는 사람들은 많지 않겠지만, 이런 콘텐츠의 범람으로 인해 가뜩이나 베일에 싸여 있는 트레이더라는 직종에 대해 오해만 불러일으키기 딱 좋은 환경이 조성되었다. 여기에 더해 개인 투자자들이 주가 차트와 기술적 분석을 바탕으로 시장에서 돈을 굴리는 행위인 사실상의 '단기 투자'가 트레이딩으로 잘못 인식된 바람에, 트레이더들은 마치 차트에서 남들이 보지 못하는 정보를 읽어내 신출귀몰 움직이며 시장의 숨은 수익을 챙겨 가는 존재로 알려지기도 한 듯싶다.

앞서 E의 이야기에서도 잠시 다뤘듯, 트레이더는 시장의 방향성에 공격적으로 베팅하지도, 시장의 움직임을 적극적으로 읽어내어 투자하지도 않는다. 트레이더는 어디까지나 시장에 존재하는 각종 비효율을 찾아 수익 기회를 만들어낼 뿐이다. 이를 쉽게 설명하기 위해 좋은 비유가 하나 있는데, 트레이더의 기본 수익모

델은 중고차 딜러와 같다는 설명이다. 중고차 딜러는 중고 차량을 균형 가격 이하에서 매입해두었다가 차를 구매하려는 사람들에게 마진을 얹어 판매한다. 딜러가 애초에 차를 구매해 재고에 넣어둔 이유는 차 가격이 올라갈 것이라 예상해서가 아니다. 다만 차를 판매할 때 획득하는 마진 때문이다. 중고차의 구매 희망자와 판매 희망자가 항상 같은 시간에 같은 장소에 존재하는 것이 아니기에 시장의 비효율이 발생하는 것이다. 딜러는 딜러숍의 자금력을 활용해서 재고를 구축해두었다가 판매하는 방식으로 이 비효율을 해소하게 된다. 비효율이 딜러에게 수익의 원천인 셈이다. 트레이더의 시장 접근법도 마찬가지다. 금융시장에서 트레이더의 또 다른 명칭이 '딜러'인 것도 이와 같은 이유다.

  물론 트레이더를 하나의 부류로 일축하기에는 다소 무리가 있다. 시장에는 무수하게 많은 비효율이 존재하고, 트레이딩 전략에 따라 비효율을 해결하며 수익을 올리는 방식이 제각기 다르기 때문이다. 위에서 설명한 개념은 그저 시장에 존재하는 수급 불균형에 관한 국소적인 예시였을 뿐, 금융시장에서 트레이딩의 대상인 비효율의 종류는 셀 수 없이 많다. 심지어 월가 내의 트레이더끼리도 각자의 업무 환경이나 다루는 자산군이 다를 때는 서로 어떤 식으로 수익을 올리는지 잘 알지 못하는 경우가 허다하다. 같은 회사 내에서조차 부서만 달라도 지식의 공유가 힘든데, 소속되어 있는 회사의 업종이 다른 경우에는 이해의 불일치가 더 심각해진다.

이번 이야기에 등장하는 J는 나와 같은 트레이더였지만, 투자은행이 아닌 월가 내 다른 금융사에서 합류한 인물이었다. 함께 일하는 동안, 우리는 트레이딩을 할 때의 제약 조건이나 수익 창출 전략이 환경에 따라 얼마나 극과 극으로 다른지 깨닫게 되었다.

어느 해 우리 부서는 트레이딩 전략의 단조로움과 근래 들어 비즈니스 성장이 더뎌지는 문제에 대한 해답을 찾고자 해결사 하나를 초빙하게 되었다. 타 투자은행에서 경력을 오래 쌓은 트레이더를 데려오는 방안도 있었겠지만, 데스크 헤드는 기존의 팀원들이 가지고 있는 역량과 반대의 경험을 보유한 인재를 데려오겠다는 의도로 오랜 시간 이적 시장을 살폈다. 그러다 결국 당시 플로어를 채우고 있던 기존의 트레이더들과 색깔이 명확히 구분되는 사람을 외부에서 스카우트하는 결정을 내렸는데, 그렇게 팀에 합류하게 된 사람이 J였다.

J가 처음 트레이딩 플로어에 출근하던 날, 우리 데스크는 평소보다 북적이는 아침을 맞이했다. 타 부서의 트레이더 몇 명이 J와 대화를 나눠보고 싶다는 이유로 우리 데스크에 방문했던 것이다. 심지어 방문자 중 한 명은 평소 퉁명스러운 성격으로 잘 알려진 인물이었는데 그가 몸소 행차한 사실이 생경하기까지 했다. 능청스레 농담 몇 마디를 섞은 환영 인사를 건네며 J에게 악수를 청하는 방문객들의 얼굴에는 단순한 반가움 그 이상이 담겨 있었다.

시골 학교에 갓 등장한 서울 전학생을 구경하기 위해 기웃거리는 토박이 학생들의 순수한 호기심과는 다른 미묘한 무언가가 있었다. 다만 그들은 딱히 의도를 숨길 필요는 없다고 생각했는지, 인사치레가 끝나자마자 바로 본론으로 들어가 J에게 질문을 던졌다. 질문의 핵심은 J가 투자은행에 들어오기 전 회사에서 맡았던 역할과 관련되어 있었는데, 맥락을 이해하기 위해선 잠시 '트레이더'라는 직업을 조금 더 가까이 들여다볼 필요가 있다.

금융시장에서 전문적으로 자산을 매매하는 트레이더는 크게 세 부류로 나눠볼 수 있다. 첫 번째 유형은 셀사이드Sell-Side 트레이더다. 셀사이드 트레이더는 주로 투자은행에서 근무하며 기업 고객들을 대상으로 각종 금융 솔루션을 제공해주는 대가로 마진을 챙겨 수익을 올린다. 아까도 언급했던 중고차 딜러의 예시처럼, 셀사이드 트레이더는 회사의 자금력과 인벤토리(재무상태표상 금융기관이 보유하고 있는 자산)를 활용해 증권을 매매하려는 고객의 거래상대방이 되어준다. 이와 같은 행동을 유동성 공급, 혹은 시장 조성이라 부른다.

간혹 기업 투자자 고객이 입맛에 맞는 증권을 찾지 못할 때도 있다. 이런 경우에 셀사이드 트레이더는 파생상품이나 구조화 기법 등을 이용해 정해진 규칙에 따라 새로운 증권을 디자인해 만들어내기도 한다. 역시나 투자자가 원했지만, 기존에 존재하지 않았던 증권을 제시했으니 마땅한 프리미엄을 챙기며 수익을 올린다. 나를 포함한 투자은행의 모든 트레이더는 셀사이드 트레이더였다.

　셀사이드 트레이더는 반드시 고객의 니즈로부터 나오는 시장 비효율만 거래에 활용할 수 있다. 이를테면 고객이 현재 매매하지 않고, 앞으로도 다룰 생각이 없는 증권은 원칙적으로 거래가 금지된다. 단순히 증권의 가격 변동이 예상된다 해서 베팅을 할 수 있는 게 아니라는 뜻이다. 이는 투자은행이 금융시장 내에서 시스템적으로 중요한 금융기관으로 분류되기 때문인데, 투자은행의 트레이더가 마음대로 위험한 베팅을 했다가 손실이 커지면, 그 피해가 다른 금융기관으로 전이될 수 있다는 뜻이다. 각국의 규제기관은 이와 같은 피해를 예방하기 위해 셀사이드 트레이더의 거래 스펙트럼을 철저하게 관리하고 제한한다.

　두 번째 유형은 바이사이드Buy-Side 트레이더가 차지한다. 명칭이 말해주듯 이들은 셀사이드 트레이더의 거래상대방이고, 투자기관에서 근무하는 트레이더다. 바이사이드 트레이더의 주목적은 기관투자자가 포트폴리오를 꾸릴 때 가장 효율적으로 구성 종목을 매매하는 것이다. 포트폴리오 내의 다양한 증권들을 조금이라도 더 싸게 구매하거나 비싸게 매각하면 그만큼 투자 성과는 개선된다. 바이사이드 트레이더는 투자은행에서 일하는 트레이더의 고객이기에 투자은행으로부터 각종 시장 리서치나 투자 전략을 받아 본다.

　마지막 유형에는 프랍Proprietary 트레이더가 위치한다. 프랍 트레이더는 셀사이드 트레이더와는 다르게, 고객의 니즈와 상관없이 시장에 존재하는 어떤 비효율이든 찾기만 하면 매매로 연결 지을 수 있다. 투자은행의 셀사이드 트레이더처럼 기관투자자를 대상으로 한 시장조성을 통해 수익을 올릴 수도, 혹은 그들이 고객의 부재로 실행하지 못하는 조금 더 공격적인 알고리즘 전략도 수행할 수 있다. 이들은 셀사이드 트레이더와는 경쟁 관계인데, 규제의 제약을 덜 받다 보니 실력만 좋으면 성과를 굉장히 빠르게 낼 수 있다. J 또한 프랍 트레이더 출신이었다.

다시 J와 방문객들의 문답으로 돌아가 보자면, 그들이 몸소 J를 찾아온 배경에는 두 가지 이유가 있었다. 첫째 이유는 의외성이었다. 프랍 트레이더가 투자은행으로 이직하는 상황은 흔치 않았는데, 프랍 트레이딩 회사의 수익 대비 성과급 지급 비율은 투자은행의 성과급률보다 유의미하게 높기 때문이었다. 같은 수익을 낸다면 프랍 트레이더의 연말 보너스가 셀사이드 트레이더의 연말 보너스보다 높을 수밖에 없기에, 금전적 요소만 따진다면 J처럼 경력 좋은 프랍 트레이더가 투자은행으로 옮기는 결정은 의문스러웠다.

"I heard prop shops pay handsome bonus(프랍 트레이딩 회사는 성과급도 잘 준다고 들었는데)."

"Well, they may pay higher percentage, but I think the pie is much larger here(비율은 그쪽이 좋을 것 같긴 한데, 버는 단위는 여기가 훨씬 커 보였어)."

J의 대답에는 투자은행에서 자신의 수익이 이전 대비 훨씬 더 커질 수 있으리라는 전제가 깔려 있었다. 인센티브 지급 비율은 낮더라도 수익의 단위 자체가 커진다면 최종적으로 받게 되는 성과급의 사이즈도 비례해서 개선될 것이라는 논리였다. 답변을 들은 방문객들은 J의 설명이 납득되었는지 고개를 살짝 끄덕여 보였다. 곧이어 그들은 두 번째 질문으로 넘어갔는데, 첫 번째 질문을 던질 때와는 다르게 입을 열기 직전 살짝 멈칫하며 J의 눈치를 살폈다. 이번 문답의 주제는 상황에 따라 다소 민감할 수 있기 때문이었다.

"We always wondered how you guys traded. Well, maybe we can be a bit more helpful if we better understand(예전 회사에서는 어떻게 트레이드했는지 항상 궁금했는데…. 알아두면 우리가 네 업무를 더 잘 도와줄 수 있을지 모르잖아)."

보통 트레이더들은 네트워킹 행사에 나가더라도 서로의 매매법에 대해서는 굳이 자세하게 대화하지 않는다. 셀사이드 트레이더들끼리야 어차피 고객을 상대하는 전략이 정형적이기에 영업 비밀이랄 것도 크게 없었지만, 프랍 트레이더들의 경우는 달랐다. 규제로부터 비교적 자유로운 그들은 투자은행에 묶여 있는 트레이더들보다 시장을 더 폭넓게 볼 수 있었고, 매매 전략도 다양했다. 방문객들은 자신들에게 생소한 프랍 트레이딩이란 분야에 대해 막연한 궁금증을 가지고 있었는데, 때마침 가려운 곳을 긁어줄 족집게 강사를 만난 것이나 다름없었다.

"Sure(그래, 좋아)."

J도 새로운 환경에서 우호적인 관계를 만들어두면 손해 볼 것이 없었다고 생각했는지, 짤막하게 자신의 경험을 공유했다. 초면인 데다가 정식 회의를 하는 자리도 아니었기에 전략에 대해 자세한 이야기가 오갔던 건 아니었지만, 몇 가지의 키워드를 공유받는 것만 하더라도 베테랑 트레이더들에게는 큰 도움이 되었다. 기본적으로 시장의 비효율을 찾는다는 맥락에서 셀사이드 트레이더와 프랍 트레이더의 사고방식에는 큰 차이가 없으므로, 작은 힌트만 주어져도 매매 전략의 속성을 가늠해볼 수 있었다. 방문객들은 J가 공유한 정보에 흡족해하며 어깨를 툭툭 두드리고는 각자의 데스크로 돌아갔다. 화기애애한 분위기 속에 J의 투자은행에서의 첫 시작은 순조롭게만 보였다.

하지만 얼마 지나지 않아 J는 이전에 경험해보지 못한 어려움을 맞닥뜨리게 되었다. 투자은행에서는 각종 금융 규제와 사내 규율로 인해 고려해야 할 제약 사항이 많았다. 큰 거래를 할 때마다 자신이 관리하는 계좌의 리스크가 플랫폼에 제대로 반영되어 있는지 점검한 뒤에 시스템상에서 서명하는 절차도 존재했고, 자신의 거래로 인해 부서 전체의 위험도 허용량이 초과하는 상황은 없는지 확인해야 했다. 이따금 고객사가 거래 정보를 잘못 보내왔을 때는 고객사와 과거 거래 내역을 하나씩 대조해보며 누구의 말이 맞는지 검증해야 했는데, 매번 J는 깊은 한숨을 내쉬고는 얼굴을 모니터에 가까이 들이밀며 눈살을 찌푸렸다. 그에겐 이 모든 행정적 절차는 프랍 트레이딩 회사에 있을 땐 신경 쓰지 않아도 되었거나, 업무 보조 부서의 누군가가 알아서 해결해주던 잡무였다. 날이 갈수록 그의 얼굴에는 피곤한 기색이 묻어 나왔다. J는 감정을 쉽게 드러내는 사람이 아니었지만, 트레이딩 플로어 위의 누구라도 J가 불만족스러운 시간을 보내고 있다는 것을 어렵지 않게 짐작하곤 했다.

 투자은행에서의 트레이딩은 항상 직간접적으로 고객을 상대하는 형태로 시작되었다. 고객이 거래상대방으로 특정되는 때는 불특정 다수를 상대로 매매하는 경우에 비해서 훨씬 더 엄격한 투자자 보호 규율이 적용되었고, 회사는 트레이더가 가져야 할 최우선 과제로서 수익성이 아닌 규제에 대한 순응과 기업 투자자 고객의 만족도를 주문하기에 이르렀다. 이러한 기조는 앞서 말했듯 금융기관의 감시·감독 체계 강화로 더욱더 엄격해졌고, 트레이더들은 난처함을 표했다. 가뜩이나 트레이딩으로 꾸준한 수익을 올리기도 어려운데, 지켜야 하는 규칙은 따라가기 힘든 속도로 늘어났기 때문이었다. 트레이더들은 규제를 잘 지키고 고객에게 신의성실의 원칙을 다해야 한다는 점에는 공감하긴 했지만, 결국 수익을 내지 못하면 성과급을 받지 못하거나 일자리를 잃는 건 그들이었다. 애당초 투자은행에서 커리어를 시작한 트레이더들도 이 역설적인 우선순위에 불만을 품기 쉬웠는데, 프랍 트레이딩 회사에서 건너온 J에게 이 상황은 답답하게 느껴지는 것이 당연했다. 새로운 업무 환경에 적응하기도 전에 높디높은 규칙의 벽을 맞닥뜨린 J는 급기야 크고 작은 실수를 하기에 이르렀다.

"Hey, I don't see your trades(트레이드 내역이 안 보이는데요)."

어느 날 리스크 현황 제출 마감 직전, J의 거래를 살피던 애널리스트가 폭탄처럼 투하한 발언에 팀에는 순간 정적이 흘렀다. J는 분명 그날 오후에 새로운 자산군을 포함한 패키지 트레이드를 하나 수행했는데, 거래 후에 바뀌었어야 할 팀의 채권 포지션은 늦은 시간까지 아무 변화 없이 그대로 남아 있었다. 이를 이상하게 여긴 팀원들이 J의 거래 기록을 확인했고, 그의 트레이드 중 대부분이 시스템상에서 누락된 것을 발견했다. 하필이면 그날은 분기

별 리스크 보고 마감일이었기 때문에 팀에는 비상이 걸렸다. 우리는 자리에 앉아 J의 사라진 거래 내역을 하나씩 쫓기 시작했다. 상황은 절망적이었다. 분기 리스크 현황은 규제기관에도 전달되는 중요한 안건이므로 시간 내에 오류를 반드시 고쳐내야 했는데, 어디서부터 문제가 발생한 것인지 파악하기조차 쉽지 않았다. 아예 트레이드 패키지 전체가 시스템에 잡히지 않는다면 단순히 거래 입력을 잊어버린 탓이라 생각할 수 있었겠지만, 몇몇 거래는 보이는데 다른 기록은 종적을 찾을 수 없는 이 상황은 혼란스럽기만 했다. 시스템 오류 때문이라면 거래 기록을 입력하는 시스템의 문제일지, 리스크 엔진의 문제일지, 혹은 시스템의 문제가 아니라면 누군가가 거래를 플랫폼에 입력하는 과정에서 양식을 잘못 사용하기라도 한 것은 아닐지 경우의 수는 너무나도 다양했다. 촉박한 시간이 주는 압박감을 느끼며 우리는 수사를 계속했다.

"Oh, I thought these trades are auto booked(나는 이 거래들은 시스템에 자동으로 기록되는 줄 알았는데)."

밝혀진 실상은 이랬다. 거래 결과를 시스템에 반영하기 위해서는 먼저 매매 내역을 시스템에 입력한 뒤에 거래당사자들이 트레이드를 최종적으로 승인해야 했는데, J는 여태껏 트레이드를 승인하는 법만 알고 있었을 뿐, 시스템에 거래를 입력하는 과정에 대해서는 충분히 인지하지 못하고 있었다. 이번에 J가 수행한 거래는 부서 내부의 다양한 팀과 협동하여 수백 개 종목을 한 번에 구해 오는 전략을 포함하고 있었기 때문에 각 데스크 담당자와의 대화를 통해 누가 거래 내역을 시스템에 올릴지 조율하는 절차가 필요했다. 각 상대편 담당자 혹은 J 둘 중 한 명은 반드시 시스템에 거래를 입력해야 했지만, J는 다수의 데스크 중 한둘의 담당자가 절차를 처리하겠다는 말을 듣고는 모든 데스크의 거래가 자동적으로 시스템에 입력될 것이라 잘못 생각했던 것이었다.

사건의 실마리를 잡은 우리는 각 데스크의 트레이더들에게 황급히 전화를 걸었다. 사태를 수습하기 위해서 우리 팀이 매매 내역을 시스템에 올리자마자 거래상대방은 시간 내에 해당 거래를 승인해주어야 했다. 하지만 트레이더들은 이미 퇴근한 이후였고, 전화로 상황을 전달받은 이들도 늦은 시간 시스템을 만지다 자칫 자신의 리스크 시스템에 오류가 생기는 건 아닐까 하는 걱정에 쉽게 협조하려 들지 않았다.

"Just kill the fucking trades(그냥 다 취소해버려)."

시스템 마감을 몇 분 앞두고, 데스크 헤드는 트레이드를 취소할 것을 주문한 뒤 얼굴을 쓸어내리며 오피스를 떠났다. 구두로는 합의된 적이 있었던 트레이드를 취소한다는 행동은 두 가지 결과를 의미했다. 혹시라도 상대방이 거래 취소로 인해 손해를 보았다면 그 손해는 우리 팀이 보상해야 했고, 사내 준법감시 담당자에게도 사건의 원인에 대해 해명해야 했다. 이날의 사고로 우리 팀은 며칠 동안 벌었던 수익의 일부분을 반납하게 되었다. 며칠간 행정적으로 뒷수습을 하느라 분주해진 탓에 다른 거래에 적극적으로 임하지 못해 발생한 기회비용은 덤이었다.

J는 자신이 거래를 제대로 챙기지 못한 점에 대해 팀에 사과하면서도, 사내의 시스템이 너무 낙후된 것은 아니냐는 의견을 조심스레 내비쳤다. 그의 그런 반응도 이해할 수 없는 것은 아니었다. 투자은행은 J가 있었던 프랍 트레이딩사에 비해 지켜야 할 규제 기준이 훨씬 더 엄격했기 때문에 시스템의 자동화나 리스크 입력 방식의 변경에 보수적일 수밖에 없었다. J는 분명 우리 팀이 이전에 알지 못했던 각도에서 시장을 관찰하며 새로운 기회를 발굴하긴 했지만, 그의 역량이 온전히 활용되기 위해서는 먼저 투자은행을 옭아매는 각종 규칙에 익숙해질 필요가 있었다. 하지만 그러기엔 이곳은 J가 여태껏 거쳐왔던 환경과 달라도 너무 달랐다. 큰 자본력을 가진 투자은행이 프랍 트레이딩사의 영역을 빠르게 잠식해나갈 거라 가정했던 J는, 모래주머니를 매단 채 달리기 경주에 나가야 하는 상황에 적응하지 못했다. 결국 그는 그리 오랜 시간이 지나지 않아 퇴사를 결정했다.

매 순간 기회가 쏟아지는 금융시장에서 투자은행의 발걸음이 경쟁자들에 비해 지나치게 느린 것은 아닌지 걱정하는 주체는 비단 J뿐만이 아니었다. 한때 금융시장 내에서 영원불멸할 것처럼 보였던 월가의 투자은행들은 금융 규제의 직격탄을 맞아 계속 새로운 족쇄를 차게 되었고, 경영진들은 트레이딩 부서가 고전을 면치 못하리란 것을 충분히 알고 있었다. 그리고 그들의 우려가 현실화하기까지엔 그리 오랜 시간이 필요하지 않았다.

특히 경제의 성장세가 꺾인 데다가 브렉시트까지 겪은 유럽 소재의 투자은행들이 가장 먼저 다리를 끌기 시작했다. 가뜩이나 수익성이 악화하는 상황에서 전 세계적으로 금융기관이 지켜야 할 새로운 규율들이 우후죽순 추가되다 보니, 유럽의 투자은행들에는 '덜어내기' 전략 이외에 별다른 선택지가 없었다. 도이치뱅크Deutsche Bank는 2019년 주식 트레이딩 부서 전체를 폐쇄한다는 결정을 내렸다. 2023년에 끝내 파산한 크레딧스위스Credit Suisse도 2022년에 이미 위험자산에 대한 노출을 40% 이상 줄이겠다는 계획을 발표[1]하며 공격적인 비즈니스 축소를 예고한 바 있었다.

반면, 투자은행의 시장 점유율과 수익성 부진으로 인해 생긴 진공을 성장의 기회로 삼는 경쟁자 집단이 있었다. 바로 시타델과 같은 헤지펀드와 제인스트리트 같은 프랍 트레이딩사를 포함한 비은행 금융사들이었다. 이 기업들은 오랫동안 거래 기술 자동화와 알고리즘 개선에 적극적으로 투자해오며 금융시장 내의 현대전을 준비하고 있었고, 투자은행 업계가 휘청하는 틈을 타 그들의 투자 네트워크까지 확보하며 놀라운 속도로 성장했다. 시타델의 트레이딩 부서는 2022년 상반기에 약 42억 달러의 기록적인 수익을 거둬 들였고[2], 제인스트리트 또한 2020년 트레이딩 부서의 이익이 2019년 대비 열 배 이상 성장[3]하며 금융시장 내에서 막대한 존재감을 형성했다. 금융시장에 존재하는 비효율의 총량을 나눠 갖는 제로섬 전쟁에서, 이 비은행 금융사들은 투자은행 경쟁자들 대비 월등한 기술력과 상대적으로 느슨한 규제를 적용받는다는 장점을 적극적으로 활용했다. 월가의 투자은행들 또한 계속해서 활로를 찾고 있지만, 이 기업들이 늘어나는 규제 관련 비용과 거세지는 경쟁을 뚫고 살아남을지는 향후 몇 년간 중요한 관전 포인트가 될 예정이다.

Insider's Note ─────────────────────────

트레이딩은 금융이라는 현실 속에 돈이란 매개를 통해 벌이는 전쟁일 뿐, 영화 속의 화려한 장면 따위는 없다. 승리를 위한 전략은 각자 다르지만, 익숙한 전장을 벗어나는 순간 패배는 예정된 수순이다. 문제는, 전장의 모습은 시대의 변화와 기술의 발전에 따라 시시각각 바뀐다는 점이다.

내년은 늘 불안하다,
그러나 누군가는 이긴다

어느 트레이더라도 마음 한구석에 가지고 있는 불안감이 있다. 바로 '내년 공포증'이다. 앞서 말했듯 트레이더들은 수많은 시장 참여자들의 상호작용 중에 발생하는 비효율을 재료 삼아 수익의 기회를 포착한다. 그런데 시간이 지남에 따라 새로운 기술이 도입되고 제도가 따라오면 시장의 효율성은 조금씩 개선된다. 한번 이룩한 금융시장의 성장은 되돌릴 수 없기에, 시장이 점점 효율적으로 변한다는 뜻은 트레이더들의 먹거리가 점차 사라진다는 뜻이다. 한 해가 마무리되면 트레이딩북의 손익은 다시 0부터 시작한다. 월가에서 올해의 성과는 내년의 성적을 보장하지 않으므로, 트레이더들은 과연 내년에는 수익을 낼지, 여태까지 잘 써먹던 거래 전략이 더는 작동하지 않으면 어떨지 막연한 걱정을 할 수밖에 없다.

하지만 이 세계에도 아웃라이어는 존재한다. 동료들의 고민을 비웃기라도 하듯, 트레이딩 플로어에서 매해 꾸준히 수익을 내는 이들도 존재한다. 아무리 실력 있는 전문가라 하더라도 시장의 거대한 움직임 앞에서는 무너지는 것이 보통인데, 이 '슈퍼 트레이더' 집단은 어떠한 악조건 속에서도 계속해서 뛰어난 퍼포먼스를 보여준다. 이번 이야기에 등장하는 K가 그런 부류의 인물이었다. K는 플로어에서 항상 최상위권의 성적을 내던 트레이더였고, 나를 포함한 주변의 모두는 K가 내렸던 판단을 복기해보며 과연 무엇이 그를 그토록 뛰어난 트레이더로 만들었는지 곱씹어보곤 했다.

매일 일과가 끝나면 플로어 위의 각 데스크는 팀 소속 트레이더들의 퍼포먼스와 포지션 상황을 정리한 일간 보고서를 내부에 공유했다. 이는 팀의 관리자가 데스크의 손익을 파악하고 개별 전략의 효율을 살피기 위한 절차이기도 했지만, 동시에 팀 구성원들에게 서로의 위험 정보와 손익 현황을 공유해 혹시 모를 사고의 위험을 방지하기 위한 안전장치이기도 했다. 회사, 혹은 부서 전체가 공유하는 리스크관리 프로토콜은 매우 범용적인 형태로 설계되었던 터라, 그 자체만으로 수많은 자산군의 고유한 위험 요소들을 모두 검토하기란 불가능에 가까웠다. 그렇지만 개별 트레이더들은 자신이 거래하는 특정 자산군의 시장을 매일 들여다보며 수익 창출 기회를 찾으려 돌아다녔기에, 해당 시장에서 발생하는 미묘한 이상징후를 사전에 포착할 수 있었다. 이들의 눈을 통한다면 자칫 범용 프로토콜만으로는 감지하지 못했던 사고의 위험성까지 검토한다는 뜻이었다. 이렇게 매일 서로의 성적을 공유하는 과정에서, 손익 정산과 리스크 보고를 담당하는 신입 애널리스트들은 자연스레 누가 얼마를 벌었는지, 각 트레이더들의 계좌 상황은 어떠한지 속속들이 알게 되었다. 그리고 보고서상의 성적표는 신입들의 입을 통해 플로어 전체로 서서히 퍼졌다. 손익 상황과 리스크관리를 통틀어 매번 압도적인 성적을 냈던 K의 이름은 데스크를 넘어 트레이딩 플로어 전체에 거론되곤 했다.

트레이더들은 매일같이 손익 보고서 최상단에 올라와 있는 K의 성적을 보며 감탄을 금치 못했다. 시장이 얼마나 요동치든, 얼마나 많은 거래를 수행했든 K의 계좌는 항상 특정 방향으로 치우치지 않고 포지션이 깔끔히 정리되어 있었다. 신입들은 매일 K가 벌어들인 금액에만 집중하곤 했지만, 사실 그의 진가는 손익표가 아닌 포지션 상황에서 드러났다. 시장 움직임에 대한 위험을 제한해둔 채 올린 수익의 가치는 시장 리스크를 감수하며 만들어낸 수익의 가치보다 월등히 높았는데, K는 시장 방향성에 대한 직접적인 노출을 최소화하면서도 타 트레이더들을 압도하는 성적을 냈다. 수십, 수백 건이 넘는 거래를 정신없이 소화하다 보면 보유한 리스크가 균형점에서 멀어지기 쉬우므로, 계속해서 원치 않는 위험을 제거하는 헤지 거래나 반대 방향의 트레이드 기회를 잡아내야 했다. 그렇게 중립적인 포지션을 유지하는 행동은, 비유하자면 빠르게 달리는 자동차 안에서 종이 카드를 맞대어 탑을 쌓는 것과도 같았다. K는 그 어려운 일을 누구보다도 잘 수행하는 트레이더였다. 온종일 폭풍 같은 시장을 온몸으로 받아낸 뒤에도, 그의 계좌는 항상 말끔히 세탁되어 다려진 와이셔츠인 양 깔끔한 상태를 유지했다. 이따금 다른 트레이더들이 시장에 대한 단기 베팅에 성공해 K를 제치고 손익 보고서의 최상단을 점유하는 날도 있었지만, 반짝 좋았던 이들의 성적은 대부분 며칠을 못 가 꺾이는 모습을 보여주었다. 그때마다 어김없이 일등의 자리를 탈환한 이는 K였다.

나를 비롯한 플로어의 많은 트레이더들은 K의 경이로운 실력의 기원을 찾고자 무수한 노력을 기울였지만, 안타깝게도 그의 성적은 한 가지 요소만 단편적으로 따라 해서 얻을 수 있는 것이 아니라는 결론에 다다랐다. 대신, 우리는 오랜 시간 K의 행적을 좇으며 그가 보여준 몇 가지 모습을 조합해 배울 점을 추려낼 수 있었다. 그의 행동들은 하나하나 떼어두고 보면 그다지 특별한 것이 없다고 생각될 수 있지만, 합쳐놓았을 땐 그가 어떻게 그렇게 시장에서 빨리 움직일 수 있었는지, 그리고 계좌의 위험도를 효율적으로 관리할 수 있었는지 이해하는 데 실마리를 제공했다.

"What do you think(네 생각은 어떤데)?"

가장 먼저 눈에 띄었던 점은 K의 커뮤니케이션 방식이었다. 트레이딩 플로어에 쏟아지는 정보의 양은 개인이 소화할 수 있는 양을 아득히 초월할 정도로 넘쳐흘렀다. 블룸버그 뉴스와 시장 전광판을 통해 공개되는 각종 경제 지표와 시황부터 시작해서, 동료 트레이더가 전해주는 시장 내 경쟁 현황, 그리고 브로커가 고객 유치를 위해 전해주는 최신 매매 내역까지 정보량은 넘치면 넘쳤지, 모자란 적은 결코 없었다. 그래서 단일 정보의 가치는 평가 절하되곤 했다. 개인이 모든 인풋을 다 살펴볼 수도 없거니와, 정보를 공급받을 경로마저 워낙 다양했기에 단편적인 정보는 쉽게 대체될 수 있었다.

하지만 해석의 경우는 달랐다. 정보를 재료 삼아 경험과 직관을 버무려 잘 가공한 해석은 저마다 고유한 가치를 지니고 있었다. K는 대화하는 상대에게 항상 가져온 정보에 대한 해석을 요구했다. '누가 어떤 거래를 했다더라', 혹은 '특정 종목이 얼마에 팔렸다더라' 하는 소식을 전달받을 때마다 K는 '그래서 너의 생각은 어떠한가'라는 질문을 덧붙였다. 단편적인 정보가 아닌 인사이트를 주문하기 위해서였다. 매매에 참여한 투자자가 동일한 거래를 반복해서 수행할 가능성 혹은 특정 종목이 매도된 가격을 통해 가늠해볼 만한 다른 자산의 수요 같은 먹음직스러운 인사이트는 날것의 정보를 화로에 집어넣어 구워내야만 손에 들어왔다. 정보를 가공해 의견을 달라는 K의 요청에, 그의 대화 상대들은 종종 생각을 정리하기 위해 말을 멈추곤 했다. 그때마다 K는 그 순간의 짧은 침묵을 즐기는 듯 보였다. 이윽고 그들이 나름의 견해를 공유하면, K는 그제야 만족스러운 양 고개를 끄덕이며 모니터로 시선을 돌리곤 했다.

실력 있고 경험 많은 트레이더라면 시장에서 들려오는 정보를 소화해 세밀한 시황과 투자자들 간의 역학관계를 읽어냈다. 자산운용사의 포트폴리오 매니저 고객이 평소와 다르게 저신용등급 채권을 찾는다거나, 헤지펀드 투자자가 단방향 포지션을 주문했다가 갑자기 매매 의사를 거두어들였다는 소식은 논리적인 의사결정을 내리기 위해 트레이더에게 반드시 필요한 정보였다. K는 트레이더들이 가져오는 다량의 정보를 압축해서 전달받고, 그 정보에서 뽑아낸 농도 짙은 인사이트에 집중할 수 있었다. 때문에, 그는 매 순간 가장 합리적인 결정을 내리기 위해 충분한 양의 정보를 가질 수 있었다. 평범한 트레이더가 제한된 정보만으로 금융시장이란 미로를 더듬어가며 헤쳐나갈 때, K는 수백 미터 상공에서 그 미로를 내려다보며 출구를 찾는 셈이었다.

다만 모두가 K처럼 다량의 정보를 거머쥔다고 그의 압도적인 성적을 쉽게 따라 할 수 있는 건 아니었다. 그는 아무런 여과 없이 정보를 수용하기만 하는 법이 없었다. 심지어 K는 때때로 트레이더들이 수집해 온 정보가 종합적으로 가리키는 방향과 정반대의 결정을 내리기도 했다. 하루는 그의 팀 소속 트레이더들이 장기 채권을 대량으로 매도하려는 기관투자자의 거래를 소화하기 위해, K에게 프라이싱 현황을 공유한 적이 있었다. 보통 대형 투자자 고객이 채권을 집중 매도하기 시작하면 시장 전체의 수급이 영향을 받아 판매 대상이 되는 종목뿐만이 아니라 다른 채권의 가격에도 하방 압력이 가해지기에, 트레이더들은 시장에서 채권의 매수 희망가를 낮추며 보수적인 자세를 취하는 게 정석적인 대응법이다. 그런데 별안간 K는 트레이더들에게 장기채 중 명목 수익률이 높은 채권을 공격적으로 매수하라는 지시를 내렸다. K가 매입을 지시한 채권들은 유동성이 낮은 채권이었다. 유동성이 낮은 채권은 가격 하락에 더 취약하므로 트레이더들은 K의 지시에 의문을 품었다.

"We are expecting massive selling, and you know these bonds are not liquid(지금 시장에 채권 물량 쏟아지기 전인 데다가 이 채권들은 유동성도 낮잖아)!"

"Your point is well taken. Now, go out and buy more(무슨 말 하는지 알겠는데, 얼른 가서 매수 진행해)."

트레이더들은 볼멘소리를 하며 불만을 표출했지만 결국 각자 자리에 돌아가 K가 지시한 바를 따라 채권의 매수 희망가를 높였다. 월가의 거의 모든 딜러들이 고객사로부터 호가 제출 요청을 전달받아 대형 채권 매도가 나온다는 사실을 예상하고 있었기에, K의 산하 트레이더들이 제시한 공격적인 매수 호가는 금세 시장의 관심을 모았고, 거래가 하나둘 체결되기 시작했다.

"Hey, we are going a bit too long here(우리 리스크가 너무 많이 쌓이는 거 같은데)."

"Just keep hedging and keep going(헤지만 신경 쓰면서 계속 진행해)."

대형 매도세가 시장을 누르는 중 적극적인 매수를 감행할 이들은 많지 않았고, 팀의 계좌가 채권으로 가득 채워지기까지엔 그리 오랜 시간이 걸리지 않았다. 이 시점에서 고객사의 대형 매도까지 받아낸다면 K와 그의 트레이더들의 리스크 한도는 흘러넘칠 예정이었다. 포지션 관리를 의식하느라 심기가 불편해진 트레이더들이 고객사의 매도에 대해서라도 조금 더 보수적으로 접근하는 건 어떻겠냐고 물어왔지만, K는 조용히 고개를 저을 뿐이었다. 잠시 후, 고객사 기관투자자는 각 딜러로부터 매수 호가를 받아 취합하였고 채권 가격을 비교해보더니 별안간 블룸버그 채팅을 통해 호가를 제출한 트레이더들에게 새로운 공지를 보내왔다.

'We plan to recycle our net proceeds from the sale to purchase higher yielding bonds of the same rating. Please refresh your quotes(이번 매도를 통해 확보한 현금은 같은 신용등급의 고수익 채권을 재매입하는 데 사용할 예정이니 매수 호가 확인 후 다시 제출 요망).'

　기관투자자가 채권을 팔기에 앞서 트레이더들의 호가를 확인한 뒤 곧이어 채권 매수가 뒤따를 것임을 공지했다는 사실은 딜러들이 제출한 가격이 마음에 들지 않았음을 암시하고 있었다. 비슷한 크기의 매수와 매도 거래를 동시에 진행하는 거래를 '위험 중립risk neutral' 매매라고 부른다. 위험 중립 거래는 투자은행의 계좌에 새로운 시장 리스크를 거의 더하지 않으면서도 매매 스프레드를 챙길 기회를 제공하므로 딜러들이 가장 선호하는 거래 방식 중 하나였다. 단순 매도로 간주되던 고객사의 요청이 위험 중립 거래의 형태로 변하니 딜러들은 제출했던 호가를 더 개선하게 될 예정이었다. 즉, 투자자 고객은 거래 형태를 업데이트함으로써 경쟁 매매에 참여하는 딜러들이 더 공격적인 가격을 제출하도록 종용한 셈이었다.
　그런데 고객사가 원하는 동일한 신용등급의 고수익 채권, 즉 유동성이 상대적으로 낮지만 채권 수익률이 높은 종목들을 쥐고 있는 건 K의 팀이었다. K의 팀은 남들이 매도세를 기다리며 열심히 리스크를 덜어내는 동안 테이블의 반대편에서 채권을 주워 담았기 때문이었다. 더군다나 매도세를 예상하며 조정된 가격에 채권을 판매하던 경쟁자들 덕분에 이들은 평소보다 더 저렴한 가격에 종목을 취득한 상황이었다. 유동성 낮은 채권 종목들은 사고파는 데 어려움이 있어 타 종목 대비 매수·매도 스프레드가 컸으므로, 거래를 성사시킬 수만 있다면 짭짤한 수익을 올릴 수도 있었다. 경합에 참여한 딜러들이 고객사가 새로이 공지한 조건에 들어맞는 채권 종목을 급하게 구하기 위해 정신없이 시장을 헤집고 다니는 동안, K의 팀은 느긋하게 호가를 개선했고 결국 거래 기회를 손에 거머쥐게 되었다. 거래를 마친 뒤, K와 그의 팀은 데스크에 한데 모여 고객사의 요청을 복기했다.

"They have already liquidated part of their portfolio in the last quarter. They would not sell more bonds outright(이 투자자는 이미 지난 분기에 포트폴리오 정리가 끝났는데, 또 단순 매각만 할 리가 없지)."

어떻게 채권 매입을 결정할 수 있었느냐고 누군가가 물어온 질문에 대한 K의 답변은 너무나도 간결했다. 고객사의 포트폴리오 상태와 운용 자산 규모를 따져보면 현시점 공격적인 리스크 감축은 어려우므로 그들이 채권을 매도하는 행동은 다른 종목을 되사기 위함이라 예상했다는 게 그의 설명이었다. 또한 그는 고객사가 매도하고자 했던 종목이 그들의 포트폴리오 구성 종목 평균 대비 낮은 수익률을 가졌기에 무언가를 매입한다면 유동성이 떨어지더라도 고수익 종목일 확률이 높으리라 생각했다는 말도 덧붙였다. 고객사의 요청이 실제로 날아오기 전까지 이와 같은 가설을 검증할 방법은 없었으나, 가설을 뒷받침할 정황 증거는 충분히 찾아볼 법했다. 고객사는 이전에도 위험 중립 거래를 진행한 적이 있었고, 매집 대상이 되는 종목들의 가격이 사전에 올라가는 것을 방지하고자 매도 포트폴리오만 부분적으로 공개한 전적이 있었다. 그리고 이번 호가 제출 요청은 그 당시의 방식과 닮아 있었다. 아무리 작정하고 조용히 움직이려 해도, 지나온 길 위에 남은 발자국까지 모조리 지울 수는 없는 법이었다.

모두가 K의 전략적 결정에는 무언가 대단한 비법이 숨겨져 있으리라 생각했다. 하지만 그의 비법은 지극히 평범했다. 마술쇼에서 관객의 눈을 사로잡는 화려한 묘기도 실제로는 생각보다 단순한 트릭을 바탕으로 만들어진 것과 같이, K가 시장을 읽어낸 방식에도 비밀은 없었다. 그는 고객사의 정황을 파악하고 시장에서 관찰해왔던 증거들을 한데 모아 가설을 세운 뒤 실행에 옮겼을 뿐이었다. K의 진두지휘는 해당 종목군을 다루던 시장 참여자라면 누구나 가질 법한 일반적인 정보들을 바탕으로 구성된 것이었다. 고객사가 이전에 어떤 방식으로 거래를 해왔는지는 모두에게 공개되어 있었고, 그들이 어떤 자산을 선호하는지, 실제로 매수에 나선다면 구체적인 종목은 무엇일지 따위의 정보는 조금만 생각해본다면 그리 어렵지 않게 유추할 수 있었다. 하지만 K의 의사결정 구조는 똑같은 정보를 가지고 있더라도 쉽사리 따라 할 만한 게 아니었다. 다른 이들은 '고객사가 채권을 구매하지 않는다면?'이라는 가정에 사로잡혀 필요 이상의 고민을 하느라 제시간에 움직이지 못했다. 반면, K는 고집에 가까울 정도로 확고한 주관을 연료 삼아 앞서 나갔다.

강한 주관을 바탕으로 의견을 밀어붙이는 행동에는 위험이 뒤따른다. 사고의 무게중심이 너무 견고하다 보면 일이 생각했던 것과는 다른 방향으로 흘러갈 때 상황에 맞는 최적의 대처를 하는 데 어려움을 겪을 수도 있기 때문이다. K의 팀이 수행했던 채권 다중 거래의 경우도 마찬가지였다. 기관투자자의 숨은 의도를 유추해 종목을 공격적으로 담는다는 전략은 자칫 잘못하다가는 위험 관리 실패로 끝날 수도 있었다. 채권을 실컷 사들였는데 투자자 고객이 애초에 공지했던 대로 종목 매도만 진행한 뒤 장을 마감했다면 K의 팀은 떨어지는 칼날을 손으로 잡은 셈이 된다. 그러나 K에게는 실패에 대한 대비책 또한 준비되어 있었다. 그의 팀은 대량의 리스크를 주워 담는 동안 평소보다도 더 빠른 호흡으로 위험을 깎아내는 헤지 거래를 실행했다. 기관투자자가 끝내는 채권을 매수할 것이라는 가설이 맞아떨어지지 않는다고 하더라도 K와 트레이더들은 채권을 저렴하게 구매한 뒤 리스크의 균형까지 맞추어놓았기 때문에 최악의 상황은 피하게 되는 것이었다. 그 시점부터 채권을 구매하는 속도를 줄여나가며 잔고를 조금씩 소화한다면 큰 손해를 보지 않아도 되었다. 이렇게 최악의 상황을 통제하도록 판을 준비해두었기에 뒤를 돌아보지 않고 전력 질주할 수 있었다. K는 불확실성이라는 형체 없는 공포를 이겨내고 논리적으로 계획을 세움으로써 수익이라는 달콤한 열매를 손에 거머쥐었다.

정리하자면, K는 정보를 효과적으로 흡수해 인사이트를 도출하는 동시에 자신만의 노하우를 주저 없이 활용해 슈퍼 트레이더가 되었다. 당연한 이야기이지만 금융시장에 종사하는 동안 만났던 뛰어난 이들은 K 이외에도 여럿 있었다. 그들은 저마다의 장점을 통해 압도적인 퍼포먼스를 보여주었다.

다음은 내가 현장에서 관찰했던 슈퍼 트레이더의 유형이다.

1) 연쇄 질문마

특정 개념이나 현상에 대해 궁금증을 참지 못하는 부류였다. 이들은 어떤 현상이든 절대 가볍게 넘기는 법이 없었고 항상 '왜'라는 의문을 덧붙였다. 스스로가 시장에서 벌어지고 있는 상황의 인과를 정확히 이해하고 있다는 확신이 들기까지 매매 결정을 내리지 않고 신중한 태도를 고수했다. 이 때문에 작은 기회들을 놓치는 때도 있었지만, 큰 위험만큼은 성공적으로 회피하는 모습을 보여주었다. 연쇄 질문마가 탄생하는 경로는 크게 두 가지가 있는 듯했다. 선천적으로 탐구와 토론을 좋아하는 경우, 혹은 매우 큰 시장의 움직임에 대비하지 못해 크게 다쳐본 전력이 있는 경우가 그것이었다.

2) 데이터 중독자

이들은 계량화와 객관화에 누구보다 진심인 사람들이었다. 앞서 말한 연쇄 질문마가 꼬리에 꼬리를 무는 논리적 검증을 통해 상황에 대한 완벽한 이해를 추구했다면, 데이터 중독자 유형의 슈퍼 트레이더들은 데이터를 수집하고 분석하는 과정을 거쳐 시장 내의 비교우위를 가져가려 노력했다. 특히 데이터 선진화가 덜 되어 있는 자산군일수록 이들의 장점은 빛을 발했는데, 위험도에 대한 계량화에 집중하여 경쟁자 집단 대비 더 날카로운 포지션 관리가 가능했기 때문이었다.

3) 활자 스펀지

이 부류의 사람들은 지식에 대한 갈증을 채우기 위해 무언가 끊이지 않고 읽어나가곤 했다. 월가의 투자은행에 소속되어 있다 보면 쉽게 양질의 리서치 자료에 접근할 수 있어 타인의 잘 정리된 견해를 읽고 소화하기에 더할 나위 없이 좋은 환경에 둘러싸여 있었다. 금융시장은 하나의 주요 사건으로 인해 시작된 움직임이 오래 지속되는 특징이 있었기에, 시장이 새롭게 주목하는 키워드를 면밀히 이해하는 것만으로도 경쟁력을 확보하는 것이 가능했다.

4) 인맥 전문가

셀사이드 트레이딩 플로어, 그중에서도 고객 영업을 담당하고 있는 세일즈에게서 가장 많이 관찰되는 유형이었다. 금융 산업 내의 셀 수 없이 다양한 자산군을 모조리 눈여겨보며 각 시장의 미묘한 움직임을 파악하기란 불가능에 가깝다. 전 분야에 걸쳐 두터운 전문가 인맥을 확보한 인맥 전문가 집단은 이러한 물리적 한계를 뛰어넘어 필요한 정보를 취합하는 환경을 구축했다. 또한 소수의 시장 참여자들이 자산의 균형 가격에 큰 영향을 미칠 구조화상품이나 저유동성 상품을 다루는 경우, 연관자들을 많이 알고 있다는 것만으로도 거래 능력을 유의미하게 개선할 여지가 존재했고, 이는 대체 불가능한 자산이었다.

5) 자동화 애착가

거래를 전산화해 사람의 수동적인 개입을 최소화하는 데 진심이었던 이들도 시장 내에서 압도적인 실력을 행사했다. 특히 전 자산군에 걸쳐 자동화 기술의 발전이 본격적으로 불붙은 2000년대 초반부터는 전산 거래 시스템을 구축하고 자동화 전략을 도입하려는 의지가 월가 전역을 지배하기 시작했고, 이때 관련 프로젝트를 주도했던 인물들에겐 초고속 승진과 함께 막대한 금전적 보상까지 주어졌다. 주식과 주식 기반 파생상품시장, 그리고 외환시장은 일찍이 자동화가 도입되었기에 자동화 애착가 집단의 후학들은 점차 복잡하고 파편화되어 있는 자산군으로 시선을 옮기곤 했다.

　이렇듯 금융시장에서 성공한 이들을 관찰해서 얻는 인사이트는 다양하다. 하나의 분야에서 남들이 우러러볼 정도의 실력을 지닌 이들의 속성을 각각 정리해 나열하자면 끝이 없겠지만, 분야를 막론하고 이들에게서 공통적으로 보였던 핵심 속성은 '열린 마음'이었던 것 같다. 자신이 미처 생각하지 못했던 관점을 맞닥뜨렸을 땐 냉소적으로 대하기보다는 그 관점을 배워보려 노력하는 태도였다. 나이가 지긋하고 경력이 긴 월가의 베테랑조차도 자신의 의견에 논리적으로 반박하는 신입사원의 말을 경청하는 모습은 종종 눈에 띄곤 했다. 다만, 앞서 말했듯 판단력이 중요한 만큼 타인의 의견을 경청한다고 그 의견에 마냥 다 동의하는 건 결코 아니었다. 단지 다른 시각을 통해 자신이 가진 고유한 의견이 얼마나 타당하고 단단한지 점검해볼 뿐이었다. 자신의 주관이 뿌리째 흔들릴 정도로 짜임새 있는 논리를 듣게 된다면 그 의견을 수용할 테고, 그렇지 않다면 더 강한 믿음을 갖고 가던 길로 나아갈 터였다.

　슈퍼 트레이더들의 성공법은 비단 월가 혹은 트레이딩 플로어에서만 통하는 것은 아니라고 생각한다. 이들을 관찰하며 배웠던 점들은 다른 산업, 다른 환경에서도 적용될 만큼 범용적이었다. 단, 금융시장이란 환경은 뛰어난 이들의 실력을 더 분명하게 드러내고, 심지어 그 실력을 계량화해 숫자의 형태로 나타내주는 곳이다. 그 덕분에 성공한 이들의 특징을 보다 높은 해상도로 관찰할 수 있었다. 이런 배움은 월가에서 일하며 얻었던 금전적 보상과 금융 지식 그 이상으로 값진 소득이었다.

Insider's Note ───────────────────────

시장은 트레이더에게 매일 새로 개척해야 할 미지의 항로다. 어제의 성과가 오늘의 안전을 보장해주진 않는다. 그럼에도 늘 살아남아 앞서가는 이들이 있다. 변화로 쓰인 시장의 언어를 읽고, 배움을 멈추지 않는 사람들이다.

'모른다'는 말이
가장 정확한 판단일 때

 월가의 트레이딩 플로어는 단 몇 번의 전화만으로 수억 달러 규모의 거래가 순식간에 체결되는 곳이었다. 막대한 자본의 크기 때문에, 증권의 가격이 소수점 단위에서 조금만 바뀌어도 트레이더에겐 무시하지 못할 수준의 손익 차이가 발생할 수 있었다. 그래서 트레이더들은 자신이 원하는 가격에 증권의 교환을 확정하기 위해, 항상 날을 세운 채 거래상대방과의 대화를 장악하려 들었다. 트레이더들이 증권 거래에서 협상의 주도권을 가져가기 위해 사용하는 대화 전략은 셀 수 없이 다양했다. 누군가는 상대가 끼어들 틈을 허용하지 않으려는 듯 속사포처럼 정보를 빠르게 뱉어내기도 했고, 어떤 이들은 단순한 개념을 몇 차례 꼬아서 복잡한 말로 포장하며 상대를 압도하려 들었다. '제시한 가격에 거래하지 않으면, 오늘은 다시 찾아와도 거래하지 않겠다' 하면서 단호하게 선을 긋는 경우도, 상대방과 평소 쌓아왔던 친분에 기대어 거래 조건의 유리함을 확보하고자 하는 시도도 있었다.

이렇듯 트레이더들이 대화를 원하는 방향으로 이끌어나가기 위해 시도했던 전략은 그 종류가 다양했지만, 이들이 하나같이 대화에서 사용하길 꺼렸던 두 가지 표현이 있었다. 바로 "미안하다"라는 사과의 표현과, "잘 모르겠다"라는 무지에 대한 인정이었다. 이 말들에는 사용하는 순간 화자가 자신의 흠을 인정하게 만든다는 공통점이 있었다. 트레이딩 플로어에서 증권 매매를 위한 가격 흥정은 연장전에 돌입한 박빙의 축구 경기와도 같았기에, 어떻게든 대화의 우위를 점하고자 하는 트레이더들은 사과와 인정에 병적이리만치 인색했다. 트레이더들과 대규모 거래 건을 두고 협상하는 고객사의 투자자들은 금융시장에서 산전수전을 다 겪어본 베테랑이었고, 말 한마디 실수로 인해 드러난 상대의 약점을 어떻게 공략해야 하는지 너무나도 잘 알고 있었다. 순간의 실수로 이들에게 대화의 점유권을 내어주기라도 하면, 증권의 가격 흥정을 위해 애써 쌓아놓은 논리가 흔들리며 원하는 방향으로 거래를 매듭짓지 못하게 되는 경우도 비일비재했다. 이 때문에 일상의 대화에서는 친절했던 이들도 거래를 위해 수화기만 붙들면 성격이 완전히 돌변하곤 했다. 야누스의 얼굴을 가진 트레이더들과 몇 차례 입씨름을 벌이고 나면, 월가에서 성공적인 경력을 쌓은 이들은 대부분 '소시오패스'나 다름없다는 대중적 인식에 나름 논리적인 근거가 있을 것 같다는 느낌도 들었다.

그런데 세상의 모든 일에는 항상 예외가 있듯, 트레이딩 플로어에서도 이따금 "모르겠다"라는 말을 통해 자신의 입지를 더 단단히 굳히는 이들도 있었다. 이번 이야기의 주인공인 L은 알지 못함을 인정함으로써 자신을 더 돋보이게 만드는 법을 잘 아는 인물이었다.

"What do you think(네 의견은 어때)?"

L은 금융시장에 대한 깊은 이해와 다채로운 지식을 갖춘 베테랑 트레이더였다. 그는 트레이딩 플로어에서 보낸 다년의 시간을 증명하기라도 하듯 고객과 동료들이 던져오는 시장에 관한 질문에 답을 제시함에 있어 좀처럼 막히는 일이 없었다. 거시경제 환경의 변화 같은 거대한 흐름부터 시작해, 단일 종목의 옵션 가격이 공정가치 대비 과대평가되었는가와 같은 미시적인 토론까지 L이 커버하는 주제의 범주는 넓었고, 이 덕분에 L은 거래가 밀려오는 시기엔 근무 시간의 대부분을 전화에 매달려 보내는 것이 일상이었다. L의 거래 성과는 그의 광범위한 대화 소화 능력만큼이나 뛰어났다. 투자자 고객의 영업을 담당하는 세일즈 인력들은 L의 견해를 빌려와 고객사에 전달하기 위해 자주 그를 찾았고, 그가

제공한 인사이트는 한두 차례의 대화를 거쳐 고스란히 거래 기회로 제련되었다.

고객사의 투자자들은 거래 결정을 내리기 전에 트레이더의 의견을 묻는 것이 일반적이었다. 트레이더는 자신이 거래하려는 증권을 손에 쥔 채 가장 오래 들여다본 사람이기에 투자자들은 자신이 하려는 거래의 타당성을 트레이더의 견해를 통해 재차 확인해보고자 했다. 마치 큰돈을 들여 고급 스포츠카를 사려는 구매자가 차량 딜러에게 이 차를 사는 것이 과연 현명한 행동일지 묻는 것과 같은 맥락이었다. 이 경우 딜러의 우월전략은 친근한 미소를 장착하고 고객의 선택을 칭찬해주는 것이다. "이 차는 너무 인기가 좋다 보니, 감가를 걱정하실 필요도 없을 겁니다. 나중에 차를 팔게 될 때도 살 사람은 줄을 서서 기다리고 있을 테니까요" 같은, 근거는 없지만 상대의 결심을 훌륭한 것인 양 포장하는 영업 멘트를 붙여서 말이다.

증권 거래에 있어 트레이더들도 마찬가지 전략을 사용하곤 했다. 투자자 고객이 시장에 대한 견해를 물어올 때 고객이 원하는 대답을 적당히 들려주는 행동은 트레이더들의 우월전략이었다. 자신의 전문성을 뽐내야 할 때가 오면, 다소 난해하게 들릴 용어를 적절히 섞어가며 그들이 가진 관점과 자신이 가진 관점이 일치한다는 점을 강조하기도 했다. 그중 일부는 심지어 대화 주제에 대해 깊은 이해가 없을 때도 말을 아끼지 않았다. 행여나 자신의 밑천이 드러나고 그로 인해 투자자에게 얕보일지 걱정되었는지, 다소 무리해서라도 시장에 대한 관점을 애써 짜내는 경우도 있었다. 이렇게 '빈틈없음'이란 미덕에 너도나도 동조하던 트레이딩 플로어에서, L의 대화 전개 방식은 다른 이들이 의존하던 '우월전략'과는 상당히 달랐다.

"I don't know. I can't predict how Mr. Market would behave(시장이라는 놈이 어떻게 변덕을 부릴지 예측할 수가 없어서 난 모르겠는데)."

L이 자주 애용하던 말은 "난 모르겠다"라는 알지 못함에 대한 인정이었다. 고객이 시장의 방향성에 대해 그의 견해를 물어올 때마다 L은 단호하게 시장이 나아갈 방향을 예측하는 것은 불가능하다고 일축했고, 투자의 성패는 시장의 방향성을 읽어내는 능력과는 크게 상관없는 일이라는 말을 덧붙였다. 대화 상대방들은 멋쩍은 웃음과 함께 알았다는 말을 늘어놓았다. 이들은 넓은 분야에 걸쳐 L이 펼쳐놓는 해박한 지식과 시황에 대한 다채로운 해석에 매료되어 그와의 대화를 즐겼다. 투자를 주제로 한 대화가 항상 그렇듯 이야기는 자연스럽게 L이 가진 시장에 대한 관점을 묻는 쪽으로 전개되곤 했는데 별안간 시장의 방향성을 아는 것은 불가능에 가깝다는 단정적인 답변이 돌아오니, 그들이 당황하는 모습은 이해가 되는 반응이었다. L과 거래를 시작한 지 얼마 되지 않

았던 투자자 고객들은 그의 단호한 답변이 대화를 끊으려는 목적을 담은 발언은 아닐까 오해하는 때도 있었다. L은 금융시장에서 일어나는 많은 현상을 관찰하고, 각각의 사건에 대해 의견을 내는 데 항상 적극적이었기에, 그의 "알 수 없다"라는 발언이 듣는 이로부터 오해를 샀던 것도 무리는 아니었다.

오직 금융시장과 자산 가격의 방향성에 대한 의견에서만 유난히 엄격했던 L의 태도는 그가 가진 시장에 대한 깊은 이해도를 미루어봤을 때 다른 이들의 모습과는 차별되었다. 더구나 금융시장에 관한 토론이라면 만사를 제쳐두고 참전하는 게 당연시되었던 트레이딩 플로어의 문화에 견주어봐도 일반적이지 않았다. 금융시장은 세상을 구성하는 많은 부품이 한데 얽혀 작동하며 만들어낸 결과가 자산의 가격이라는 형태를 빌려 실시간으로 공개되는 장소다. 이 공간을 통해 쏟아지는 정보의 양을 접하고 소화하다 보면 시장 참여자들은 자연스레 가까운 미래에 발표가 예정되어 있는 일들에 대해 의견을 교환하는 데 열중일 수밖에 없었다. 주 후반에 발표가 예정된 미국 실업률은 어떤 수치일지, 다음 달 연준의 금리 정책 업데이트는 어떠한 모습일지, 모두가 주목하고 있는 대형 기술주의 실적은 시장의 기대치에 부합할지 등 금융시장에서 불확실함이란 속성은 사라질 틈이 없었고, 이를 연료 삼아 트레이더들의 열띤 토론에는 불이 붙었다. 대화의 온도가 최고점에 다다를 때면 이야기의 주제는 자연스럽게 현 시장 상황을 바탕으로 무슨 자산을 어떻게 거래해야 할지로 이어졌다. 자본 흐름의 중심부에 앉아 천문학적인 규모의 거래를 체결하는 트레이더로서는 무엇을, 언제, 어떻게 사고팔아야 하는지에 대해 자신의 의견을 떠벌리고 싶은 충동은 쉽게 억제되는 게 아니었다. 그렇게 모두가 한몫 거들어 만들어낸 금융시장에 대한 추측과 이론의 홍수 속에서 L만은 신중했다.

"Maybe, maybe not(그럴 수도 있고, 그렇지 않을 수도 있지)."

토론의 범주가 시장의 방향성과 자산의 가격을 예측하는 영역으로 넓어지는 순간, 그때까지 열띤 자세로 대화에 참여하던 L은 고개를 조용히 저으며 침묵하거나 보수적인 답변으로 논쟁에 선을 그었다. 이는 마치 공개 청문회에 불려 간 정치인이 책잡히지 않고자 발언을 조심하는 모습과도 같았다. 시장에서 관찰되는 여러 현상에 대해 자신만의 주관을 갖는 태도를 누구보다 중요하게 여기던 L은 도대체 왜 시장의 방향성에 관해서는 이야기하기를 꺼렸던 것일까? L의 생각을 들어볼 기회는 그를 알게 된 지 한 해가 지나고 나서야 오게 되었다.

당시 고객사 중 하나였던 거대 자산운용사의 트레이더가 여러 자산군에 걸쳐 막대한 규모의 거래를 요청해오는 바람에 다수의 데스크가 며칠간 철야를 하며 거래를 준비하던 시기가 있었다. 연

내 통틀어 손꼽힐 정도로 대형 스케일의 다중자산 거래가 성공적으로 마무리된 직후, 거래에 참여한 다수의 팀은 자축을 위해 한자리에 모였다. L 또한 참석자 중 하나였다. 맥주 몇 잔이 오간 뒤, 분위기가 누그러지자 누군가가 L에게 당신은 왜 그렇게 시장 방향성 이야기만 나오면 조심스럽냐는 질문을 던졌다.

"I've seen legends, an options player with ten straight wins, a rates guy killing it on steepeners, but one mistake wiped them out. My opinion could be that mistake for someone(방향 잘 맞히던 옵션 트레이더든, 잘나가던 이자율 트레이더든 아무리 대단해 보이던 사람들도 딱 한 번의 실수로 무너지는 걸 항상 봐왔지. 생각 없이 던진 내 의견이 누군가에겐 그 한 번의 치명적인 실수를 할 이유가 될 수 있잖아)."

말을 마친 L은 주변에서 그의 답변을 듣고 있던 사람들을 향해 눈길을 옮겼고, 그의 시선이 닿은 곳에 있는 이들은 멋쩍은 웃음을 지었다. L의 말은 각자의 머릿속에 있는, 한 번의 실수로 쌓아온 업적을 무너뜨린 누군가에 대한 기억을 끄집어냈을 것이었다. 아무리 트레이딩 플로어의 리스크관리 시스템이 철저하다 하더라도 연중 한두 번씩은 꼭 위험 관리 전략의 사각지대에서 크고 작은 포지션을 쌓다가 급격한 자산의 움직임으로 인해 손실을 내는 사람들이 있었다. 비단 플로어의 트레이더뿐 아니라 고객사의 투자자들 또한 예기치 못한 사고로부터 완벽하게 자유롭지 못했다.

이들이 손실을 본 이유는 지식의 부족함 때문이 아니었다. 오히려 그 반대였다. 사고를 냈던 이들은 집요하리만큼 경제 정책과 각종 이벤트를 이해하기 위해 글을 읽고, 사람들과 의견을 교환했으며, 전략을 짜고 다듬는 일에 시간을 쏟던 사람들이었다. 그중 일부는 한동안 큰돈을 벌기도 했다. 그러나 결국 거의 예외 없이 모두가, 한두 번의 실수로 곤란한 상황을 겪게 되었다. 운이 좋았던 누군가는 그저 연말 보너스가 삭제되는 선에서 실수를 수습했지만, 그렇지 못했던 다른 이들은 좌천되거나, 해고를 당하거나, 심지어 업계에서 퇴출될 때도 있었다. 시장을 이해하기 위해 가장 많이 노력했고 명석했던 사람들이 왜 이런 실패를 겪었을까? 답은 금융시장과 자산 가격의 본질에 있었다.

"It's not enough to be right about the outcome. You also have to nail what everyone else is thinking about the market(결과를 맞히는 것만으로는 부족해. 다른 사람들이 지금 무슨 생각을 하고 있는지도 알아야 하지)."

'시장 천재'들의 실패에 대한 L의 진단은 단순하지만 금융 산업의 가장 중요한 본질을 건드리고 있었다. 시장을 통해 자산에 투자하는 투자자들은 자신이 구매한 자산에 대한 정보, 그리고 그 자산에 밀접한 영향을 줄 법한 거시경제에 관련된 각종 뉴스에 관심을 쏟게 마련이었다. 투자한 자산의 가격이 원치 않는 방향으로 움직이는 모습을 지켜본다는 건 심적으로 부담되는 불쾌한 일이었으므로 투자자들은 최고의 결과를 위해 각종 호재와 악재를 분석하기도 했고, 예상되는 결과를 바탕으로 투자 계획을 세우거나 기투자 건에 대해 헤지 전략을 적용해 포트폴리오 관리를 시도하기도 했다. 능동적으로 포트폴리오 관리를 해오던 투자자 중 몇몇은 날카로운 통찰력을 바탕으로 시장에서 쏟아지는 각종 이벤트의 결과를 꽤 잘 맞히던 경우도 있었다.

하지만 금융시장을 움직이는 각종 이벤트를 아무리 정교하게 예측해냈다 한들 그 통찰력이 수익으로 그대로 전환되는 건 아니었다. 심지어 예측은 정확했지만, 그 예측치를 고려하여 설계했던 투자 전략이 손실을 내는 경우도 빈번했다. L이 너무나 당연하다는 듯 지적했던 시장의 속성이 바로 이 예측의 정교함과 결과의 성패 사이에 있는 괴리였다.

시장에서 발생하는 사건을 정확히 예측하더라도 그 정확성이 수익으로 반드시 이어지지 못하는 이유는 자산의 가격이 형성되는 과정에서 찾을 수 있었다. 시장에서 활발히 거래되는 금융자산의 가격은 시장 참여자들이 가진 미래에 대한 기댓값을 반영한다는 사실은 투자에 조금만 관심이 있는 사람들이라면 알고 있는 보편적인 지식이다. 시장 참여자들은 자산의 가격이 특정한 이벤트로 인해 움직인다는 사실을 인지하고 그에 알맞은 대응을 선제적으로 하므로 특정 시점에서 관찰되는 자산의 가격에는 투자자들의 기대치가 녹아 있다는 '선반영' 개념은 전문 투자자는 물론이고 일반 투자자에게도 당연시되었다.

예정된 이벤트가 발생했을 때 금융시장이 움직이고 자산의 가격이 등락을 겪는 이유는 그 사건이 비로소 현실화되었기 때문이 아니라, 이벤트의 결과와 시장이 가졌던 기댓값에 차이가 있기 때문이며, 이를 활용하기 위해 시장 참여자들이 CPI Consumer Price Index(소비자물가지수)나 주식회사의 분기 실적 보고 예상치를 참고하는 행동은 투자 전략의 시작이었다. 하지만 선반영이란 개념을 이론적으로 학습했다고 모두가 이를 투자 전략에 실질적으로 활용할 역량을 갖춘 것은 아니었다.

선반영에 대한 이론적인 이해가 실전 투자 성과 향상에 즉각적인 도움을 줄 수 없는 이유는 크게 세 가지로 나뉜다.

첫째, 금융시장 참여자들이 특정 사건에 대해 갖는 기대치를 정확히 파악하기란 불가능에 가깝다. 특정 사건이 발생했을 때 자산 가격이 변하는 이유는 그 이벤트에 대한 예측치와 실제 결과의 차이 때문이다. 이를 투자 전략에 활용하기 위해서는 시장 참여자들이 특정 사건에 대해 갖고 있는 기댓값을 알아내는 것이 중요하다. 그런데 수많은 시장 참여자들의 생각을 완벽히 알아낸다는 건 불가능에 가깝다. 소비자물가지수나 주식회사의 분기 실적 보고 예상치는 언뜻 생각하면 쉽게 확인되는 숫자라고 생각할 수 있지만, 실상은 그렇지 않다. 대개 거시경제 지표나 회사의 실적에 대한 예상치는 전문 분석가들이 제시한 의견의 평균값인데, 이 평균값이 시장 참여자들의 예상을 정확히 대변하는 것은 아니다. 시장 참여자 모두의 생각을 동시에 읽어서 한데 합하는 초능력이 없는 이상 시장 전체의 온전한 기대치를 알아낼 수는 없다.

투자자들이 가진 자산 가격 향방에 대한 기대치를 정확히 반영하고 있는 숫자는 단 하나뿐이다. 바로 자산의 현재 가격이다. 금융시장 참여자들은 저마다 자산 가격에 대한 투표권을 갖는다고 할 수 있다. 특정 이벤트가 발생할 확률을 가늠해 자신이 기대하는 결과를 고려하였을 때 금융자산의 가격이 싸다고 판단하면 매수, 반대의 경우에 매도함으로써 이 투표권을 행사한다. 즉, 저마다 투자자금에 비례한 숫자의 투표권을 가진 셈이다. 매 시점 자산의 현재 가격은 시장 참여자들이 투표를 진행한 뒤의 결과이므로 자산의 가격을 통해 시장 참여자들의 미래에 대한 기대를 역산해내는 것 또한 가능하다.

자산의 거래 빈도와 유동성이 높고 많은 이들이 거래에 참여할 수 있으며, 특정 이벤트가 자산의 가격에 미치는 기대효과가 분명한 자산군일수록 현재 가격은 더 많은 정보를 내포하고 있다. 이자율 시장이 대표적인 예시다. 미국 중앙은행이 내리는 금융 정책으로 인해 시장 이자율이 바뀌면 이자율 변동 폭에 비례하여 채권과 이자율 파생상품의 가격도 변하기에, 투자자들은 금융 정책이 발표되기 이전부터 정책에 대한 저마다의 기대치를 바탕으로 이자율 상품에 대한 포지션을 미리 구축한다. 그래서 정책 금리가 조정되기 이전부터 '다음 회의에 미 중앙은행이 정책 금리를 조정할 확률'이 계산될 수 있다.

다만 이자율 상품만큼 깔끔하게 특정 이벤트에 대한 시장의 기대치가 자산의 현재 가격으로부터 역산되는 자산군은 생각보다 흔치 않다. 일부 자산들은 극히 소수의 참여자 사이에서만 거래되기에 자산 가격에 시장 전체의 기대감이 담기지 않을 수 있다. 또한, 특정 사건의 발생으로 자산의 가격이 변동하는 폭 또한 알 수가 없다. 주식회사가 분기 예상 실적을 X%만큼 상회했기 때문에 Y%만큼 주가가 올라야 한다는 공식은 없다.

둘째, 지식이 실제 결과로 온전히 이어지지 않는 또 다른 이유는 논리적인 접근만으로 시장의 비이성을 모두 설명할 수 없기 때문이다. 기초 경제 이론과 투자 전략은 시장 구성원들이 합리적이라는 가정을 바탕으로 세워진다는 사실은 해당 분야에 관심이 있다면 쉽게 배울 수 있다. 또한 이와 같은 가정은 비현실적이고, 이성이 아닌 감성과 추측에 의존해 자금 집행을 하는 투자자들이 많다는 사실 또한 잘 알려져 있다. 그래서 현실을 반영한 투자 전략을 실행하고자 하는 이들은 시장에서 어떠한 상황이 발생해야 자산의 균형 가격이 깨질지 고민한다. 이와 같은 접근은 지극히 논리적이다. 다만 논리적인 사고가 성공적인 투자 결과를 확정하는 것은 아니다.

자산의 균형 가격이란, 비이성적인 투자자와 이성적인 투자자 모두의 의견을 반영한 결괏값이다. 금융시장에서 천문학적인 단위의 돈을 움직이는 전문 투자자들은 투자를 집행할 때 항상 많은 연구와 고민을 거듭하여 결정을 내린다. 일반적인 회사에서도 프로젝트 실행을 하기에 앞서 사업성 검토와 다수의 회의를 거치는 과정이 당연한 만큼, 투자회사에서도 투자 결정 이전까지의 까다로운 절차가 있다. 투자 규모가 크면 클수록 결정을 내리기까지 필요한 연구량과 내부 토론의 횟수는 더 많을 수밖에 없다. 이렇듯 거대 자본은 이성에 기반해 옮겨지기에, 금융시장 내에 존재하는 비이성은 평범한 상황에서는 이성에 희석된다. 다만, 모두가 예측하지 못한 사건이 터지면 금융시장 내 비이성의 질량은 늘어난다. 이성적인 판단을 하는 사람들마저 비이성적인 판단을 내리게끔 만드는 상황을 우리는 '블랙스완 black swan'이라고 부른다. 논리는 비이성을 설명할 수 없다. 그렇기에 시장에서 무엇이 선반영되었는지 파악하고, 그 가설을 바탕으로 수익을 창출하고자 하는 접근은 생각만큼 쉽지 않다.

마지막으로, 시장이 변화하는 모습을 완벽히 예측하여 수익으로 연결 짓기 어려운 이유는 각 시장 참여자마다 서로 다른 관성과

속도 때문이다. 자산의 균형 가격을 깨트리는 사건이 발생하면 시장 참여자들은 새롭게 알게 된 정보를 바탕으로 자산의 새 균형 가격은 어디일지 고민을 시작한다. 누군가는 자산을 손절 매도하고, 또 다른 누군가는 자산을 추가 매수하며 자신이 가진 관점을 표출한다. 그런데 투자자들이 자산 가격에 대한 자신의 생각을 바꾸는 시점과 바뀐 생각을 바탕으로 투자 전략을 조절하는 시점 사이에는 시차가 존재한다. 이때 시차의 길고 짧음은 투자자마다 다르다. 개인 투자자라면 아무런 절차 없이 모바일 플랫폼에 접속하는 것만으로도 자신의 계좌에서 원하는 대로 투자 전략을 실행 수정하는 것이 가능하지만, 큰 규모의 자금을 움직이거나 운용하는 자금의 타인 자본 비율이 높을수록, 그리고 복잡한 자산군을 다루는 금융기관일수록 전략의 수정에는 더 오랜 시간이 필요하다.

위에서 설명했듯 자산 가격에 선반영된 정보의 양을 알기도 어렵지만, 자산 가격이 변하는 과정이 얼마나 오래 걸릴지 또한 알 길이 없다. 그래서 특정 사건의 예상 결과를 바탕으로 투자 전략을 구성해 운용할 땐 전략의 기획 단계에서 생각했던 모습이 현실화하지 않을 가능성이 크다.

시장 참여자들의 투자 성향 또한 타이밍 불확실성을 배로 만드는 요소 중 하나다. 누군가는 자산 가격을 움직일 만한 사건의 결과가 알려지기 전에 자신의 예측치를 믿고 미리 시장에 베팅하기도 하지만, 일말의 불확실성도 수용하지 못한 채 이벤트의 결괏값을 확인하고 나서야 움직이는 투자자들도 있다. 그래서 어떠한 사건이 일어났을 때, 그 사건에 대해 시장이 어떻게 반응할 것인지를 알기란 매우 어렵다. 시장 참여자 중 누가 어떻게 얼마나 움직일지를 완벽히 읽어낼 수는 없기 때문이다.

2016년 11월 미국 대통령 선거 개표일 밤, 트레이딩 플로어 각 데스크 밑에는 침낭이 놓였다. 출구 조사는 박빙의 승부를 예고하고 있었고, 금융시장에 엄청난 변동성을 가져올 것으로 예상되었던 이벤트를 두고 누구 하나 집에 돌아가는 일은 없었다. 누군가가 트럼프를 지지하는 뜻에서 책상 위에 올려둔 트럼피 베어 인형을 앞에 두고 트레이더들은 양당의 입장을 들먹이며 서로 갑론을박 토론을 펼쳤다. 글로벌 시장을 다 살펴야 했기에 종종 밤샘 근무를 하며 책상 밑 취침을 해왔던 외환 트레이딩 부서 사람들은 "잘 누워서 빛을 차단하면 잠들 만하다"라는, 굳이 알고 싶지 않은 조언을 던지며 익살스러운 표정을 지었다.

시간이 지나 개표가 시작되어 트럼프의 당선이 확정되자 위험자산시장은 순간 휘청거렸다. 채권시장의 투자심리를 대변하는 지표인 회사채 신용 스프레드는 약 5bp(0.05%)만큼 약세로 돌아섰고 많은 이들은 그날 주식시장의 하락을 점쳤다. 하지만 장중 주식시장은 상승하여 다우존스지수는 약 1.4%, S&P500지수는 약 1.11% 올라 하루를 마감했다.[1] 신용 스프레드 또한 손실분을 회복하고 강 보합권에 안착했다. 선거 직후 자산 가격에 변동성이 관찰되었다는 사실은 그 누구도 투표 결과를 확실하게 예측하지 못했다는 증거였다. 설령 트럼프 당선을 확신했다 하더라도 시장의 방향성을 맞히고, 그 변동 폭까지 정확히 알아낸 이는 없었을 것이다. 금융시장의 불변의 속성인 불확실성은 사라지지 않는 것이었고, 그 불확실성을 통해 발생할 시장의 등락 또한 쉬이 예측 가능한 게 아니었다. 그런 의미에서 "알 수 없다"라는, 마치 자신의 능력을 깎는 듯한 L의 발언은 월가에서 들은 말 중 가장 현명한 말이었다. 그가 가진 시장에 대한 깊은 이해와 다채로운 지식은 그가 결코 알 수 없는 영역에 대한 인정을 통해 완성되었다.

Insider's Note

시장은 길들여지지 않는 야생 같다. 손에 쥔 지도 한 장으로 모든 걸 다 이해했다는 양 만용을 부리다간 어느새 길을 잃고 쓰러진다. 모른다는 전제를 인정하는 건 겸손이 아니라 생존을 위한 필요충분조건이고, 아는 척하는 가짜 전문성을 경계해야 손실을 피할 수 있다.

괴물이 된 트레이더

    욕망은 월가를 쉴 새 없이 움직이게 만드는 연료다. 더 많은 돈을 벌고 싶다는 욕심, 승진에 대한 갈망, 그리고 인정받고 싶은 욕구 등 금융시장 종사자들은 저마다의 꿈에 취해 매일 경주에 나선다. 돈 있는 곳에 사람이 몰린다는 자본주의의 원칙을 주춧돌 삼아 세워진 금융시장에서 다수의 참여자가 각자의 이익 극대화를 위해 움직이면, 일반적으로 서비스와 재화의 수요와 공급에 경쟁이 붙어 시장의 효율성이 개선된다. 이 원리에 충실했던 덕에 월가는 전성기를 맞이했다. 트레이더들은 더 많은 거래를 따내기 위해 공격적으로 가격 경쟁에 참여했고, 이들의 고객인 금융사들은 저렴한 거래 마진을 바탕으로 다양한 투자 상품을 출시하여 사업을 확장했다. 개개인의 잘 먹고 잘살고 싶다는 바람으로부터 시작된 나비효과가 결과적으로는 시장의 성장에 이바지한 셈이었다. 이처럼 욕망은 적절한 형태로 발현될 때 사회에 긍정적인 영향을 미친다.

다만, 언제나 그렇듯 명암은 존재한다. 개인의 이기심에 불이 붙어 도덕의 울타리를 넘을 때 사고는 발생하며, 그 결과에 대한 책임은 당사자의 손을 벗어나 시장 참여자들 모두에게 전가된다. 이번 사례의 주인공인 M은 도덕과 규칙의 모호한 경계를 교묘하게 넘나들던 인물이었다. M의 행적을 따라가면서 금융시장의 규율과 인간의 본성에 대해 많은 생각을 하게 되었다.

M은 팀 내부에서만큼은 인정받는 트레이더였다. 그는 플로어 전체의 성과 체계에서 순위권에 이름을 올릴 정도는 아니었으나, 일정 수준의 이익을 매해 만들어내며 나이에 비해 승진도 꽤 빠르게 한 편이었다. 꾸준히 성적이 좋은 트레이더들은 기본적으로 성과에 대한 욕심과 보상에 대한 갈망을 탑재하고 있었는데, 어려운 시장 환경과 치열한 경쟁 속에서 살아남으며 기회를 닥치는 대로 낚아채야 하기 때문이었다. M도 마찬가지였다. 다양한 자산군을 포괄적으로 다루는 업무 영역 때문에, M은 우리 팀을 포함해 다양한 사내의 데스크들과 내부 거래를 진행하곤 했다. 그 과정에서 M은 가끔 거래에 과도한 마진을 붙이거나 다른 데스크로 가야 했을 법한 호가 요청을 은근슬쩍 가로채는 모습을 보이기도 했다. 이러한 행동으로 인해 타 팀에서는 M을 탐탁지 않게 생각했으나

방식이 어쨌든 그는 자신이 소속된 데스크와 부서에 수익을 안겨주었기에 그의 직속 상사를 비롯한 인사 관계자들로부터는 충분한 비호를 받았다.

'Hey, that's my trade(그 거래는 내 건데).'

우리는 M의 블룸버그 계정으로부터 메시지가 날아올 때마다 메시지에 언급된 거래가 애초에 어떤 데스크로 향했어야 하는지 논쟁해야 했다. M은 그 거래가 이전부터 클라이언트와 논의해오던 건이었다든지, 패키지 거래의 일부분이니 자신이 가져가야 한다는 등의 이유를 들먹이며 트레이드를 가로채곤 했다. 겉으로 드러난 M의 논리는 타당해 보였으나, 그의 주장이 모두 참이라기에는 그 빈도가 너무나도 잦았고 이따금 사실과 다소 동떨어져 있다는 정황마저 포착되었다. 그러나 시시비비를 가리기 위해 모든 주장을 인증하라는 요구를 하기에 시장은 너무나 빨리 움직이고 있었다. 거래마다 수반되는 리스크를 효과적으로 헤지하기 위해 가장 중요한 요소는 타이밍이었는데, 분초를 다투는 트레이딩 플로어에서 거래 하나 때문에 업무의 흐름이 끊기는 건 상당한 대가를 요구했다. 따라서 모두가 다소 찝찝함을 느끼고는 있었지만, M에게 한 소리 하는 것 이상의 조처를 하기란 쉬운 일이 아니었다. 트레이더들은 올해 M의 성과급 중 일부분은 자신이 내는 것이라는 뼈 있는 농담을 던지며 쓴웃음을 짓곤 했다.

그를 겪었던 사람들로부터 어떤 평가를 받았는지와 무관하게 M의 행동에는 근본적인 문제가 있었다. 그의 거래 처리 방식은 팀의 수익을 극대화하는 방향이었을지언정, 회사 전체의 이익을 키우는 방향과는 어긋나 있었기 때문이었다. M이 낚아챈 거래 중 작지 않은 비중은 타 팀이 소화하기에 더 적합한 트레이드였다. 만약 그 트레이드 기회가 적절한 팀으로 향했더라면 회사의 수익은 더 커졌을 것이다.

각 데스크는 다루는 자산군과 활용하는 전략에 따라 위험 관리를 하는 능력이 천차만별로 다를 수 있었기에 포지션을 헤지하는 비용에도 차이가 있었다. 예를 들어 우리 데스크는 수많은 채권과 주식 종목을 한 번에 할인된 가격에 거래하며 포지션의 리스크를 해소했는데, M의 데스크는 그러한 거래 처리 능력이 없었다. 이 경우 M이 택했던 유일한 방법은 아주 작은 수익만을 수취하며 시장에 종목을 재매각하는 것이었고, 결과적으로 회사 전체가 벌어들이는 수익은 줄어들게 되었다.

'You can pay 2bps to take it(2bp 지불하면 너희가 가져가도 돼).'

심지어 M 본인조차도 자신이 트레이드를 강탈해 가는 행동이 회사 전체의 이익을 극대화하는 길과 멀리 떨어져 있음을 잘 알고 있는 듯했다. 다만 그는 자기 이익 극대화라는 목표에 충실하여 사내의 타 팀에게 열심히 수수료를 징수하기를 주저하지 않았다. 누군가가 고객사와의 관계를 통해 구해온 거래를 내부 거래 파트너들에게 소정의 마진을 붙여 넘기는 행동은 전혀 문제 될 것이 없었다. 다만 이 경우는 달랐다. M의 수수료 전략은 내부 팀에게 공평하지 않았기 때문이다. M은 사내 트레이더들이 외부자와 거래를 하는 데 제약이 있다는 점을 알고 있었고, 이 점을 악용해 사내 트레이더들에게 오히려 더 높은 거래수수료를 요구했다.

종종 M과 거래를 해오던 타 데스크의 리더들이 이러한 그의 행동을 비판하며 M의 부서에 항의하기도 했다. M의 행동으로 인해 원래 내부에서 소화했어야 할 거래가 외부로 유출되었다는 것이 이들의 논리였다. 하지만 M이 내부 트레이더들에게 피해를 주었다는 사실을 입증하기란 그리 간단한 일이 아니었다. 사내 규율에 따라 M에게 제재를 가하기 위해서는 M의 수수료 정책과 거래 유출 사이의 명확한 인과관계가 밝혀져야 했다. 하지만 거래당사자가 아닌 입장에서 타인의 거래에 대해 구체적인 증거를 수집하기란 불가능에 가까웠다.

더욱이 M의 잘잘못을 들춰내 거래 배분을 바로잡는다는 행동은 M이 소속한 부서의 기대수익이 타 부서로 넘어갈 수도 있음을 의미했다. 그래서 M에 대한 비판이 불거질 때마다 M의 부서는 해당 논쟁에 더 큰 프레임을 씌우는 것으로 대응했다. 하나의 트레이드가 어떤 상황에 어느 부서로 향해야 하는지 판가름하자는 논의는 M에 대한 공격을 희석하기에 충분했다. M은 사내 정치 싸움의 최대 수혜자였다. 자칫하다가는 자신을 향한 비난의 화살을 혼자 받아냈을 텐데, 사내 피라미드 저 위에서의 신경전은 M에게 든든한 방패막이가 되어주었다.

M과의 신경전이 계속되던 어느 날, 우리 팀은 한 주식 브로커와 만나게 되었다. 트레이더가 외부에서 거래상대방을 찾기 위해서는 브로커를 거쳐야 했다. 브로커는 다수의 기관 트레이더들과 연결망을 구축해두고 이들 간에 거래가 발생할 때마다 수수료를 챙기며 수익을 올리는 전문 중개인을 지칭했다. 어떤 브로커를 통해 거래를 진행하든 중개 서비스의 품질 자체는 대동소이하므로 브로커들은 더 많은 거래를 유치하기 위해 선물 공세나 접대를 통해 트레이더들과의 관계 형성에 집중하곤 했다. 그들은 때로는 가볍게 맥주 한 잔을 사기도 하고, 가끔은 구하기 상당히 어려운 콘서트 티켓을 들고 와서 트레이더들의 환심을 사려 노력했다.

다만 이러한 접대를 받는 것은 배고픔에 눈이 멀어 썩은 고기를 베어 무는 행동과도 같았다. 브로커에게 빚을 진 트레이더들은 굳이 외부로 돌릴 필요가 없는 거래까지 무리해서 브로커에게 보내야 했고, 이는 종종 심각한 도덕적 해이Moral hazard 문제로 이어졌다. 이와 같은 부작용을 인지한 월가의 경영진은 직원들이 브로커와 업무로 만날 때마다 반드시 절반의 비용을 부담하도록 사내 규율을 만들었다. 비용 보고를 하는 과정에서 브로커와 과도한 유착 관계가 존재했는지, 그리고 필요 이상의 접대 행위가 있었는지 감시하겠다는 의미였다. 브로커들과의 만남을 원천적으로 차단할 수도 있었겠지만, 그들은 종종 경쟁사의 동향을 공유해주기도 했었기에 어느 정도의 상호작용은 불가피했다. 그저 규율을 준수하며 부적절한 제안을 잘 쳐내는 것이 중요할 따름이었다. 이러한 배경으로 인해 우리는 브로커와의 대화에 상당히 보수적으로 접근하고 있었는데, 어느 날 만나게 된 브로커의 입에서 별안간 M의 이름이 튀어나왔다.

"We had such a great time in Miami(마이애미에서 진짜 재밌었는데)."

그 브로커는 우리 팀이 당시 성사시켰던 큰 규모의 트레이드에 대해 누군가에게 전해 듣고 우리를 포섭하기 위해 썩은 고기를 계속 내밀던 참이었다. 한참을 떠보며 각종 제안을 통해 우리를 구슬리려 했으나 이렇다 할 반응이 없자, 그는 자신이 가진 가장 강력한 미끼를 던졌다. 전세기를 타고 마이애미로 주말여행을 즐기러 가자는 제안이었다. 그리고 마침 그 미끼를 가장 최근에 물었던 인물이 다름 아닌 M이었다. 우리는 그 제안 자체가 아니라 M이 언급되었음에 관심이 쏠렸다. 그러나 브로커는 드디어 자신의 사탕발림이 먹혀들었다고 착각했는지 맥주 몇 잔으로부터 오는 취기에 힘입어 열심히 M과 자신의 모험담을 떠벌리기 시작했다.

이야기의 내용은 가히 충격적이었다. 전세기를 빌릴 정도로 큰 스케일은 둘째 치고 도착지에 내려 벌인 각종 부적절한 일탈은 영화 속에서나 등장할 법한 종류의 것이었다. 무용담의 클라이맥스는 의미심장한 표정을 지은 브로커가 '뷔페' 이야기를 꺼냈을 때였다.

"Well, the market can be stressful and we needed a little something to help us relax and stay sharp. We had a special 'buffet' there(시장 다루다 보면 스트레스 받잖아. 그래서 스트레스 풀 겸 아주 특별한 뷔페 하나를 차려서 놀았어)."

이야기의 정황상 그가 뷔페라고 표현한 곳에서 서빙되었던 건 음식이 아니라 약물인 듯싶었다. 전세기에 올라타 도착한 여행지에서 접대받은 '뷔페'는 아무리 느슨한 도덕의 기준을 적용하더라도 절대로 용납받지 못할 행동임이 자명했다. 이는 썩은 고기를 한입 베어 문 수준이 아니었다. M은 브로커에게 부정 청탁을 받았고, 이에 대한 증거만 찾아낸다면 회사에서 해고당하는 건 물론이고 업계에서 퇴출당할 정도의 중대한 사안이었다. 우리는 그제야 M이 왜 그토록 애써서 외부 딜러들과 많은 거래를 해왔는지 이해되었다.

그날 자리가 파하기 전, 브로커는 M이 자신의 아주 소중한 고객이며 지난 분기 매출의 상당 부분을 M의 거래로부터 창출했다는 말도 덧붙였다. 사내에서 M이 불붙인 갈등을 알 리 없는 그는 우리도 M처럼 자신의 우수 고객이 되면 각종 혜택이 있을 것이라 말하며, 자신과 M 사이에 체결되었던 거래의 총량을 넌지시 알려주었다. M이 적지 않은 중개 수수료를 지출하리라 생각하고는 있었지만, 그 수치를 실제로 듣게 되니 어안이 벙벙했다. 브로커들은 기본적으로 자신이 벌어들인 영업이익의 30%가량을 개인 성과급으로 챙겼다. M이 외부 트레이더들과 거래하기 위해 지불한 중개 수수료가 매해 수억 원은 되었을 테니 이 브로커는 단 한 명의 고객으로부터 연봉의 곱절 이상을 뽑아낸 것이다. 호락호락하지 않은 전세기 대여 비용을 어떻게 만들었는지도 설명이 되었다.

우리는 예상치 못한 기회에 듣게 된 새로운 정보를 활용해 M의 부조리함을 끊어낼 방법이 있을까 싶었다. 하지만 물증이 아닌 심증만으로 회사에 무언가 보고하는 것은 불가능했다. 그리고 얼마 지나지 않아 우리는 그 생각을 행동에 옮길 기회조차 잃게 되었다. M이 다루던 자산군의 시장이 지난 몇 년간의 질주를 멈추고 잠시 주춤하자 외부 파트너들에 의존하던 M은 더는 이전처럼 활발히 거래를 소화할 수 없게 되었다. 기초체력 없이 역량 이상으로 몸집을 불려놓은 대가를 치르게 된 셈이었다. 그렇게 M의 퍼포먼스는 꺾였고, 곧이어 그에게 허용된 리스크 한도도 축소되었다. 한번 계좌가 쪼그라들면 상황을 반전시키기란 상당히 어려 웠다. 더 작은 거래만으로 동일한 수익 기회를 만들어야 하는데, 기관 고객들은 리스크를 담는 그릇이 작은 트레이더와의 거래를 꺼렸다. 그렇게 M은 거래 유치가 급격히 어려워졌다. 거래 전략을 연구하는 데 열과 성을 쏟기보다 꼼수에 기댄 자에 걸맞은 결말이었다.

금융시장 내에서 도덕에 대한 경각심을 갖게 만드는 크고 작은 사건은 매해 터진다. M의 행동이야 워낙 직접적인 방식으로 자신의 욕심을 채운 사례다 보니 비교적 옳고 그름을 따지기 쉬웠지만, 모든 경우가 이처럼 명확하게 판단되는 건 아니다. 시장이 발전함에 따라 이전에는 존재하지 않던 형태로 타인에게 해를 끼치는 방법도 늘어났고, 발전한 기술로 인해 시장 참여자들이 국경을 넘어 서로 엮이다 보니 누군가의 행동으로 예기치 못한 곳에서 간접적인 피해자가 발생하기도 한다. 따라서 금융시장 내에서 통용되는 분명한 도덕의 기준을 세우는 일은 갈수록 어려워지고 있다.

2010년 미국 주식시장을 뒤흔든 '플래시 크래시 flash crash' 사건은 금융시장을 보호하기 위해 적절한 제도와 윤리 기준을 세우는 것이 얼마나 어려운 일인지를 단적으로 보여주는 좋은 사례다. 2010년 5월 6일, 다우존스지수는 아무런 전조증상 없이 약 9%가량 순식간에 급락했다. 사태의 원인은 추후 수사를 통해 밝혀졌는데, 37세의 개인 트레이더 나빈더 사라오 Navinder Sarao가 알고리즘을 활용해 시장을 공격했기 때문이었다.

나빈더는 영국 소재의 부모 집에 거래가 가능한 환경을 꾸려둔 채 알고리즘을 활용하여 주식과 파생상품을 매매하고 있었고, 그의 주 활동 무대는 미국 선물 거래소였다. 대부분의 선물 거래 주문은 초고빈도High Frequency 트레이더들에 의해 체결되고 있었는데, 나빈더는 이들이 활용하는 알고리즘을 분석하여 취약점을 공격했다. 고빈도 거래 알고리즘은 매 순간 시장에 쏟아져 나오는 주문, 즉 호가를 관찰하며 균형 가격을 조정하는 방식으로 작동하고 있었다. 나빈더는 순식간에 많은 선물 매도 주문을 제출하여 다른 트레이더들의 알고리즘이 자신의 주문을 참조하게끔 유도했다. 다수의 알고리즘 운용자들이 매도 주문에 반응해 파생상품의 가격을 낮추자 나빈더는 재빨리 자신의 미체결 주문을 취소하고 조금 더 낮은 가격에 주문을 넣는 행동을 반복했고, 이는 곧 시장의 급락으로 이어졌다.

나빈더가 했듯이 체결할 의도가 없는 주문을 제출한 뒤 취소하는 행동을 반복적으로 수행해 시장의 균형 가격에 흠집을 내는 시장 조작 행위를 스푸핑Spoofing이라 한다. 나빈더는 파생상품을 이용해 시장 하락에 베팅한 뒤 스푸핑을 통해 시장에 충격을 가해 약 4천만 달러의 수익을 올렸다.[1] 나빈더의 사례로 인해 미국은 2010년부터 스푸핑을 공식적으로 금융 범죄라 정의하고 의심 사례를 감시하기 시작했다. 자동화 거래라는 신기술로 인해 기존에 없던 범법 행위가 등장했고, 새로운 규제가 만들어져야 했다. 영국에 사는 개인이 국경을 넘어 미국 주식시장을 공격할 수 있었다는 사실, 그리고 1조 원에 달하는 피해 규모는 규제자들에게 위기의식을 심어주기 충분했다.

새로운 규제는 만들기도 어렵지만 이를 적용하기란 더 어렵다. 나빈더의 사례를 통해 소개한 스푸핑을 예시로 들어보자. 자산을 거래하다 보면 시장의 등락에 맞추어 이미 제출했던 주문을 취소하는 일이 빈번한데, 어디까지가 정상적인 범주의 취소이고 어느 시점부터가 시장 조작으로 분류되어 처벌의 대상이 되는지의 기준은 다소 모호할 수밖에 없다. 취소 주문이 스푸핑인지 아닌지 판가름하는 가장 중요한 요소는 주문 제출자의 의도다. 제출자가 주문을 취소했다 할지라도 거래를 실제로 체결할 의도로 호가를 제출했었고 이를 증명하기만 한다면 스푸핑 의혹을 떨쳐낼 수 있다. 다만, 누군가의 의도를 증명하기란 역시나 어렵다. 당시 시장의 상황, 호가창의 상태, 주문 취소의 형태와 빈도 등 여러 가지 증거를 모아야 비로소 실마리라도 잡히는데, 시장에는 매 순간 셀 수 없을 정도로 많은 거래가 쏟아지기에 이는 결코 쉽지 않다. 그만큼 현대 금융시장에서 무엇이 부도덕한지, 누가 처벌의 대상인지, 또한 처벌의 근거는 무엇인지 판단하기란 만만치 않다는 뜻이다.

금융위기를 비롯한 각종 사건·사고를 겪으며 월가에는 엄격한 규제가 도입되었다. 그러나 규제는 어디까지나 절대 넘어서는 안

되는 선을 긋는 목적으로 설계되기에, 법과 도덕의 경계에 걸쳐 있는 수많은 문제는 업계의 자율감시 체계와 자정작용을 통해 풀어나가도록 유도되었다. 기술의 발전으로 인해 시장 참여자들은 국경의 구분과 물리적 한계에 점점 덜 구속받게 되었고, 자본이 금융시장 내에서 이동하는 속도는 계속해서 빨라졌다. 더 민첩해진 자본은 금융시장의 효율성을 개선하기도 했지만, 동시에 시장의 시스템적 위험Systemic Risk을 증가시키는 부작용을 낳기도 했다.

시스템적 위험은 한 금융회사의 실패가 다른 회사로 전염되어 시장 전반의 혼란을 초래할 가능성을 의미한다. 병사들의 편의를 위해 함선과 함선을 한데 묶는 연환계가 화공으로 한순간에 몰락해버린 것과 같이, 지급불능 사태에 빠진 한 금융사가 거래 관계에 있는 다른 금융사의 재무 건전성을 훼손하게 되는 상황이다.

또한 나빈더의 사례처럼 디지털화된 세상에서는 개인의 일탈로 시작된 문제가 시장 전체로, 그리고 다시 현실 경제로까지 확장될 수 있다. 이러한 가능성을 인지한 업계는 어떻게 하면 도덕적 잣대를 강화할지 고민에 빠졌고 다양한 해결책이 논의되는 중이다.

단 하나 변하지 않는 사실은 시장은 발전하기를 멈추지 않을 것이란 점이다. 멈추지 않는 발전은 새로운 문제를 낳고, 새로운 문제는 또다시 새로운 해결책을 요구할 것이다. 하루가 다르게 빨라지는 변화의 속도로 인해 과연 금융시장에서 명확한 도덕의 기준이란 만들어질 수 있는지, 그렇지 못하다면 규제의 울타리가 더는 작동하지 못하는 특이점이 올 것인지는 현대 금융시장이 직면한 가장 심각한 문제 중 하나다.

Insider's Note ─────────────────

큰돈이 오가는 곳엔 겉보기엔 군침 도는, 하지만 절대 베어 물어선 안 될 썩은 고기를 내미는 자들이 있다. 그 유혹에 넘어간 몇몇의 선택이 시스템 전체를 병들게 하고, 피해는 시장 밖으로까지 번져간다. 도덕은 선택이지만, 규제와 안전장치는 필수다.

3부

시장의 언어를 배우다

"시장은 늘 변하지만, 누군가는 격변의 장에서 살아남는다.
생각을 통해 숫자를 해석하고, 통찰을 바탕으로 정보를 제련한 이들이다.
생존자들은 시장에 끊임없이 질문을 던진다.
그리고 시장은 시장의 언어로 답을 돌려준다."

코로나 패닉이 휩쓴
트레이딩 플로어

금융자산에 투자하기 위해 시장을 들여다보거나, 금융 업계에 종사하다 보면 특정 동물의 명칭을 딴 표현을 쉽게 접할 수 있다. 대세 상승장을 뜻하는 '불 마켓Bull Market', 반대로 대세 하락장을 의미하는 '베어 마켓Bear Market', 혹은 급락하던 자산의 짧은 가격 반등을 지칭하는 '데드 캣 바운스Dead Cat Bounce' 같은 표현은 투자에 관심이 없는 사람들도 익숙할 만큼 자주 등장한다. 거시경제의 흐름에 관심을 가진 투자자라면 각국 중앙은행의 금융 정책 기조를 묘사하는 데 '비둘기파Dove'와 '매파Hawk'라는 용어를 사용한다는 사실도 알고 있을 것이다.

이렇게 다양한 동물의 명칭을 딴 용어가 어떠한 유래로 금융 업계에서 돌게 되었는지에 대해서는 의견이 갈리곤 하지만, 적어도 모두가 한마음 한뜻으로 만남을 꺼리는 동물은 정해져 있다. 바로 일반적인 예상 범위를 뛰어넘어 시장에 막대한 급락을 초래하는 악재를 뜻하는 '검은 백조Black Swan'다. 이번 이야기는 코로나 사태라는 블랙스완을 맞닥뜨린 월가 트레이딩 플로어, 그리고 그 혼란스러운 사태를 헤쳐나갔던 트레이더들에 대한 경험담이다.

2008년 금융위기는 당시 월가 현역 트레이더들에게 잊을 수 없는 기억을 선사했다. 리먼브러더스를 시작으로 절대 무너질 리 없다고 믿었던 금융기관들이 하나씩 지급불능 사태에 빠지던 시절 트레이딩 플로어에서 위험자산시장이 불타 내려앉는 것을 지켜보던 이들은 십 년이 넘는 시간이 지나 코로나바이러스가 창궐했던 해 즈음에는 연차 지긋이 쌓인 시니어 트레이더가 되어 있었다. 이들에게는 자부심이 있었다. 생존이 곧 실력을 의미하는 금융시장에서 유동성 위기로 얼어붙은 혹한기를 버텨냈다는 사실은 그 자체가 하나의 훈장이었다. 커리어의 전체 주기 동안 몇 번 접하지 못할 시장의 극단적인 움직임을 온몸으로 경험했다는 점은 이들이 가진 자부심의 원천이었다.

2008년을 기점으로 금융 산업의 모습은 크게 바뀌었고, 그 변곡점에 서 있던 선배들의 자신감과 연륜은 깊이 존중받아 마땅했다. 단 하나, 이들이 나를 포함한 금융위기 이후 세대의 트레이더들에게 "너희는 08년을 겪지 않아서 모르겠지만"이라는 서두로 시작하는, 위험 관리에 관한 조언을 가장한 철 지난 무용담을 너무

자주 꺼냈다는 점만 제외하고는 말이다.

"Now that you have experienced a crisis(너희도 이제 대위기를 한 번 겪어봤으니) …"

2008년도의 경험을 양분 삼아 경력을 쌓아 올렸던 선배들이 비로소 다음 세대 트레이더들을 '경력자' 취급해주기 시작한 계기는 2020년 1분기 코로나바이러스로 인한 시장 대위기였다. 코로나 사태로 인해 대혼란이 찾아왔던 트레이딩 플로어에서 트레이더들이 어떤 행동을 했는지 경험담을 풀기 위해, 잠시 사태 이전으로 초점을 옮겨 시간 순서대로 차근차근 이야기를 전개할 필요가 있다. 시장이 본격적으로 폭락을 시작하기 이전인 2020년 1월로 돌아가보자.

2020년 1월, 나는 영국으로 출장을 떠났다. 트레이더란 직업은 거의 모든 업무를 전산으로 진행하는 데다가 주 활동지의 규제기관으로부터 특정 라이선스를 받아야 금융자산 매매가 가능한 터라 출장과는 거리가 먼 직종이었다. 그래서 오랜만에 떠나는 해외 출장은 다소 낯설게만 느껴졌다. 근무지를 벗어나 바다 건너 타국 소재의 사무실에 출근하더라도 기존 고객사의 요청이 멈추는 것은 아니라서 출장 기간에도 기존에 맡고 있던 업무를 원격으로 처리해야 했고, 매일 오전 뉴욕의 팀원들과 전화 통화를 해 업무 진행 상황과 시장 정보를 동기화하는 시간을 가졌다.

"What do you think about this virus situation(이번 바이러스 사태가 어떻게 될 거라고 생각해)?"
"Shouldn't be a big deal(별거 아니겠지)."

지금까지도 기억나는 출장 둘째 날의 유선상 회의 내용을 돌이켜보자면, 당시에는 팀의 그 누구도 코로나바이러스가 심각한 시장 하락을 초래하리라 생각하지 않았다. 팀원 모두 이번 사태는 으레 시장이 조용해질 즈음 한 번씩 등장했다 금세 증발해버릴 기삿거리 정도일 것이라 짐작하고 있었고, 바이러스가 다년간 금융시장의 발목을 잡을 역사적인 유동성 위기를 초래할 것이라 상상조차 하지 못했다. 더군다나 직전 해는 주식시장의 퍼포먼스가 매우 뛰어났던 연도였다. S&P500지수의 퍼포먼스가 약 29%를 기록했던 2019년을 묘사하기 위해, 시장의 폭락을 표현할 때 쓰이는 '멜트 다운melt-down'이라는 용어를 뒤집어 '멜트 업melt-up'이란 말을 가져와야 했을 만큼, 대세 상승장의 열기는 뜨거웠다. 그래서 트레이더들은 강한 상승 이후 소폭의 건강한 조정, 혹은 다소 큰 하락이 나오더라도 시장의 성장성을 크게 저해하지 않을 수준의 움직임을 예상했을 뿐, 바이러스 사태로 인해 실물경제와 금융시장이 극도로 얼어붙는 상황은 상상조차 하지 않았다.

"Make sure you come back on time(시간 내에 복귀할 수 있도록 하세요)."

그런데 상황이 묘하게 흘러가기 시작했다. 블룸버그 터미널 뉴스 페이지에서 코로나바이러스가 언급되는 횟수는 점차 늘어났고, 각 팀에서는 해외 출장자들에게 일정보다 일찍 복귀하라는 지침을 전달해왔다. 미지의 전염병에 대한 경계 격상으로 비행과 출입국에 차질이 생길 수 있다는 게 그 이유였다.

그때까지만 해도 출장지에서 복귀하는 데는 큰 무리가 없어 심각한 위기감을 느끼지는 못했지만, 뉴욕으로 돌아온 직후부터 시장 상황은 본격적으로 나빠지기 시작했다. 유동성이 낮은 유가증권들, 그중에서도 무역 사업이나 중국에 관련된 종목의 가격이 제일 먼저 하락했다. 주식, 채권 등 자산군을 가리지 않고 관찰되었던 시장의 급락에 플로어의 트레이더들은 차츰 상황이 이상하게 돌아가고 있다는 의견을 내기 시작했다. 금융시장의 휘청거림이 장기화할 기미가 보이자 급기야 경영진은 각 부서의 팀장들을 모아 긴급회의를 소집했다. 트레이딩 플로어에서 긴급회의란 정말 심각한 일이 발생했을 때만 소집되었기 때문에 이를 지켜보는 모두가 무언가 큰일이 벌어졌다는 생각을 하게 되었다. 회의에서 돌아온 부서장들은 저마다의 데스크로 돌아가 트레이더들과 애널리스트들이 하는 업무 목록을 취합하여 살펴보았다. 일의 범주가 겹

치지 않는 사람들끼리 묶어 전체 인원을 두 그룹으로 나누기 위함이었다.

"Guys, we are splitting into two groups(우리는 팀을 둘로 나눌 거야)."

부서장들이 전달받아 온 비상시 프로토콜은 둘로 나눈 팀 중 한 그룹은 원래의 근무지에, 다른 그룹은 긴급 상황에 대처하는 위기 대응 오피스에 배치하는 것으로 시작되었다. 한쪽에서 코로나 감염자가 발생해 업무가 불가능해진다고 하더라도 다른 쪽에서 핵심 역할을 이어서 수행할 환경을 대비해놓겠다는 심산이었다. 헤드쿼터에 배정된 인원 중에는 동료 트레이더 N이 포함되어 있었고, 또 다른 트레이더 O와 나를 비롯한 나머지는 비상 로케이션으로 보내졌다.

당장 다음 날부터 근무지를 옮겨야 했다. 모두가 저마다 짐을 챙기느라 사무실의 분위기는 매우 어수선해졌다. 눈으로 실체를 확인할 수 없는 바이러스에 대한 공포와 폭락하는 시장, 거기에다가 존재하는 줄도 몰랐던 비상시 프로토콜까지 거론되니 다들 혼란스러워하는 것이 당연했다. 당시 나는 몇 주만 지나면 다시 돌아오겠거니 하는 생각으로 사무실에 대부분의 개인 소지품을 놔두었는데, 수년 동안 연장된 코로나 사태의 혼란 속에서 그 짐을 영영 잃어버리게 될 줄은 몰랐다.

비상시 오피스 건물은 뉴저지주의 외딴곳에 있었다. 그곳은 도심과 멀리 떨어져 있지는 않았지만 평상시에는 구태여 찾아갈 이유가 없는 그런 애매한 위치의 외곽지였다. 트레이더들은 익숙한 뉴욕을 떠나서 허허벌판에 덩그러니 서 있어 황량한 느낌마저 드는 이 낯선 장소로의 출근이 썩 달갑지는 않은 듯 보였다. 더군다나 하루가 다르게 분위기가 나빠져만 가는 시장 상황에 이미 며칠간 시달린 뒤라, 모두의 얼굴에는 그늘이 드리워져 있었다. 평소에 잘 쓰이지 않던 뉴저지 사옥의 내부 시설은 낡아 있었고 어떤 층은 화장실 배수 시설이 작동하지 않는 곳도 있었다. 시설도 시설이지만 트레이더들이 가장 불만을 가졌던 점은 거래 환경이었다. 익숙지 않은 모니터와 통신 장비는 물론이고, 본사 서버에 원격 접속을 하느라 발생하는 속도 지연까지, 어느 때보다 기민하게 움직여야 하는 시점인데도 불구하고 주어진 열악한 거래 환경은 트레이더들에게 큰 페널티였다. 그렇게 불만 반, 우려 반 섞인 분위기 속에서 하루가 시작되었다.

그러나 모두의 걱정과는 달리 비상 로케이션에서의 첫날은 생각보다 무난하게 흘러갔다. 그때까지만 해도 시장이 완전히 패닉에 빠지기 전이었고, 몇몇 기관투자자들은 아직 위험자산시장의 하락을 기회주의적 관점에서 바라보고 있었다. 이 기관투자자들은 자산의 가격이 다시 돌아오리라 생각하며 저점 매수를 시도했고, 이 덕분에 증권의 매도세가 우위를 점하는 환경에서도 트레이더들에겐 원치 않는 포지션을 정리할 기회가 잠깐이나마 주어졌다. 물론 모두가 포지션을 깎아내고자 하는 시장에서 매도자는 비교적 불리한 위치에서 거래를 진행해야 했고, 이는 곧 무시하지 못할 손실로 이어졌다.

위기 상황 속에서 트레이더들의 발목을 붙잡은 것은 자산 가격의 변동성뿐만이 아니었다. 종일 시장에 치여 만신창이가 되어가는 그들을 기다리고 있던 건 평시와 비교조차 안 될 만큼 엄격한 수준의 리스크 점검이었다. 2008년 금융위기 시절 한 번 크게 데었던 경험 때문인지 리스크 매니저들은 눈에 불을 켜고 트레이더들을 관리하기 시작했다. 보통의 상황에서라면 하루에 한 번 약식으로 확인하고 넘어갈 팀의 포지션을 시간별로 보고 받는 것을 시작으로, 이전에는 딱히 주의 깊게 살피지 않았던 자산의 2차, 3차 함수 리스크의 변화까지 하나씩 따져가며 트레이더들에게 질문 세례를 퍼부었다. 극한의 상황에 몰려 스트레스를 받던 트레이더들은 이 같은 조치를 달가워하지 않았다. 당시 동료였던 트레이더 O 또한 마찬가지였다.

"There's no risk in my book. I'm flat(난 리스크 없고 포지션도 중립인데)."

"You have to unwind the basis(베이시스 포지션도 제거해)."

O는 앞서 진행했던 거래에서 떠안게 된 현물 자산의 위험도를 동일한 자산의 파생상품으로 헤지하고 있었다. 현물 포지션과 선물 포지션을 반대 방향으로 갖추어 리스크를 중립화하는 전략은 트레이딩의 기본이었고, 평소엔 리스크 매니저가 위와 같은 전략을 통해 형성된 시장 중립적인 포지션에 딱히 관심을 가지지도 않았다. 다만 현물 포지션을 선물로 헤지했다 하더라도 시장에 대한 노출이 없어지는 것은 아니었다. 현물과 해당 현물을 기초자산으로 삼는 선물의 가격 차이를 베이시스basis라 부르는데, 시장의 비효율성이 순간적으로 커지면 두 자산 간의 가격 괴리가 심화되며 베이시스는 한 방향으로 계속 움직일 수 있었다. 현물 포지션을 선물로 헤지했음에도 시장의 움직임 때문에 단기적으로 손익이 발생한다는 뜻이다.

특히 금융시장이 미친 듯 날뛰는 위기 상황에서는 베이시스 리스크로 인해 손실이 눈덩이처럼 불어날 가능성을 무시할 수 없었다. 베이시스 움직임에 대한 위험을 제거하려면 현물과 선물 각각의 포지션을 각각 덜어내어 계좌를 깔끔히 비워야 했는데, 이는 곧 두 종목에서 모두 손실을 확정하고 패배를 인정해야 했음을 의미했다.

자신의 시장 포지션이 중립적이라 주장하는 O와 그에 반박하는 리스크 매니저 사이의 실랑이는, 어찌 보면 결과가 뻔히 정해져 있는 싸움이었다. 적지 않은 수의 트레이더들은 평상시에 리스크 매니저를 무시하기도 했지만, 위기 상황에서 제동을 걸 권한은 리스크 매니저에게 있었다. 현물 포지션 리스크를 헤지하기 위해 잡아둔 선물 계약은 계약의 만기일이 가까워질수록 현물의 가격을 따라간다. 선물 계약이 만료되면 현물을 직접 전달받거나 혹은 현물의 가격을 기준 삼아 현금을 정산하기 때문이다. 그래서 베이시스 포지션을 관리하는 일은 시간과의 싸움이었다. 심각한 위기 상황만 아니었더라면 베이시스를 열어둔 트레이더는 포지션을 유지해야 할 각종 논리를 만들어낸다거나, 다른 전략의 시장 노출도를 조금씩 조정해 리스크 매니저의 추격을 어떻게든 떨쳐내려 시도해볼 수 있었겠지만, O에게는 그런 기회조차 주어지지 않았다. 월가는 금융위기를 겪으며 단기 손실에 대한 관리와 재무 건전성 유지의 중요성을 뼈저리게 배웠기 때문이었다.

2008년 금융시장에서는 리먼브러더스가 떠안고 있는 손실이 눈덩이처럼 불어났고, 이를 해결하기 위한 단기 자금조달도 요원할 것이라는 소문이 돌았다. 그리고 그 믿음은 현실이 되어 결국 리먼을 무너뜨렸다. 12년 전의 역사를 들여다본 리스크 매니저의 시선에서는 O가 쥐고 있던 베이시스 포지션이 마치 재앙의 씨앗처럼 보였을 터였다.

유동성 위기는 생명력 강한 잡초 같은 존재였다. 아직 사람들의 눈에 띄기 이전, 땅속에 묻혀 있는 유동성 위기론은 그다지 존재감이 없었다. 자산을 특정 가격에 판매할 수 있다는, 바꾸어 말해 자산에는 자산을 환금할 수 있는 유동성이 존재한다는 개념은 금융시장에서 활동하는 모든 사람들에게 너무 당연한 명제였다. 하지만 위기론이 싹을 틔우고 땅 위로 고개를 내미는 순간 상황은 걷잡을 수 없어질 것이 분명했다. 위기 상황에서 유동성이 말라붙는 이유는 시장 참여자들이 보유한 실제 유동자금이 사라져서가 아니었다. 그저 모두가 자산에 대한 유동성을 제공하지 않아야겠다고 마음먹기 때문이었다. 그리고 시장 참여자들이 마음을 바꾸는 데는 대단한 비용이 드는 것도 아니었다. 그저 전염병처럼 퍼지는 공포만이 필요할 뿐이었다. 리스크 매니저는 O에게 포지션 종료를 명령했고, O는 모니터를 응시하며 깊은 한숨을 내쉬는 것으로 최후의 저항을 마치고 힘없이 그 명령에 따랐다.

리스크 매니저들의 고군분투를 비웃기라도 하듯 시장은 계속해서 하락했다. 위험자산 매수자들은 하나둘씩 자취를 감추기 시작했고 시장에서 자산의 매수와 매도 균형은 완전히 깨졌다. 유동성을 확보하기 위해 가진 자산을 팔아치우려는 이들은 시장의 구석구석을 종횡무진하며 거래상대방을 찾으러 나섰다. 이따금 호가 요청을 보내오는 매수 희망자들이 보일 때마다 매도자들의 줄이 늘어졌다. 시장을 지켜보고 있자니 누군가 흘린 과자 부스러기를 먹기 위해 달려드는 연못 속 물고기 떼가 연상되었다. 대다수의 매수 희망자들은 실제로 떨어지는 칼날을 잡을 의도가 없음에도 불구하고 시장 가격을 가늠해보고자 찔러보기식 호가 요청을 던질 뿐이었지만, 이미 '사자' 측이 협상에서 절대적인 우위를 가져가는 '매수자의 시장Buyer's Market'이 펼쳐진 뒤라 구멍 난 호가에도 증권을 던지고픈 자들은 자진해서 희망 고문을 당하러 달려올 수밖에 없었다. 금융위기 시절의 뼈아픈 경험을 바탕으로 태어난 엄격한 규칙 덕분에 손실이 불어나는 속도 자체는 느려지긴 했으나, 출렁이는 시장 움직임에 따라서 기존 포지션의 리스크 또한 멈추지 않고 계속 변해나갔다. 결국 보유한 포지션을 완전히 종료하여 계좌를 백지상태로 만들지 않는 이상, 시장에 대한 노출을 완벽하게 제거할 방법은 없었다. 그리고 매수와 매도 균형이 어그러진 극한의 상황에서 포지션을 정리하는 일이란 불가능에 가까웠다.

 어느 회사의 어떤 부서가 오늘은 얼마를 잃었다더라, 누구는 계좌를 빼앗겼다더라 하는 흉흉한 소문이 매일 들려오던 그 혼돈의 시기에, 시장은 참여자들의 공포가 정점을 찍게 될 날을 준비하고 있었다. 2020년 3월 9일 월요일은 서킷브레이커Circuit Breaker가 발동한 날이었다. 서킷브레이커란 각국 주식시장에서 증권의 급격한 시세 변동으로 인해 투자자들이 일시에 패닉에 빠지는 것을 방지하고자, 일정한 수준 이상으로 가격 급락이 발생했을 때 주식시장의 거래를 15분간 정지하는 제도다. 거래의 흐름을 인위적으로 끊어 시장을 극단적인 공포로부터 절연시키는 차단기인 셈이었다. 미국의 경우 S&P500지수가 전일 종가 대비 7% 이상 하락할 때 1차 제동이 걸리는 형태로 작동했다. 이날 주식시장이 공식적으로 열리기 전에도 S&P500지수의 선물 가격은 이미 시장이 7% 이상 하락할 수 있음을 암시하고 있었고, 이는 서킷브레이커 제도가 2000년대에 들어선 이후 작동한 첫 사례가 될 예정이었다. 잠시 후 주식시장의 개장을 알리는 알림음이 울리기 무섭게 주가지수가 폭락하며 서킷브레이커를 알리는 경고음이 뒤따라 울렸고, 이어서 모든 거래 활동이 일시 중단되었다.

그 순간 트레이딩 플로어의 분위기는 굉장히 이질적이었다. 적막은 트레이딩 플로어와 가장 어울리지 않는 개념이었다. 여느 날 같았더라면 기관투자자 고객에게 투자 기회를 설명한다거나, 거래 정보를 두고 세일즈 담당과 트레이더 사이에서 펼쳐지는 갑론을박, 혹은 옆자리 동료들과 일상에 대한 농담이라도 주고받는 대화들로 인해 트레이딩 플로어는 조용할 틈이 없었을 터였다. 그런데 서킷브레이커가 발동된 직후 플로어는 기괴하리만치 고요했다. 간헐적으로 블룸버그 터미널에 뉴스가 업데이트되어 울리는 짧은 기계음을 제외하고는 숨소리조차 들리지 않았다. 매일 시장이 열리기 전, 주가 선물지수나 채권 스프레드의 가격이 하방 움직임을 암시할 때면 트레이더들은 볼멘소리로 웅성거렸지만, 이날의 공포는 그런 푸념마저 허용하지 않고 전원을 압도했다. 그곳의 모든 이들은 조용함에서 오는 이질감을 애써 외면한 채 멍한 표정으로 그저 눈앞의 모니터만 말없이 응시하고 있을 뿐이었다.

음 소거된 트레이딩 플로어의 낯선 적막을 깬 건 시장 거래가 재개되기 직전 데스크의 헤드들이 각 트레이더에게 건넨 출력물의 바스락거리는 소리였다. 이 출력물은 증권 규제안의 일부분을 발췌한 요약본이었다. 주식시장이 일정 수준 하락했을 때 월가의 투자은행 소속 트레이더라면 별도로 준수할 규제 사항이 존재했는데, 대다수의 이들에게 실제로 비상 상황을 마주하는 건 처음 겪는 일이었다. 이를 인지한 경영진은 관련 법상 규제 지침을 적어 트레이더들에게 배포하도록 지시했다.

가뜩이나 심리적인 압박을 잔뜩 받고 있던 플로어 위의 사람들에게 커리어를 처음 시작할 당시에나 라이선스를 따기 위해 이론으로만 잠깐 접했던 규제안을 지켜야 한다는 소리는 달갑게 들리지 않았다. 트레이더들은 시장 상황을 살피면서 마지못해 출력물에 눈길을 주느라 미간을 찌푸렸다. 그리고 잠시 후, 시장 거래가 재개되었다.

'Request for Quotes(호가 제출 요청)'

시장이 열리자마자 서킷브레이커가 작동하는 동안 밀려 있었던 거래 요청과, 고객 투자자가 보내오는 온갖 거래 요청으로 화면이 뒤덮였다. 동시다발적으로 밀려오는 거래를 일시에 처리하기 위해서 각 트레이더는 보통 네 대에서 여섯 대의 모니터를 사용하고 있었는데, 그 다수의 화면으로도 고객사로부터 날아온 요청을 한눈에 담지 못할 정도로 혼란스러운 몇 분이 지나갔다. 그즈음 헤드쿼터에 남았던 동료 트레이더 N에게서 전화 한 통이 걸려왔다. 내용인즉슨 자신의 ETF와 채권 포지션을 함께 확인해달라는 요청을 위한 전화였다.

"This curve risk is killing me(커브 리스크가 터지기 시작했어)."
"Didn't you flatten out(정리한 거 아니었어)?"
"Nah, I have some remainder(아니, 아직 조금 남았어)."

N은 감수해선 안 되는 리스크를 감수할 만한 인물이 아니었다. 그는 매번 불필요한 포지션을 깔끔하게 덜어내어 정리하는 철저한 성격의 소유자였기에, 이런 시장 상황에서 계좌 관리를 제대로 하지 못했다는 그의 고해성사는 예상치 못한 소식이었다.

"I thought I'd not get hit there(난 내 주문이 체결되지 않을 줄 알았어)."

재개된 시장에서 N은 헤지펀드 투자자에게 매도 주문 요청을 받았다. 공포와 혼란이 지배하는 상황 속, 시장에선 순간적으로 유가증권의 투매가 일어나고 있었고, 시장의 위기를 감안하더라도 이성적으로는 도저히 이해되지 않는 가격에 증권의 거래가 체결되기 시작했다. N은 고객의 매도 주문에 대해 굉장히 낮은 매수 가격을 제시했다고 했다. 평소 같았으면 체결될 리 없는 터무니없는 가격이라 N은 거래 가능성에 대해 크게 신경 쓰지 않고 있었지만, 유동성 출구를 찾고 있던 매도자가 N에게 포지션을 헐값에 넘겨버리면서 N의 포지션은 중립을 유지하지 못하게 되었던 것이 사건의 자초지종이었다. 만일 모두가 이성적인 판단하에 행동하는 상황이었더라면 싼 가격에 증권을 매수한 N은 자신의 리스크를 차분히 헤지하고, 자신이 구매한 가격보다 높은 가격에 증권을 되가져갈 구매자를 기다리면 될 터였다.

하지만 실제로는 극단적인 상황에서 모든 계획은 어긋나기 마련이었다. N이 거래상대방으로부터 포지션을 떠넘겨 받아 새롭게 추가된 증권 리스크를 인지하고, 포지션을 중립화할 헤지 주문을 넣기까지 그 짧은 순간에 시장은 비명을 지를 새도 없이 한 차례 더 끔찍한 추락을 겪었다. 찰나의 방심에 대한 대가는 참혹했고, 순식간에 몇백만 달러가 N의 계좌에서 삭제되었다. 몇 달 동안 착실히 쌓아야 만들어낼 수 있는 손익이 찰나의 순간에 사라진 것이었다. N은 전화기 너머로 짧은 욕설을 내뱉고는 더 큰 손실을 겪기 전에 손실을 확정 지었다. 포지션을 완전히 정리했다는 확신을 하기 위해 N은 거래를 마칠 때까지 우리에게 유선상에 남아 있기를 부탁했고, 그 말을 마지막으로 N은 조용히 고통을 곱씹으며 원치 않았던 반성의 시간을 가졌다.

금융시장의 혼란은 팀과 회사의 경계를 초월해 업계 전체에 실시간으로 공유되고 있었다. 다른 트레이딩숍의 트레이더들도 그 끝을 종잡을 수 없이 자유낙하하는 시장을 보며 불쾌한 공포감을 마주했다. 두려움이 정점에 도달한 순간에는 주식시장뿐만 아니라 채권시장에까지 유동성 고갈 문제가 급속도로 확산되었다. 미국 국채는 그 어느 금융자산보다 유동성이 풍부하고 거래가 활발한 증권이다. 그러나 자금조달시장까지 마비될 기색이 보이자, 채권 트레이더들은 고객들에게 미국 국채 호가를 제시하는 것을 그만두었다. 고객사들은 물론이고 채권 관련 상품을 거래하는 트레이더들도 포지션을 헤지하기 위해 미국 국채를 구하고자 했으나 일순간 말라붙은 시장의 심리는 회복될 기색이 없었다.

급변하는 상황 때문에 난처해진 건 고객사의 투자자들도 마찬가지였다. P라는 클라이언트는 거시경제 기반 매매 전략을 주력으로 삼아 활동하던 헤지펀드의 투자 총괄이었다. 그는 시장에서의 불균형을 잡아내어 채권과 파생상품을 활용해 수익을 창출하는 거래를 즐겨 했는데, 이와 같은 전략을 사용하기 위해서는 미국 국채의 수급 확보가 필수적이었다. P는 시장이 비이성적으로 움직이기 시작한 하락의 초입에 평소와 같은 베팅을 했고, 그의 예상보다 훨씬 빠르게 나빠진 금융시장 때문에 채권 리스크를 정리하지 않으면 곤란한 상황에 부닥치게 되었다. 하지만 트레이더들도 국채를 쉽사리 구하지 못하는 상황에서 P가 국채를 원하는 만큼 거래할 수 있을 리 없었다. 월가의 국채 트레이더들을 죄다 들볶아 보았지만 별다른 진전이 없자 코너에 몰린 P는 우리 팀에 전화를 걸어 미국 국채를 기초자산으로 하는 ETF 종목들을 판매할 것을 요구했다. 미국 국채 기반 ETF를 보유하게 되면 미국 국채를 직접 들고 있는 것과 같은 속성의 포지션을 구축할 수 있기 때문이었다.

"What's your offer on this ticker(이 종목 얼마에 팔 거야)?"
"I can't quote now. I can't hedge myself(리스크를 헤지할 수가 없어서 거래하지 못하겠는데)."
"What(뭐라고)?"

ETF를 거래하면 트레이더는 포지션을 중립화하며 수익을 확정짓기 위해 ETF가 보유 중인 기초자산을 반대 방향으로 거래하는 것이 전략의 기본이었다. 즉, P가 요구한 미국 국채 기반의 ETF를 판매하면 우리 팀은 미국 국채를 구해야 했다. 이는 사실상 시장에서 자취를 감춘 물건을 우리에게 대신 구해오라는 요구를 하는 것이나 다름없었다. 우리 팀도 국채에 대한 유동성을 확보하기 전까지 함부로 거래를 수행할 수는 없었고, P의 요청을 들어주는 것은 불가능했다. 평소에 우리가 겪어왔던 P는 결코 불합리한 사람은 아니었다. 오히려 그는 건조하리만치 정중하게 원하는 바를 전달해오던, 신사적인 이미지의 투자자였다. 그러나 거래가 어려운 이유를 설명하며 불가피하게 거래 요청을 거절해야 하겠다는 의사를 전달하자, 젠틀맨 P는 폭발했다.

"I will call your boss, or maybe a boss of your boss. If you don't quote me now, you are gonna face a trouble(지금 당장 호가를 보여주지 않으면 너 상사에게 전화를 걸든지, 그 위에 얘기를 하든지 해서 대가를 치르게 할 거야)."

고객을 마주해야 하는 여느 직종처럼 트레이딩이란 업에도 이따금 진상 고객이 나타나는 때는 있었다. 증권을 거래할 때 자신이 원하는 가격을 받아보지 못했다는 이유로 욕설을 동반한 강한 불만을 표출한다거나, 혹은 이미 진행하기로 합의한 거래를 취소해달라고 떼를 쓰는 등 대화에 불필요한 피로도를 더하는 사람들은 종종 존재했다. 그런 부류를 만나면 고객 투자사 관리가 업의 핵심인 트레이딩 플로어에선 과하게 선을 넘지 않는 이상 이들의 요구를 부분적으로나마 수용해주자는 것이 관례였다. 그럼에도 불구하고 P의 요청은 도저히 들어줄 수 없는 거래였다. 트레이더는 모든 상황에서 예상 가능한 손실 범위를 계산해둔 뒤 거래에 임해야 했다. 국채를 구하지 못하는 상황에서 P의 요청을 들어주면 얼마만큼의 손실을 감당해야 할지도 모르면서 그가 책임져야 할 투자 결정에 대한 부담을 일방적으로 떠안아주는 셈이었고, 이는 고민의 대상이 될 수조차 없는 불합리한 요구 사항이었다.

잠시 수화기에서 귀를 떼고 트레이딩 플로어를 한 바퀴 둘러보니 전화에 매달려 곤란한 표정을 짓고 있는 사람이 다수 보였다. 아마 그들도 또 다른 P로부터 동일한 속성의 요청을 받고 있었을 것이 분명했다. 의식의 초점을 다시 대화로 가져와 P에게 거절 의사를 재차 전달하자 P는 자존심에 상처를 주려는 의도가 다분한 비아냥부터 시작해 며칠 뒤 돈 될 만한 거래를 약속하겠다는 회유까지 갖은 방법을 동원하여 공략을 시도했다. 그러나 리스크관리 원칙은 그리 쉽사리 뒤집을 수 있는 것이 아니었기에 우리의 농성은 계속되었다.

몇 차례 시도에도 원하는 것을 손에 넣지 못하자 P는 끝내 신경질적으로 전화를 끊었다. 다른 트레이더에게 같은 시도를 하러 가는 모양이었다. 그러나 우리의 성문을 열지 못했던 그가 이미 실패했던 방법으로 다른 트레이더의 공략에 성공할 가능성은 희박해 보였다. 전쟁 같았던 하루 동안 발등에 붙은 불을 끄기 위해 이곳저곳을 뛰어다니던 투자자들은 P 이외에도 다수 있었다. 끝나지 않을 것만 같았던 하루가 마무리되어 주식시장이 폐장하자 여기저기서 안도의 한숨이 터져 나왔다. 난기류로 심하게 흔들리던 비행기가 안전하게 공항에 착륙할 때 나오는 갈채와도 같았다.

시장이 스트레스 상태에 돌입하는 흐름은 빠르고 연속적이었다. 누군가가 시장 건전성에 대한 의구심을 던지고, 그 의구심이 공포로 바뀌고, 공포에 잠식된 사람들의 수가 늘어나면서 시장에 대혼란이 찾아왔다. 그 반대의 흐름도 마찬가지였다. 공포의 속도를 측정할 수 없던 것만큼이나 시장의 정상화도 알아차리기 어렵게 빨랐다. 미 연방준비위원회는 비상 회의를 통해 정책 금리를 인하했고 단기 기업어음이나 단기 회사채를 공개 시장에서 매수하며 시장의 자금조달 경색을 낮출 위기 대응책을 제시했다. 실시간으로 말라붙어가던 시장에 유동성을 들이붓기 위함이었다.

동시에 월가의 트레이더들을 포함한 시장 참여자들도 심중에 변화를 겪고 있었다. 극한의 상황에 익숙해진 것이었다. 공포라는 바이러스의 백신은 경험이었고, 한번 겪어보아서 익숙해진 공포는 더는 두려움의 대상이 되지 못했다. O는 엄격해진 리스크관리의 틀에 자신을 맞추어나갔고, N은 예상치 못한 거래에 대비해 헤지 창구를 미리 확보해두었으며, P는 어느샌가 아무 일도 없었다는 양 돌아와 새로운 거래에 대한 의견을 물어왔다.

바이러스의 창궐로 인해 시장이 곤두박질치고, 유동성 위기로 시장 참여자들이 생존에 위협을 받았던 사건은 나를 포함한 모두에게 커다란 심적, 체력적 부담을 주었던 블랙스완 이벤트였다. 하지만 동시에 극한의 상황은 언제나 많은 가르침을 주기 마련이다.

코로나 사태를 통해 체득하게 된 가장 값진 배움은 다음과 같았다.

첫째, 시장의 대세 의견이 바뀌고 분위기가 반전되는 과정은 이음새 없이 연속적인 형태를 띠고 있다. 대개 시장이 변하는 과정을 설명하고자 할 땐 그 전개를 단계별로 묘사하는 것이 일반적이다. 인지-부정-공포-과열-해소 등의 방식처럼 말이다. 이와 같은 단계별 묘사는 직관적이다. 각 시점의 핵심 속성을 정의하기도 편하고, 매 단계의 고유성을 강조하여 설명한다면 듣는 이의 이해를 돕기에도 매우 유용한 방법이다. 다만, 이는 실제와는 거리가 멀다. 시장 분위기가 바뀌어나가는 과정은 절대 책의 목차처럼 각 단계가 명확하게 분절되어 있지 않기 때문이다.

인류가 역사를 배워왔던 방식은 인위적이다. 시간은 연결부 없이 흘러가지만, 이를 '역사'라는 지식으로 정리하기 위해서는 시간을 단면도의 형태로 전환하여 켜켜이 쌓아 올리는 작업이 필요하다. 그래서인지 우리에게 시장의 연속성은 쉽게 인지하기 어렵다. 많은 투자자가 시장이 특정 단계에 돌입하면 해당 시점에 맞추어진 특정한 행동을 수행하겠다는 투자 전략을 세우곤 한다. 하지만 이렇게 상황을 단계적으로 나누어 설계한 투자 전략은 성공하기 쉽지 않다. 시장의 변화는 연속적이기에 자신도 모르는 새 원하는 타이밍이 찾아오고, 눈 깜짝할 새 그 타이밍은 사라져버리기 때문이다.

둘째, 최악을 상상하여 대비하면 그보다 더한 상황이 벌어진다.

시장의 풍파를 헤쳐나가는 데에 일가견이 있는 사람이라면 항상 리스크관리에 열을 올릴 수밖에 없다. 시장의 움직임을 매번 예측하는 것은 불가능에 가깝고, 단 한 번의 실수로 오랜 기간 일구어놓은 성과가 파도에 쓸려나가는 모래성처럼 사라질 수 있는 곳이 바로 금융시장이기 때문이다. 그러나 이런 베테랑일지라도 모든 블랙스완 사건에 대비한다는 것은 불가능하다. 가드를 바짝 올린 채로 눈앞을 예의주시하고 있더라도 금융시장의 공격은 항상 사각지대에서 날아와 가드를 뚫고 턱에 꽂힌다. 마를 수 있다고 생각조차 하지 못했던 미국 국채의 유동성이 사라지자 시장의 스트레스를 대비하기 위해 준비해왔던 거의 모든 대비책은 무용지물이 되었다.

다만, 악몽 같은 상황에서 도움이 되는 '자산'은 경험이었다. 극한을 경험해본 베테랑 트레이더들은 패닉에서 회복하는 속도가 빨랐고, 문제에 대비하지 못해 발생한 손실은 어떻게 제한하고, 남은 자산은 어떻게 보전할지에 대해 생각하는 사고의 유연함에서도 경험이 축적되지 못한 이들에 비해 뛰어났다. 무슨 방법을 택하든지 예상치 못한 문제가 발생할 수 있다는 사실을 인정한다면, 예방책을 고민하느라 자원을 낭비하기보다 검은 백조를 갑자기 맞닥뜨렸을 때 내가 가진 모든 것을 일시에 잃어버리지 않도록 행동하는 것이 최선이라는 결론에 다다르게 된다. 포지션을 다각화하여 계란을 한 바구니에 담지 않는 것은 물론이고, 이전에 있었던 극한의 상황을 되짚어보며 얼마나 시장이 비이성적인 움직임을 보여줄지 가늠해보는 것 또한 도움이 된다.

셋째, 고통의 기간은 유한하고 시장은 회복한다. 사라진 이성은 시간이 지나면 돌아온다. 하락했던 주가 또한 시장 참여자들이 패닉에서 벗어나면 반등한다. 아무리 암울해 보이는 상황이 눈앞에 펼쳐지더라도, 자본주의 시스템이 건재하고 금융시장이 영영 문을 닫지 않는 이상 자본은 돌고, 시장은 활기를 되찾는다. 그렇다고 해도 떨어지는 칼날을 잡으려 정확한 타이밍을 재는 행동은 무의미하다. 폭락 이후 반등이 어떤 경로로, 어떤 시점에 일어날지는 아무도 알 수 없다. 더욱이 시장의 분위기가 반전되는 찰나는 순식간에 지나가며 그 순간에 자산의 매도자는 자취를 감추기 때문에, 투자자가 눈으로 자산의 가격을 면밀히 좇는다고 한들 자산을 원하는 가격에 구매하는 것 또한 불가능에 가깝다. 눈 깜짝할 새 벌어진 폭락 장 속에서 매수자가 사라져버려 자산을 원하는 가격에 던지지 못하는 이치와 마찬가지다.

투자자라면 블랙스완을 마주하고 싶지 않을 테지만, 나도 이 글을 읽는 당신도 금융시장에 참가하고 있는 이상, 예상의 범주를 뛰어넘는 악재를 만날 것이다. 그리고 우리는 그 악재로 인하여 투자한 자산의 가치가 급격히 녹아내리는 상황에 던져질 것이다. 언제나 시끄러울 것만 같았던 트레이딩 플로어의 침묵, 영원하리라 믿었던 시장의 유동성이 사라지는 것만큼이나 이질적이고 아찔한 상황이 벌어졌을 때, 왜 나에게 이런 일이 일어나는가 한탄하지 말자. 이는 금융시장에 발을 들이기로 했던 선택의 결과일 뿐이다. 그리고 시장은 언제 그랬냐는 듯 생기를 되찾고 모두의 욕망이 부딪히는 광장의 역할을 다하기 위해 다시금 사람들을 끌어모을 것이 분명하다.

Insider's Note ────────────────

금융시장에 위기가 찾아오면, 무엇을 상상했든지 더 큰 고통이 따른다. 위기는 밀물처럼 다가와, 정신을 차릴 즈음엔 발목에서 가슴까지 이미 차오른 뒤다. 타이밍을 재며 **빠져나간다**는 건 환상에 가깝다. 그래도 시장은 돌아온다. 그리고 사람들은 언제 그랬냐는 듯 다시 살아간다.

타이타닉의 승객들,
테일 리스크와 XIV호의 침몰

투자를 한 번이라도 접해본 사람들은 아마 '리스크'라는 단어를 귀에 딱지가 앉도록 들어봤을 것이다. 성공하는 투자를 위해서 리스크관리는 필수라는 말부터 시작해서 모든 투자는 위험을 동반하니 신중하라는 경고까지, 리스크에 관한 격언은 큰 노력을 들이지 않고도 쉽사리 찾아볼 수 있다. 특히 각국의 중앙은행들이 코로나 사태를 맞아 시장에 풀었던 막대한 유동자금을 금리 인상과 양적긴축을 통해 거두어들이기 시작하면서 금융자산들이 폭락했고, 이로 인해 리스크에 대한 투자자들의 경각심은 최고조에 달한 듯싶다.

리스크를 잘 이해하는 것은 금융시장에서의 성패에 굉장히 중요한 요소이지만, 일반 투자자들은 물론이고 금융시장에서 밥 벌어먹는 트레이더들도 종종 위험 관리에 실패해 낭패를 보는 경우가 있다. 이번 이야기의 등장인물인 Q는 트레이딩 플로어의 많은 이들로 하여금 리스크의 심오함을 다시 한번 돌아보게끔 만든 사람이었다.

Q의 이야기를 풀기에 앞서 리스크라는 개념을 한번 뜯어보자. 다소 부정적인 어감과는 다르게 투자자에게 리스크는 무조건 없애야만 할 해충 같은 존재가 아니다. 오히려 리스크 없이는 금융시장이라는 공간과 투자라는 행위 자체가 성립할 수 없다.

금융시장은 돈이 남아도는 사람과 돈이 필요한 사람이 만나는 장소다. 자금의 여유가 있는 이는 단기간 자금 융통이 급한 사람에게 손을 내밀 수 있다. 하지만 세상에 공짜란 없는 법이므로 자선사업이 아닌 이상에야 빌려준 돈에는 적절한 이자가 붙는다. 이때 이자의 수준은 자연스레 빌려준 자금을 회수하기까지 감당해야 할 위험도에 비례한다. 오랜 기간 빌려준 돈에 대해서는 그만큼 자금이 회수되기까지 시간이 오래 걸려 불확실성이 증가하므로 마땅히 더 큰 대가를 받아야 한다. 같은 맥락에서 신용도가 낮은 사람이 돈을 빌리기 위해서는 더 높은 이자율을 감당하게 된다. 바꾸어 말하자면 위험이라는 요소를 제하고는 금융 거래에 가격을 매길 수 없고, 자금의 교환 또한 이루어질 수 없다는 뜻이다.

주식이나 채권 같은 금융자산 또한 마찬가지로 리스크와 분리해서 생각할 수 없는 존재다. 기업이 주식과 채권을 발행하는 근본적인 이유는 사업을 진행하며 필요한 자금을 조달하기 위함이고, 이 금융자산들이 시장에서 거래되는 가격은 그 자산을 통해 투자금을 회수하는 기간 중 감수해야 하는 위험도에 비례한다. 즉, 금융자산을 보유하여 수익을 창출하는 행위는 매일같이 위험을 지는 행동과 동일하다. 위험 요소가 존재함으로써 수익의 기회가 열리는 셈이다. 그래서 금융시장에서의 리스크는 긍정적이지도 부정적이지도 않은 중립적인 개념이다. 하지만 당연하게도 모든 리스크가 수익으로 치환되는 것은 아니다.

금융시장에서 극히 드문 확률로 발현되어 자산의 가격을 극단적으로 움직이는 잠재적 위험 요소를 테일 리스크Tail Risk라고 부른다. 이 테일 리스크는 현명한 투자자라면 반드시 점검하고 넘어가야 한다. 테일 리스크로 인해 기껏 벌어들인 이익을 전부 토해내야 하는 상황이 발생할 수 있기 때문이다. 리스크 대비 기대수익이 과도하게 높다면, 테일 리스크의 실현 가능성이 겉으로 드러나는 것보다 클 수 있다는 점을 인지하고 상품을 면밀히 분석해야 한다. Q의 일화는 이 테일 리스크로 인해 투자자가 얼마나 처참한 결과에 처할 수 있는가를 보여주는 사례다.

'XIV Boat'

Q가 개설한 블룸버그 채팅방의 방제는 XIV Boat였다. XIV

는 미국 주식거래소에 상장되어 있던 한 상장지수증권ETN, Exchange Traded Note의 종목명이었는데, 미국 주식시장의 단기 내재변동성을 표현하는 지수 'VIX'를 역으로 추종하는 파생상품을 주식화한 종목이었다. VIX지수는 흔히 시장의 공포를 측정한다고 알려져 있는데, 주식시장의 방향성이 아래로 향할 때마다 시장에서는 변동성에 대한 기대감이 커져 VIX가 위로 튀는 모습을 보여주었다. XIV란 종목은 이 VIX지수에 대한 선물을 지속적으로 매도하는 구조의 상품이었다. 주식시장이 우상향을 하는 한 시장의 공포 심리는 점진적으로 줄어들므로, XIV의 가격 또한 오르는 것이 보통이었다. XIV는 시장이 단기 충격으로부터 회복하는 데 손쉽게 베팅할 수 있는 매력적인 종목이었고, 'XIV호'에 탑승한 인원들은 모두 이를 통해 배를 불리는 데 열심이었다. 스포일러를 하나 공유하자면, 거선에 탑승해 안전하고도 쾌적한 항해를 꿈꿨던 XIV호의 탑승객들은 (나를 포함해) 모두 비극적인 최후를 맞이했다. 타이타닉처럼 침몰해버린 XIV호의 비참한 말로를 통해 탑승객들의 실수를 타산지석 삼고 싶다면 먼저 XIV라는 종목에 대해 알아보는 수고가 필요하다.

   XIV는 VIX지수의 퍼포먼스를 역으로 추종하기 위해 개발되어, 상품명도 추종 자산의 이름을 좌우로 반전한 꼴이다. VIX는 미국의 가장 대표적인 주식 벤치마크인 S&P500지수의 단기 변동성 예상치를 계량화한 지수다. 주식의 변동성이 높아질수록 해당 주식을 바탕으로 설계된 옵션 파생상품의 행사 가능성 또한 높아져, 옵션 가격에는 시장 참여자들이 주식 가격이 얼마나 출렁일지에 대해 기대하는 심리가 녹아 있다. 쉽게 말해 투자자들이 시장 변동성이 높아지리라 생각하면 옵션 가격이 더 비싸진다는 뜻이다. 반대 관점에서, 옵션의 가격을 통해 시장 참여자들이 가진 주가 변동성에 대한 기대감을 역으로 추적하는 것도 가능하다. VIX가 나타내는 예상 변동성 또한 S&P500지수의 옵션 가격을 역산하여 얻어진 값이다.

옵션이란 파생상품은 만기일에 가까워지면 가치를 점점 잃는다. XIV 종목의 운용사는 VIX의 성적과 반대 방향의 움직임을 그려내기 위해 VIX지수의 선물을 계속 매도해야 하는데, VIX를 구성하고 있는 기초자산은 결국 옵션이므로 이와 같은 운용사의 전략 퍼포먼스는 시장에 별다른 문제가 없는 이상 계속 우상향한다. 즉, 시장을 뒤흔들 커다란 사건만 없다면 XIV의 가격 또한 계속 올라간다는 뜻이다. 실제로 대세 상승장에 힘입어 2013년부터 2017년까지 XIV는 연간 대략 110%가 넘는 수익률을 기록했다. 같은 시기 S&P500지수가 약 15%를 약간 상회하는 성적을 보였던 것을 참작하면 놀라운 수치다. 주식시장이 고꾸라지지 않고 우상향할 것이라는 믿음이 있다면, XIV 종목을 보유하지 않는 게 어리석어 보이는 엄청난 종목이었다.

XIV 운용사가 VIX 선물을 매도하듯 시장에서 단기 변동성 기댓값을 꾸준히 매도하며 수익을 챙기는 전략은 기관 옵션 트레이더들의 주 수익원이기도 하다. Q는 옵션 데스크에서 일했던 경력을 가진 주니어 트레이더였기에 XIV호의 선장이 되기에 적합한 인물이었다. Q의 진두지휘하에 XIV호는 순항했고 선원들은 행복감에 젖어 있었다. 우리는 주식시장이 크고 작은 사건을 겪어 아래로 출렁일 때마다 XIV를 담았다. 예상보다 하락 폭이 커져 시장이 주춤하기라도 하면 모두들 XIV를 추가 매수하기 바빴다. 각국의 중앙은행은 계속해서 느슨한 통화정책을 유지했고, 주식시장은 튼튼해 보였다. XIV는 이런 장세를 활용하기에 안성맞춤인 도구였다.

당연한 말이지만 아무런 단점 없이 모든 것이 완벽하기만 한 전략은 존재하지 않는 법이었다. 자산의 변동성과 시간가치를 팔아 수익을 챙기는 전략은 시장에 커다란 쇼크가 일어나기 전까지만 유효한데, XIV에도 마찬가지로 약점이 존재했다. 시장 참여자들이 전반적으로 예상치 못한 큰 사건이 일어나 주가 변동성이 급등하여 XIV의 손실이 하루 새 80%를 초과할 땐 XIV 운용사는 선물 포지션을 강제 청산하게 된다는 조건이 종목의 약정서에 언급되어 있었다. 이는 곧 XIV의 상장폐지를 의미했다. 시장이 순식간에 급락한 다음 곧이어 다시 회복한다 하더라도 이미 XIV는 청산되어 없어진 뒤라 투자자들은 그 손실을 그대로 떠안게 된다는 말이었다. XIV Boat 채팅방에서도 종종 80% 손실로 인한 강제청산 리스크가 언급되긴 했지만, XIV 종목이 등장한 이후 시장에 크고 작은 충격을 겪었음에도 해당 조건이 달성된 적은 한 번도 없었기에 아무도 그와 같은 가능성을 진지하게 생각하지는 않았다.

'Did you check VIX(VIX지수 확인했어)?'

2018년 2월 5일 정규장 종료 직후, XIV호의 승객 중 누군가가 채팅방에 질문을 던졌다. 다들 트레이딩 플로어에서 하루를 마감하느라 업무에 몰두하고 있던 터라, 지수의 움직임에 신경을 쓰지 못하고 있었다. 그런 때 뜬금없이 VIX를 확인했냐는 질문에 다들 블룸버그 터미널 창을 통해 지수를 검색했다.

'Is this real(이거 제대로 된 거 맞아)?'
'What's happening(무슨 일이 일어나는 거야)?'
'idk, maybe it's off(모르겠는데, 잘못되었겠지).'

장 마감 전 대비 VIX는 높이 치솟아 있었다. 나중에 월스트리트저널 기사를 통해 확인한 사실이지만 이날 VIX는 115.6% 올라 당시 기준 역대 최고 일일 변동 폭을 기록했다고 한다. 그날은 이런 정확한 수치까지는 모르고 있었지만, 장중 XIV 가격이 10% 넘게 빠졌고 주식시장 또한 골골대는 모습을 보여주었기에, XIV 포지선이 단기적으로 손실을 가져올 가능성도 생각하고는 있었다. 이른 오후까지만 해도 선원들은 Q와 함께 XIV를 어디서 더 담아야 하나를 고민하던 차였다. 하지만 우리는 상황을 단단히 잘못 읽고 있었다. 시간이 얼마 지나지 않아 블룸버그 뉴스를 통해 XIV 종목이 장외에서 80% 넘게 추가 급락했다는 소식이 들려왔다. 우리는 상황을 파악하고자 다급히 Q를 찾았다.

'Let me check(확인해볼게).'

Q는 짧은 답을 남기고는 사라졌다. 평소의 그는 주어진 질문에 거의 실시간으로 답을 하던 인물이었는데, 한 시간이 넘도록 아무런 말이 없고 연락도 닿지 않는 그의 모습에 채팅방의 모두는 불안에 휩싸였다. Q는 다음 날이 되어서야 연락이 닿았다. 그는 블룸버그 터미널의 알림 하나를 채팅방에 공유했는데, 내용인즉슨 XIV가 청산되었다는 소식이었다. 우리 중 가장 적극적으로 XIV를 거래하던 이는 Q였기에, 손실도 그가 가장 많이 보았을 것이 분명했다. 그날 각종 경제지의 1면에는 S&P500지수의 변동성 기댓값이 순식간에 왜 치솟았는지, 그로 인해 시장에서 손실을 본 투자자는 얼마나 되었는지에 관한 이야기가 도배되었다. 어떤 기사에서는 변동성을 뜻하는 '볼러틸리티Volatility'라는 단어와 거스를 수 없는 대재앙 '아마겟돈Armageddon'을 합성해 '볼마겟돈Volmageddon'

이라는 신조어를 만들어내기까지 했다. 상황은 명확했다. 우리의 바람과는 반대로, 그리고 여태까지 겪어왔던 것과는 다르게, XIV는 더는 존재하지 않게 되었다. 그렇게 XIV호는 침몰했다.

예상의 범주 안에는 들어오지만, 실제로 발현될 가능성이 희박해 고려하지 않는 위험 요소를 테일 리스크라고 부른다. XIV가 하루 만에 80%의 가치를 잃어 청산되는 시나리오 또한 테일 리스크였다. 변동성의 폭증 가능성을 테일 리스크의 범주에 두었던 건 비단 우리뿐만이 아니었다. 수년간 이어진 대세 상승장 때문에 옵션을 통해 변동성 프리미엄을 판매하는 전략은 대유행 중이었고, 개인이건 기관이건 할 것 없이 모두가 이 방법을 통해 짭짤한 수익을 내고 있었다. 문제는 이런 상황에서 시장의 취약점이 생겨났다는 점이었다. 동일한 포지션이 너무 많이 형성되어 있다 보니, 유의미한 변동성의 증가가 붙인 불은 도화선을 타고 많은 연쇄 청산을 일으켰다. 급작스러운 대규모 청산은 다시 변동성의 증가로 이어졌다. 출구는 하나인데 모두가 한꺼번에 등 떠밀려 출구로 퇴장해야 하는 탓에 혼란은 가중되었고, 볼마겟돈이라는 사건이 발생했다.

금융시장에서 테일 리스크는 타이타닉을 침몰시킨 빙산과도 같다. 충분히 예상해볼 법한 시나리오임에도 불구하고 완벽히 대응하기 쉽지 않은데, 일단 맞닥뜨렸다 하면 난리가 나는 존재다. 더욱이 금융시장 내에서 자산의 퍼포먼스를 그려보면 대개 정규

분포보다 더 양옆으로 길게 늘어진 모습을 띠고 있다. 테일 리스크가 발현되어 극단적인 가격 움직임이 만들어지는 경우가 보통인지 가능한 기준보다 훨씬 더 빈번하다는 의미다. 즉, 테일 리스크는 마음 편하게 무시할 만큼 동떨어진 위협 요소가 아니다.

그렇다면 이 사건을 통해 얻을 교훈은 무엇일까? XIV호의 침몰은 단순히 테일 리스크에 대해 대비를 게을리한 탓에 벌어진 일이었을까? 이 같은 아픔을 재차 겪지 않으려면 투자를 할 때 테일 리스크에 대한 대비책을 세워둬야 하는 것은 아닐까? 개인적으로는 XIV라는 종목이 부활한다면, XIV호의 말로를 직접 경험해보았음에도 불구하고 이번에도 같은 종목을 활용해 다시 투자 전략을 꾸려볼 유혹을 이기기 쉽지 않다는 생각도 든다. 이유는 간단하다. 모든 테일 리스크를 빠짐없이 고려해서 대응책을 세우기 위한 비용은 매우 높을뿐더러, XIV가 제공하는 편의성 또한 크기 때문이다. 테일 리스크를 너무 과하게 의식하다 보면 아무런 투자를 하지 못하는, 구더기 무서워 장 못 담그는 상황이 벌어질 수 있는데, XIV는 이런 심리적 사각지대를 잘 공략한 상품이었다. 물론, 상품에 녹아 있는 구조적 위험이나 숨은 비용 등을 종합적으로 고려하면 XIV는 그다지 현명한 투자처가 아니었다. 다만, XIV 사례를 통해 테일 리스크와 헤지 전략에 대해 한번 되짚어볼 계기를 갖는 건 바람직하다.

원하지 않는 리스크를 고립시켜 삭제하는 행동인 '헤지Hedge'에서, 테일 리스크는 발생 가능성이 작기에 헤지를 할 수 있는 방법 자체가 제한적일뿐더러 헤지 전략을 유지하는 과정에도 큰 지출이 발생한다. 사고를 대비한 자동차 보험의 기댓값이 음수인 것과 같은 원리다. 다만, 기댓값이 음수라는 이유만으로 무작정 보험에 가입하지 않기보다 필요로 하는 상품만 잘 선별해 가입하는 것이 필요한 것처럼, 위험 요소의 일부분을 제거하는 접근법은 유효하다. 당시에 비해 지금은 리스크를 계량화하는 방법과 리스크의 속성을 더 잘 이해하고 있으므로, XIV와 같은 종목을 다시 투자 전략에 사용하기 이전에, 테일 리스크의 유무 등을 바탕으로 종목 보유의 득과 실을 면밀히 판단하는 과정을 거칠 계획이다.

전문적인 의미의 헤지가 다소 생소하게 느껴질지 모르지만 개인 투자자로서도 헤지는 반드시 체득해야 하는 개념이다. 닷컴 버블 붕괴, 2008년도 금융위기, 팬데믹과 같이 정말 객관적으로 큰 사건이 아니더라도 개인이 테일 리스크를 마주하게 되는 경우는 시장에 참여하는 이상 무조건 발생하기 때문이다. 포트폴리오에 담았던 주식 개별 종목이 어닝 쇼크$^{\text{Earning Shock}}$를 겪는다든지, 경영진이 예기치 못한 스캔들에 휘말려 주가가 폭락하는 상황이 그 예시다. 앞서 말했듯, 테일 리스크 자체를 없애는 것은 불가능한 데다가, 리스크와 수익은 떼려야 뗄 수 없는 존재다. 그러므로 테일 리스크를 마주했을 때 감내해야 할 고통을 정확히 계산하고, 원하는 위험 요소만 고립시켜 감수하는 것이 올바른 리스크관리법이라 할 수 있겠다.

금융시장에서 거래를 업으로 삼는 전문 트레이더들은 일반 투자자나 개인 트레이더들에 비해 리스크를 계량화하고 원치 않는 위험을 회피하는 능력에서 가장 뚜렷한 비교우위를 가진다. 꾸준히 수익을 내는 트레이더일수록 예상되는 리스크와 기대수익이 서로 엮여 있다는 점을 잘 이해하고, 개별 위험 요소가 수익에 얼마나 기여하는지를 계산할 줄 안다. 이를 통해 효율성 좋은 리스크만 골라잡을 수 있기에 거래 횟수가 쌓일수록 이들의 성적은 일반적인 시장 참여자들에 비해 월등하다. 별도의 본업이 있는 일반 투자자가 전문 트레이더처럼 칼 같은 리스크의 계량화를 구사하기 쉽지는 않겠지만, 적어도 사전에 준비해둔 체크리스트를 통해 전략의 위험 요소를 점검해보는 것만으로도 투자 성적은 개선될 수 있다.

다음은 개인 투자자도 투자 계획 과정에서 활용해볼 수 있는 위험 점검 질문표다.

1) 이번 투자 결정을 통해 내가 감수하게 될 리스크는 선형적인가, 비선형적인가?

선형적 리스크를 지닌 투자의 성과는 해당 자산 가격의 변동과 일정한 비율을 유지하며 변하는 반면, 비선형적 리스크를 갖는 투자 전략의 경우, 자산 가격의 변동에 따라 그 성과가 가속화되어 움직일 수 있다. 예를 들어, 주식 종목에 직접 투자할 때의 수익은 주가와 선형적 관계에 있지만, 같은 종목의 옵션과 같은 파생상품에 투자할 때의 수익은 비선형적이다. 비선형적 리스크를 제대로 파악하지 못한 채 매매를 진행하다 보면 매매의 대상이 되는 종목이 기대에 맞추어 움직였더라도 투자 성적은 예상과 다를 수 있으니 주의가 필요하다.

2) 시간에 따른 리스크가 존재하는가?

거의 모든 투자 전략에서는 포지션을 보유하고 있기만 해도 직간접적인 비용이 발생한다. 투자자금에 대한 기회비용은 당연하고, 각종 금융상품에 내포된 보유비용도 무시할 수 없다. ETF 상품 중에는 특정 지수의 변동을 배수로 따르는 레버리지 종목이 있는데, 이들은 레버리지 효과를 내기 위해 주로 선물이나 옵션과 같은 파생상품에 의존한다. 파생상품은 만기일에 가까워질수록 가치가 감소하기 때문에 해당 ETF를 보유하는 동안에는 매 순간 시간에 따른 비용이 발생한다.

3) 투자 전략이 시장 베타^{Beta}에 노출되어 있어야만 하는가?

베타란 특정 포지션이 시장 전반의 움직임에 노출되어 있는 정도를 나타내는 리스크 척도다. 특정 주식이 마음에 들어 해당 종목을 매수했다면, 투자자는 개별 종목의 성적뿐만 아니라 시장 전체의 움직임에도 노출된다. 초반에 기획했던 투자 전략의 방향성에 베타 리스크가 포함되어 있는지, 그렇지 않다면 시장의 전반적인 움직임으로 인한 자산 가격 하락을 어디까지 감내할 수 있을지 미리 계획을 세워두어야 한다. 철저한 계산을 통해 인덱스 선물이나 파생상품 매매를 통해 시장 자체가 급락해 입을 손실 리스크를 최소화하려 노력할 수는 있겠지만, 이는 개인 투자자 입장에서 현실적으로 계산하기도 어렵고 포지션 유지 비용도 비싼 방법이기에 추천하고 싶은 전략은 아니다. 대신, 개별 종목의 강세를 예상하여 투자를 결심했다면 해당 종목의 절대수익률이 아닌, 시장 전체 대비 상대수익률의 관점으로 포트폴리오의 성과를 판단하는 사고를 갖는 것이 중요하다.

4) 강제 청산 리스크가 존재하는가?

XIV호의 예시에서 배웠듯 반대매매로 인해 포지션이 강제로 종료되는 상황이 발생하면 원치 않는 타이밍에 손실을 확정 짓게 된다. 직접적으로 레버리지를 일으켜 투자하거나 구조적 레버리지를 활용하는 ETF, ETN 상품을 구매할 때 점검해야 할 위험 요소다.

5) 카운터파티 리스크가 존재하는가?

증권사 CMA 계좌나 특정 가상화폐 거래소의 경우 예치자에 대한 파산 보호장치가 없다. 여기서 카운터파티counterparty란 금융 거래나 계약에서 내가 자산을 맡기거나 거래를 체결한 상대방을 뜻하는데, 상대방이 파산을 한다거나, 고의로 계약 내용을 이행하지 않는다면 손실이 발생할 수 있다. 일반적인 상황에서는 크게 고려하지 않아도 될 정도의 테일 리스크이지만, 2008년 금융위기, 혹은 2023년 3월 발생했던 미국의 실리콘밸리은행 파산 사건처럼 거시적인 자금 경색 문제가 불거질 때는 무시할 수 없는 리스크다.

6) 유동성 리스크가 존재하는가?

포지션을 정리하기 위해 자산을 매도할 때 종목의 유동성이 낮다면 높은 거래 비용이 발생한다. 보유한 종목이 장부상 수익권에 들어왔더라도 시장에서 종목의 거래가 거의 일어나지 않고 호가창이 비어 있는 상황이라면 수익을 확정할 수 없다. 중소형 주식이나 장외에서 거래되는 비상장주식을 거래하는 경우 종목의 환금성을 주기적으로 확인해야 한다.

7) 자금 융통 리스크가 있는가?

투자를 위해 사용한 재원이 대출을 통해 끌어온 자금이라면 상환 요청이 들어오거나 채무 만기가 도래할 때, 원치 않게 투자를 강제로 종료해야 할 수 있다. 모든 투자 전략은 거시경제의 흐름을 포함한 각종 외부 요소에 노출되어 있기에, 원하는 결과를 얻는데 걸리는 시간이 예상보다 늘어날 수 있다. 따라서 충분한 시간 동안 포지션을 보유할 여건을 마련해두는 것은 상당히 중요하다.

위의 프레임워크를 통해 투자 전략의 위험 점검을 꼼꼼히 마쳤다 하더라도, 수익이 난다는 보장은 없다. 단지 위험 요소를 하나씩 분해하여 뜯어보는 과정은 투자에서 기본이 되고, 시장에서 최소한의 보호장치가 되어준다. 리스크에 대한 이해 없이 진행하는 투자는 언젠가는 실패한다. 자산 증식의 가장 기본적인 전략 중 하나는 벌어들인 수익을 재투자해 복리 효과를 추구하는 것이다. 하지만 원금과 수익을 재투자하는 과정에서 단 한 번의 실수로 모든 자산을 잃을지도 모른다. 자동차 사고를 완벽하게 예방할 방법은 없지만, 안전벨트를 잘 착용하고 차체 점검을 정기적으로 실시해서 사고가 났을 때 최악의 결과를 방지하려 노력하는 것처럼, 투자 전략도 원치 않는 위험 요소로부터 절연되어야 한다. 금융시장을 항해하다 암초를 만나 침몰 위기에 처했더라도, 적절한 대비가 되어 있다면 다음 기회를 얻을 수 있다. 그리고 시장은 계속해서 기회를 탐색하는 투자자들에게 수익이라는 선물을 안겨준다.

Insider's Note

위험은 수익의 쌍둥이다. 위험이 없으면 수익도 없다. 하지만 위험은 수많은 얼굴을 지닌 존재다. 내가 감당하는 위험이 무엇인지 알지 못한다면, 전혀 예상치 못한 방식으로 돈을 잃게 된다. 타이타닉호를 침몰시킨 빙산처럼, 가장 치명적인 위험은 알아채지 못한 채 떠안은 위험이고, 각자의 포트폴리오에서 자신이 모르는 위험이 무엇일까 점검하는 습관이 필요하다.

정글에서 살아남는
두 가지 방식

　월가에서 커리어를 시작한 첫 주의 어느 날이었다. 당시 나는 데스크 배정을 위한 면담을 진행하고자 인사팀에서 정해준 부서로 향했다. 그런데 나를 맞아주기로 한 팀장은 통유리로 둘러싸인 사무실에서 누군가와 책상 하나를 두고 마주 앉아 심각한 이야기를 나누고 있었다. 대화 내용이 들려올 리는 없었지만, 무언가 무거워 보이는 분위기, 그리고 팀장의 맞은편에 앉아 있던 사람이 고개를 푹 떨구는 모습을 통해 그들 간에 오가는 이야기의 주제가 그다지 유쾌한 것이 아니었음은 짐작할 수 있었다. 곧 둘은 자리에서 일어났고, 고개를 떨구었던 이는 팀장이 청하는 악수를 마지못해 받은 다음, 책상에 올려둔 콜라 캔을 들어 쭉 들이키며 멍한 눈으로 플로어를 쭉 훑었다. 그러고는 방 밖에서 기다리던 보안 담당자의 안내를 받아 출구로 발을 옮겼다. 내가 월가에서 목격했던 첫 해고 장면이었다.

"Well, welcome to Wall Street(월가에 온 걸 환영한다)."

내가 방 안을 바라보고 있었다는 사실을 눈치챘는지, 팀장은 데스크로 걸어 돌아와 저 말을 건네며 멋쩍은 웃음을 지어 보였다. '이곳에선 누군가 해고당하는 모습을 보는 건 별일 아니다'라는 의미를 담은 듯했다. 월가가 실적 만능주의로 모든 가치를 재단하는 곳이라는 점도, 실력이 기대에 못 미치는 사람을 내보내는 데에 스스럼이 없는 곳이라는 사실 또한 익히 들어 알고 있었지만, 그렇게 이른 시기에 내가 누군가의 해고를 목격하게 될 줄은 몰랐었다. 그날 사무실을 힘없이 떠난 사람이 어떤 업무를 보던 사람인지, 이름은 무엇인지, 해고된 이유는 무엇인지 알 길은 없었지만, 내가 문을 열고 들어간 산업이 정글과도 같은 곳이라는 점 하나만큼은 확실히 깨닫게 되었다.

트레이딩 플로어에서 사람들이 종종 꺼냈던 "월가에 온 것을 환영한다"라는 말은, 청자를 실제로 환영하기 위한 언사가 아니다. 월가라는 정글에 떨어진 그의 신세를 비꼬기 위한 블랙 유머였다. 실력이 곧 생존과 직결되는, 그리고 성과가 무뎌지면 언제든 찬밥 신세가 되어 퇴출당하는 자본의 정글에서 살아남기 위해,

월가의 구성원들은 저마다의 전략을 갈고닦아야 했다. 그렇게 정글에서의 하루하루를 보내다 보면, 어느덧 시간이 지나 금융 업계의 높은 곳에 매달린 성공이라는 과실을 손에 넣을 수 있었다. 이번 일화에 등장하는 두 인물은 월가의 생존법에 정통한 이들이었다. 이들의 생존 전략을 잘 관찰하다 보면 금융 업계의 본질을 자연스레 이해할 수 있었다. 가치를 창출하지 못하면 자리를 떠나야 하는 이곳에서, 생존이 곧 실력의 증명이었기 때문이다.

지적 자존심이 강한 엘리트들이 모인 월가에서는 금융 전문성 하나만으로 다른 이의 존중을 사기란 쉽지 않은 일이었다. 월가에서 어느 정도 경력을 쌓은 사람이라면 누구든지 자신이 다루는 자산군이나 거래 전략에 대해서 충분히 이해하고 있었다. 지식의 복잡성에는 한계 효용이 존재하기에 전문성을 일정 수준 이상 갖춘 사람들 사이에서 누군가가 다른 이들보다 압도적으로 더 많은 양의 지식을 갖추기란 어려웠기 때문이다. 그럼에도 불구하고 트레이딩 플로어의 몇몇은 전문성 하나만으로 동료나 고객사로부터 존중을 받곤 했는데, 채권 파생상품의 판매를 담당하던 R 또한 그런 인물 중 하나였다.

R은 오랜 시간 채권을 기초자산으로 삼은 파생상품을 다뤄왔다. 그의 주력 상품을 구성하는 채권 기초자산 중에는 모기지담보채권MBS, Mortgage Backed Security처럼 상품 자체가 복잡성이 높은 자산군이 포함되어 있었다. 이러한 채권을 가져와 현금흐름을 분해하

고 재조립한 파생상품과 구조화상품은 어느 정도 금융 지식이 있는 사람일지라도 쉽게 파악하기 어려울 만큼 구조가 난해하기도 했다. 그래서 이러한 자산군을 파헤쳐 상품 구성의 밑단까지 정확히 이해했다 자부할 사람은 꽤 드물었고, 복잡한 원리를 쉽게 표현해서 누군가에게 명쾌하게 설명할 수 있는 사람은 더더욱 그 수가 적었다. 고객사는 복잡한 구조를 가진 자산에 자본을 들이붓기에 앞서 상품을 최대한 많이 이해하길 바랐기에 당연하게도 업계에서 해당 상품에 관한 전문성이 가장 뛰어난 사람을 찾으려 했다. R은 이러한 순간마다 고객사가 찾던 1순위 전문가였다.

분야를 막론하고 특정 지식에 통달한 사람은 아무리 어려운 주제라도 상대의 수준에 맞추어 쉽게 설명할 수 있다. R의 설명 방식이 그랬다. 그가 복잡한 MBS 파생상품의 개념을 단순한 형태로 쪼개 고객사에 떠 먹여주는 대화를 듣다 보면, 머리가 맑아지는 느낌이 들었다. 누군가의 설명으로부터 청량감을 느낀다는 건 신기한 경험이었다. 트레이딩 플로어에서는 거래를 마칠 때마다 별것 아닌 내용에 현학적인 표현을 버무려 대단한 이야기처럼 포장하려 드는 이들이 많았는데, 단순하면서도 명료한 R의 화법은 그런 이들의 허세와 대조되어 더 명쾌하게 들렸다.

산업에 대한 R의 깊은 이해도는 신입사원들을 교육할 때도 어김없이 드러났다. 그는 누군가 질문을 던질 때마다 잠시 말을 멈추고는 질문의 뒤편에 숨어 있는 본질을 끄집어내려 시도했다. 예를 들면 이런 식이었다. 신입사원 중 하나가 R이 최근에 집행했던 모기지 채권의 가격 설정에 관해 묻자 R은 고개를 저었다.

"If you don't get how the system works, the numbers won't mean much(시장의 구조가 어떻게 짜였는지 이해하지 못하면 가격 설정을 설명해봤자 별 의미가 없다)."

곧이어 R은 질문자에게 역으로 몇 가지 물음을 던졌다. 그는 채권의 프라이싱을 위한 구체적인 방법론 이전에 알고 있어야 할 거래의 정황이라든지, 채권을 구매하고자 하는 수요 주체들이 어떤 사고 체계를 통해 거래 계획을 세우는지 등에 대해 파고들었다. 그의 기대를 만족할 만큼 속 시원한 답변을 하는 이는 드물었기에, R이 가볍게 질문자를 몰아붙여 볼 때마다 상대는 아리송한 표정을 짓곤 했다. 그 반응을 본 R은 그러면 그렇지 하는 표정으로 설명을 이어갔다. 질문했던 이조차도 스스로 무엇을 아는지, 무엇을 알지 못하는지 확실치 않았지만, R은 노련한 정비공이 배기음 소리만으로 차량의 고장 부위를 짚어내는 것처럼 대화 상대의 지식이 결핍한 부분을 정확히 발라낼 수 있었다. 이는 금융 산업과 금융시장, 그리고 금융자산의 본질을 제대로 이해하고 있어야만 가능한 일이었다. 부실한 기초 위에 지어진 건물이 탄탄할 리 없듯, 핵심에 대한 이해 없이 쌓인 응용 지식은 쉽게 무너지는 법이었다. 단순한 채권 가격 설정으로 시작되었던 R과 질문자 간의 논의는 어느새 금융시장 구조에 대한 강의로 변하곤 했다.

여담이지만 R의 이야기를 풀어내는 이 장을 기회 삼아 많은 사람들이 가진 오해 하나를 무너뜨려보자면, 금융이란 분야를 공부하기 위해 알아야 할 가장 핵심적인 개념들은 그다지 복잡하지 않다는 점을 강조하고 싶다. 금융시장은 그저 돈이 필요한 이가 돈을 구할 수 있게끔 만들어진 거래 장소, 즉 명확한 수요·공급의 논리 위에 세워진 가상의 시장일 뿐이다. 이렇게 분명한 논리 위에서 작동하는 공간의 본질은 복잡할 수 없다.

금융이 어렵고 복잡해 보이는 이유는 그저 그 본질을 포장하고 있는 과하게 현학적인 디테일이 조명받기 때문이다. 투자라는 행동을 어렵게 느낄 필요도, 금융 전문가들이 무언가 대단한 비밀을 아는 사람이라 지레짐작할 필요도 없다. 단순한 논리를 복잡하게 설명하고자 하는 이는 진실을 제대로 알지 못하거나, 진실을 알면서도 거짓으로 타인을 현혹하려는 사람일 확률이 높다. 금융시장을 제대로 이해하기 위해서는 다음과 같은 사고 체계만 필요하다. 하나의 금융자산이 어떤 이유로 생겨났는지, 왜 거래되는지, 거래에 참여하는 주체는 일반적으로 누구일지, 그리고 그 주체들을 대상으로 한 규칙과 정책은 무엇인지 탐구하고자 하는 노력만 기울이면 된다.

R의 이야기에서 나왔던 모기지 채권을 활용하여 예시를 들어

보자. 모기지 채권의 가격을 결정하는 파라미터는 복잡할 수 있지만, 이 채권이 시장에서 거래되는 이유와 처음 등장하게 된 배경은 명확하다. 은행이 보유한 대출을 유동화하지 않는다면, 은행은 재무상태표의 제약 내에서만 신용 창출이 가능하다. 그러나 모기지 채권과 같은 자산유동화 기술이 도입되면서, 기존 대출 계약의 경제적 가치를 거래하는 시장이 열렸고, 이를 통해 추가적인 신용 창출이 가능해졌다. 대출이 더 쉬워진다는 뜻이다. 대출 승인 문턱이 낮아지면, 더 많은 사람이 주택을 구매할 수 있게 된다. 이는 부동산 수요를 촉진하고, 주택 가격을 부양하는 역할을 한다. 또한, 주거 안정성과 부동산시장의 균형을 강조하는 보편적인 경제 안정화 정책 기조와도 맞닿아 있다.

시장 금리가 상승하면 신용 창출 비용도 함께 증가한다. 돈을 빌리기 위해 더 높은 비용을 지불해야 하기 때문이다. 결국, 금융 정책은 채권시장, 즉 부채금융을 중심으로 설계된다. 대출과 자금 조달의 평균 만기는 조기 상환을 고려했을 때 약 7년에서 10년이다. 따라서 경기 부양책, 특히 양적완화 정책으로 시중의 채권을 매입해 돈을 풀 때는 이러한 만기 구조에 맞춰 부채 자산을 활용한다. 이는 시장이 가장 민감하게 반응하는 신용 가격을 직접 조정하는 방식이다. 복잡해 보이는 금융의 겉껍질을 한 겹 걷어내면, 정책과 규제, 시장 구조가 지금의 형태를 갖춘 이유가 보인다. 앞에서도 설명했듯, 금융시장이란 결국 돈이 남는 사람이 돈이 필요한 사람에게 일정한 대가를 기대하며 잉여자금을 전달하는 장소일 뿐이다. 그 단순한 원리 위에 쌓인 여러 디테일은 보는 이로 하여금 핵심을 놓치게 유도하기도 하지만, 금융이 복잡한 것이라는 선입견을 내려놓아야 비로소 현명한 금융 결정과 투자 판단을 내릴 수 있다. 괜히 어렵다고 지레 겁먹으면 불필요한 힘만 들어가고, 그럴듯한 이야기를 풀어 당신을 현혹하려는 사기꾼들의 표적만 될 뿐이다. 직관적인 핵심을 그대로 이해하는 것이야말로 가장 강력한 무기가 된다.

 R은 산업의 바탕을 이해하는 사람이었다. 그런 R과 달리 현실에서는 금융자산을 다루며 생계를 꾸리는 월가의 현업자들조차 종종 시장의 본질을 간과하기도 했다. 매일 날 선 대화를 주고받으며 거대한 숫자를 다뤄야 하는 스트레스 때문에 정신적 피로가 쌓여 큰 그림을 멀리하게 된다는 이들도 있었고, 주어진 업무만 기계적으로 잘 처리해도 적지 않은 보상이 떨어지기에 일과의 범주를 넘어선 지식의 습득에 게으른 사람도 있었다. R은 대화의 상대가 누가 되었든지 몇 마디의 말로 상대를 흔들어보았고, 그의 질문이 만들어낸 진폭을 겪은 이들은 자신이 가지고 있던 지식이 얼마나 취약한 기반 위에 세워졌는지 스스로 깨닫곤 했다. 그렇기에 R은 전문가 틈바구니에서도 인정받는 전문성을 가질 수 있었다. 그는 자신이 몸담은 분야에 관한 깊은 탐구와 고찰을 자신의 가치로 전환하는 데 성공한 인물이었다.

R이 자신의 전문 분야를 깊게 파고들어 사람들에게 인정을 받은 인물이었다면, S가 업계에서 존중을 받는 방식은 다소 달랐다. 마치 일류 요리사가 다채로운 재료로 화려한 음식을 조리하고, 요리를 정갈하게 플레이팅하여 미식가들을 사로잡듯, S는 타고난 스토리텔링 감각으로 자신이 관찰한 금융시장 내의 각종 인사이트를 독자들이 가장 원하는 방식으로 풀어나갈 수 있는 사람이었다. 시장 이해도만 따지고 본다면 S에 버금가는 업계 베테랑은 종종 찾아볼 수 있었지만, S만큼 두꺼운 팬층을 가진 이야기꾼은 거의 없었다.

  월가에서 자신이 아는 정보를 남에게 풀어내어 주목받고자 하는 이들은 언제든 넘쳐났다. 비슷한 금융상품을 팔고자 항상 고군분투하는 투자은행 경쟁의 틈바구니에서 고객사의 관심을 가져오기란 쉬운 일이 아니었다. 고객사의 눈길을 받지 못한 이들은 거래도, 연말 성과급도 기대할 수 없었다. 경쟁이 만들어내는 의무감에 무엇이라도 해야겠다 마음먹은 사람들이 하나같이 실행에 옮겼던 행동은, 간단한 시황 정리나 시장에 대한 나름의 해석을 글로 옮겨 고객사에 전달하는 행동이었다. 그 결과, 블룸버그 채팅창은 온갖 문장의 집합으로 도배되기 일쑤였다. 양이 질을 담보할 수 없었기에 절대다수의 글은 공해에 가까운 스팸이나 마찬가지였다. 누구나 쉽게 알 수 있는 관찰을 시황이랍시고 텍스트화한 메시지는 고객사의 채팅방 알림창을 잠시 밝힐 뿐, 아무런 응답도

얻어내지 못하는 것이 보통이다.

S의 글은 달랐다. 그가 써 내려간 코멘트는 매번 다수의 고정 독자로부터 환호를 받았고, 메시지를 들여다보는 이들의 이해를 돕고자 첨부한 차트나 표는 그가 직접 메시지를 보내지 않은 채팅방에서조차 종종 인용되기도 했다. 그가 꾸린 시각화 자료는 다소 투박하여 보는 이들의 미적인 감각을 자극하지는 못했음에도 불구하고, 그 안에 담긴 인사이트의 흥미만으로 독자들의 찬사를 받기에 부족함이 없었다. 매번 그의 코멘트를 읽다 보면 뛰어난 스토리텔링이 가지는 흡인력과 지적 자극이 얼마나 강력한 무기가 될 수 있는지를 곱씹어보게 되었다. S는 스토리텔링이라는 무기를 휘둘러 자신의 자리를 지키고, 금융시장 내 계급의 사다리를 오를 수 있었다.

S가 리서치 부서의 팀장으로서 트레이딩이나 세일즈 직무의 경력자들과 경쟁하며 성과를 내고 승진까지 이뤄낸 것은 놀라운 업적이었다. 월가 바깥에서는 잘 알려지지 않았지만, 투자은행 내에서 리서치 데스크는 매년 구조조정의 대상이 되는, 쇠퇴 일로의 부서였다. 월가의 어느 투자은행이건 리서치팀의 수익은 줄어들고 있었기 때문이었다. 리서치 부서는 세간의 인식과는 다르게 극소수만 접근할 수 있는 비밀스러운 금융 전략을 만들어내는 곳이 아니었다. 시장에서 관찰되는 여러 데이터를 모아서 해석을 붙인다거나, 특정 회사의 경영진과 친분을 쌓아서 제한적인 면담

을 진행해 얻은 인사이트를 자료화하는 일이 리서치 부서 분석가들의 주 업무였다. 이들이 만들어내는 결과물은 많은 훈련과 시간 투자, 그리고 타고난 통찰력을 요구했지만, 결코 누군가의 망가진 투자 성과를 마법처럼 개선해줄 특효약은 아니었다. 그래서 양질의 리서치나 시장 코멘트조차도 기업 투자자들에겐 'good to have', 즉 있으면 좋은 참고 자료이지, 반드시 쥐고 있어야 할 것은 아니었다. 그래서 금융 산업의 고도화로 인해 비용 경쟁이 거세지자, 월가의 고객사들은 외부 리서치를 취득하기 위해 지출하는 비용을 줄여나갔다.

더욱이 2000년대 들어 걷잡을 수 없이 빨라진 IT의 발전 덕에 회사의 재무제표이든, 거시경제 관련 지표이든 전략 연구의 기반이 되는 데이터를 획득하고 가공하는 일은 점점 더 수월해졌다. 분석의 방법론 또한 더 많은 이들에게 공유되기도 했다. 양질의 인사이트를 공급하는 분석가의 수가 늘어났다는 뜻이다. 날이 갈수록 수요층은 줄어드는데 각자의 비교우위는 점차 사라지다 보니, 리서치 부서는 고민이 많아질 수밖에 없었다.

투자은행 리서치 부서에는 안타까운 상황이지만, 규제 환경의 변화 또한 악재로 가득했다. 2000년 10월부터 적용되기 시작한 공정공시제도Regulation Fair Disclosure 중 선택적 정보 게시의 규제는 리서치 부서가 특정 회사의 경영진으로부터 공개되지 않은 정보를 받는 행위를 원천 차단했다. 이러한 규제 지침은 월가의 준법 감시 강화와 금융시장 내 불공정 행위를 예방해야 한다는 산업 기조와도 맞물려, 불법적인 내부자 정보까지는 아니지만 다소 해석의 여지를 남기는 모호한 주제조차도 리서치 보고서나 시황 코멘트에서 자취를 감추는 결과를 끌어냈다. 그로 인해 공개 정보의 조각 모음이나 다름없어진 리서치 보고서는 많은 기업 투자자 고객에게 외면받기에 이르렀다.

2018년 1월부터 시행된 유럽연합의 제2차 금융상품시장지침 MiFid II의 리서치 비용 분리 규제 또한 리서치 데스크의 수익성에 직격탄을 날렸다. 규제 적용 이전, 대다수의 리서치팀은 각종 인사이트를 고객사에 제공하는 대가로 큰 거래 건을 받아와 수익화하는 전략을 취했다. 하지만 리서치 비용 분리 규제가 도입되자 고객사들은 거래를 체결하기 위해 투자은행에 지급해야 하는 비용과, 리서치를 받아보고자 지출하는 비용을 분리해야 했다. 거래 처리 서비스와 리서치를 패키지 형태로 구매하지 못하게 되자, 고객사들은 각 서비스에 대한 지출 예산을 재점검하게 되었다. 이는 리서치 부서의 매출 감소로 직결되었다. 심지어 월가의 리서치 부서가 자신들의 인사이트를 기반으로 운용하던 시장 전략마저도 2008년 금융위기 이후 시행된 도드-프랭크 볼커 규제로 인해 전면 금지되며 리서치 부서의 수익 창출 능력은 더더욱 제한받게 되었다.

위와 같은 각종 어려움 때문에 월가 투자은행의 리서치 부서는 축소 혹은 해체되기 일쑤였고 팀을 이끄는 팀장급 인재들조차 제살길을 찾아 외부의 기회를 찾곤 하였다. 이러한 상황에서 S는 리서치와 스토리텔링 역량만으로 자신의 영역을 지켜내고 승진의 기회까지 거머쥐었다. 금융시장은 돈과 맞닿아 있는 세상의 집합이었다. 그리고 세상에는 많은 일들이 일어난다. S는 자신의 시선이 닿는 범위 내에서라면 무엇이든 관찰했고, 관찰한 점을 조합해 인사이트로 탈바꿈했다. '미국 증시 지수는 왜 올랐는가? 5년 전의 상승과 지금이 다른 점은 무엇인가? 어떤 일이 확인되어야 현재의 주가 가치를 정당화할 수 있을까? 혹시 시장 참여자 모두가 놓치고 있는, 되풀이될 만한 역사의 사례는 없었을까?' S는 수많은 질문을 늘어놓고 그에 대한 대답을 찾았다. 그리고 아무리 의심이 많은 사람이라도 공감할 수밖에 없는 논리의 연결고리를 찾아내 덧붙였다. 일독을 마친 이들은 '왜 이 생각을 하지 못했을까'라는 반응이었다. 금융 산업에서 일하며 가장 즐거웠던 점 중 하나는 S를 비롯한 뛰어난 이야기꾼들의 글을 접할 수 있었다는 사실이었다. 과연 무엇이 이들의 이야기를 그렇게도 매력적으로 만들었을까?

다음은 내가 생각하는 압도적인 스토리텔링을 하는 이들의 세 가지 공통점이다.

1) 8할의 인사이트와 2할의 이야기

사람은 자신이 이해할 수 있는 이야기를 좋아한다. 그리고 이해는 공감에서 시작한다. 월가의 뛰어난 이야기꾼들은 시장에 대한 자신의 해석이나 관찰의 결과를 풀어내기 이전에, 작은 일화로 독자들이 가진 마음의 빗장을 연 뒤 본론을 밀어 넣는다.

2) 지나가는 모든 것들을 대하는 태도

자신이 하고자 하는 이야기를 다채롭게 만들기 위해서는 역사 속에서 비슷한 사례를 가져오기도, 자기 삶에서 일화를 끄집어내야 하기도, 혹은 누군가와 했던 대화나 인상 깊게 읽었던 책의 구절을 복기해야 하기도 한다. 월가에서 인기를 잃지 않는 글쟁이들은 각종 이야기를 가져와 자신이 말하고자 하는 포인트를 다양한 각도에서 비추어 하나의 초점으로 모아냈다. 이를 위해 이들은 인상 깊은 일화를 적어두거나, 생각을 되새김질하여 기억을 붙들려 노력하는 것 같았다.

3) 강의가 아닌 스토리텔링

좋은 이야기는 흥미를 불러일으키고 흥미는 몰입의 재료가 된다. 친한 친구와 나누는 대화가 어려운 강의를 이해하는 것보다 마음의 부담이 덜하듯 뛰어난 이야기꾼들은 쉽고, 간결하고, 친근하게 독자를 설득했다. 특히 금융 산업 내의 독자들은 시장에 대해 적지 않은 배경지식을 가진 이들이기 때문에, S를 비롯한 이야기꾼들은 굳이 무언가를 가르치려 들지 않았다. 그저 자신이 발견한 흥미로운 관찰을 독자들과 공유할 뿐이었다.

각자 방식은 달랐지만, R과 S는 끝없는 경쟁으로 타인을 쉽게 인정하지 않는 월가에서도 많은 이들의 존중을 받을 수 있었다. R은 본질을 꿰뚫는 통찰력으로 피상적인 지식을 가진 이들을 흔들었고, S는 시장을 관찰하며 얻은 인사이트를 매력적인 이야기로 풀어내며 가치를 만들어냈다. 이들의 '정글 생존법'을 통해 내가 배운 점은 단지 금융이라는 특정한 세계에만 국한되지 않으리라 생각한다. R이 강조한 본질을 통해 이해의 밑바탕을 다지는 능력과, S가 보여준 이야기를 구성하는 능력은 금융을 넘어 어떤 분야에서도 성공을 위한 핵심 재료가 될 것이다.

R과 S의 노하우는 다른 방식으로 같은 방향을 가리켰다. 전문성은 단순히 많은 정보를 아는 것도, 디테일을 빠르게 나열하는 능력을 의미하는 것도 아니었다. 각각의 정보가 왜 중요하고, 다른 정보와 어떻게 연결되는지 이해하며, 그 정보를 효율적으로 전달하는 능력이 진정한 전문성의 핵심이었다.

Insider's Note

금융시장은 숫자와 논리로 움직이지만, 결국 사람으로 이루어진 공간이다. 누군가는 본질을 꿰뚫는 눈으로, 누군가는 말의 힘으로 위로 올라간다. 숫자와 논리를 걷어내고 남은, 사람들의 욕망의 이야기를 읽는 것이 성공적인 투자에 필요한 감각이다.

그럼에도 불구하고
금융을 배운다는 것

'Why finance(왜 금융업을 택했는가)?'

왜 금융 산업에 발을 들이고 싶으냐는 질문은 월가에서 신입 면접에서 자주 등장하는 질문 중 하나였다. 왜 금융 산업을, 그중에서도 트레이딩 부서를 선택하려 하는가를 물었을 때 돌아오는 대답은 각양각색이었다. 분야를 막론하고 금융은 모든 산업에 필수적인 기능이라든지, 혹은 어린 시절 경험을 통해 금융에 대해 흥미를 갖게 되었던 일화를 풀며 자신의 출사표를 정당화하는 답변을 늘어놓는 것이 가장 무난한 전략이었다. 그다음, '솔직히 말해 능력 갖추고 열심히 일해서 돈을 많이 벌고 싶다' 정도의 다소 세속적인 야망까지 조심스레 붙여 마무리한다면 모범적인 답변에 해당한다.

이런 인터뷰 과정을 거쳐 월가에 입성하고 정신없이 시간을 보내다 보면 현실을 마주하는 순간에 다다르게 된다. 여느 직업이 그렇듯 커리어의 민낯은 생각했던 것만큼 멋지지 않았고, 별다른 지적 고찰 없이 기계적으로 수행해야 하는 업무로 일상은 가득했다. 그러다 보면 이렇게 부실해도 괜찮을까 싶을 정도로 아마추어 같은 산업의 모습이 눈에 들어오는 시기가 찾아온다. 갓 신입 시절에는 상상하는 것만으로도 장밋빛 미래를 꿈꾸게 만들었던 금융이라는 커리어가 어느새 단지 '일'이 되어버리기도 한다. 생각이 바뀌었다고 말하며 새로운 꿈을 찾아 트레이딩 플로어를 떠나는 입사 동기들의 수도 날이 갈수록 늘어갔다.

하지만 커리어의 관성에 몸을 맡긴 채 금융시장이라는 흙밭에서 몇 년 구르다 보니 'Why finance?'란 질문을 받던 신입 시절에는 알지 못했던 산업의 새로운 모습이 보이기 시작했다. 금융시장에서 마법같이 돈을 벌어들이는 기법이라든지 보장된 공식은 없다는 점을 배웠고, 자본의 논리를 작동시키는 데 필요한 건 영화에 등장할 법한 극적인 연출이 아닌 지루한 보고서라는 사실을 깨닫게 되었다. 그러는 한편, 금융시장을 구성하는 최소 단위가 담백하리만치 철저한 '논리와 이성'이라는 점을 알게 된 후부터 수많은 기회가 차츰 눈앞에 드러났다. 이 책의 마지막 장인 나의 이야기에서는 금융시장의 테두리 안에서 배울 수 있었던 나의 '인사이더 인사이트'를 공유하고자 한다.

먼저 냉정한 진실부터 마주하자. 위에서 잠시 언급했듯 금융시장을 공부한다고 가까운 시일 내에 투자 성과가 급격하게 좋아진다거나 남들이 모르는 대단한 자금 운용 아이디어가 생겨나는 건 아니다. 오히려 그 반대에 가까울지 모른다. 금융 지식과 투자 포트폴리오의 단기 성과의 상관관계는 '0'에 가깝고, 더 높은 산업 이해도는 금융에 대해 잘 몰랐을 때 세웠던 자금 운용 전략이 허술하기 짝이 없다는 사실을 재차 확인해줄 뿐이다. 하지만 성공적인 투자로 얻게 될 장기적인 금전 이득이나 리스크관리를 통한 안정성과 같은 요소를 차치해도 금융을 배워야 하는 이유는 있다. 금융은 세상을 가장 논리적으로 바라볼 수 있게끔 도와주는 강력한 도구라는 점이다.

개인 투자자가 금융을 접하는 가장 보편적인 통로인 주식시장만 떼어놓고 본다면 금융시장은 비이성과 감정이 지배하는 곳처럼 보일 수 있다. 그리고 그런 관찰은 틀리지 않았다. 하지만 주식시장을 포함한 금융시장을 관통하는 '돈 앞에선 누구나 어느 정도 냉정해진다'라는 시장의 논리만큼은 순도 높은 이성으로 만들어져 있다. 이를 증명하기란 쉬운 일이다. 아무리 감정적 판단이 가득한 주제조차 '돈 문제'로 확장되면 논리가 끼어들게 된다. 수십 년의 우정을 바탕으로 함께 일해오던 사람도 공동 창업주가 되어 주식회사를 설립해 지분을 나눈다거나 성과 구조를 만드는 논의가 시작되면 누가 어떤 일을 맡을지, 성과 평가는 어떻게 할지, 지분 참여는 어떠한 형태여야 할지 논리적으로 따지게 된다.

돈은 논리를 강요한다. 주식시장의 비이성적인 움직임조차 기업가치 평가와 시장 상황에 대한 각자의 해석, 그리고 법정통화 유통량의 변화로 인한 명목적 부의 생성 등 설명 가능한 요인들이 뒷받침되었기에 나타난다. 돈이 남는 사람과 돈이 필요한 사람이 만나 자본의 거래가 이루어진다는 시장 원리가 있었기에 자본시장이 탄생했으며, 거대 자본을 운용하는 주체들은 논리나 계획 없이 자금을 운용하지 않는다. 작은 회사에서조차 비품 구매나 행사 예산을 집행할 땐 비용과 효용을 따지는 법이다. 하물며 수백억에서 조 단위, 혹은 그 이상의 자금을 운용하는 이들이라면 더욱 철저한 계획과 비용 대비 효용에 대한 점검이 필수적이다.

금융 산업의 기반이 논리라는 점을 이해하면, 시장에 대한 많은 오해가 자연스럽게 바로잡힌다. 대표적인 예가 대형 금융기관들이 개인 투자자, 이른바 '개미'들의 포지션을 털어먹기 위해 작전을 짠다는 일종의 도시 괴담이다. 개별 금융기관이 거대한 시장 전체를 좌지우지하는 것은 불가능할뿐더러, 예측할 수 없는 개인 투자자들의 움직임을 기반으로 전략을 세우는 것은 지나치게 불확실성이 크기 때문에 현실적으로 거대 자본의 행동 원칙이 될 수 없다. 금융시장을 깊이 탐구할수록, 금융 산업이 자본의 논리 위에서 작동하는 것은 물론이고, 그 바깥의 세상 또한 같은 원리가 작용한다는 점을 깨닫게 된다. 문명의 발전은 부와 자원의 분배, 그리고 인간의 탐욕에 의해 견인되어왔으며, 이는 금융시장뿐만 아니라 세상을 구성하는 수많은 관계를 관통하는 기본 원리 중 하나이기 때문이다.

왜 금융을 배워야 하는가에 대한 다소 긴 서론에 공감했다면, 이를 가장 효과적으로 배우는 방법을 탐색해봐도 좋다. 배움의 방법론은 다양하지만, 가장 중요한 출발점은 금융의 본질이 의외로 단순하다는 사실을 인정하는 태도다. 금융시장을 처음 마주하는 순간은 낯선 암실에서 눈을 뜨는 경험과도 같다. 처음 마주하는 어둠은 당혹스럽고 두려울 수 있다. 하지만 단지 어둠이 무섭다는 이유로 주저앉아 버리면, 방 밖으로 나갈 기회는 영영 사라진다. 그렇다고 무턱대고 자리에서 일어나 아무 방향으로 걷는 것도 위험하다. 출구를 찾기는커녕 벽에 부딪히거나, 방향을 잡으려 팔을 휘젓다 방 안의 물건을 떨어뜨리기 쉽다. 그러나 당황스러운 마음을 가라앉히고, 눈이 어둠에 익숙해질 때까지 기다리면 공간의 실루엣이 서서히 보이기 시작한다. 방 안에는 어떤 구조물이 있는지, 어디로 걸어가야 벽에 부딪히지 않고 방문까지 도달할 수 있는지, 어둠을 밝힐 스탠드 조명의 전원은 어디에 있는지 찾을 수 있다. 금융시장을 배우는 과정도 이와 같다. 겉으로 복잡해 보인다고 막연한 두려움을 가질 필요는 없다.

사실 금융시장이 작동하는 원리는 너무나도 간단하다. 여유 자금을 가진 주체가, 특정한 대가를 감수하면서라도 자금이 필요한 주체에게 구매력을 전달하도록 돕는 공간이 바로 금융시장이다. 자금조달 방식에 따라 돈을 빌리면 '부채금융', 투자를 받으면 '지분금융'이라고 한다. 부채든 지분이든, 돈이 오갔다면 금융 거래에 따른 의무와 권리를 정리한 문서가 필요하다. 이 문서가 바로 '증권'이며, 증권은 거래될 수 있다. 덕분에 돈을 빌려주거나 투자한 기업으로부터 직접 보상이 돌아올 때까지 기다릴 필요 없이, 보유한 증권을 시장에서 팔아 현금화할 수 있다. 이러한 환금성 덕분에 돈을 빌리고 빌려주는 대차거래와 투자의 진입장벽이 혁신적으로 낮아진다. 시장이 생기니 금융 거래를 원하는 사람들을 위한 다양한 서비스가 등장했고, 증권의 환금성은 시간이 갈수록 더 개선되었다.

활성화된 금융시장은 자금의 융통을 원활하게 만들어, 결과적으로 금융시장을 이용하는 개인과 기업을 돕고 경제 성장을 촉진한다. 사업을 하거나 주택을 구매하기 위해 대출을 받는 것도 금융시장과 증권의 환금성이 없었다면 훨씬 어려웠을 것이다. 이처럼 금융시장은 실제 가치를 창출하는 중요한 인프라다. 가끔 몇몇 금융업 종사자들이 '내가 하는 일이 세상에 어떤 가치를 더하는지 잘 모르겠다'라고 불평할 때가 있는데, 이는 매우 잘못된 생각이다.

금융시장은 세상을 돌아가게 만드는 핵심 부품이고, 이 부품이 잘 작동하게끔 돕는 일은 실물경제에 대한 직접적인 기여다. 금융에 대해 알아야 할 기초지식은, 약간의 과장을 보태자면 이전 문단 안에 담긴 내용이 전부일지 모른다. 복잡해 보이는 금융공학 기법이나 투자 방법론마저도 금융시장이 작동하는 단순한 원리 위에서 쌓아 올려진 것이다.

금융시장을 통해 세상을 움직이는 논리를 배울 수 있다는 점 외에도, 금융 산업을 이해하고 시장에서 활동하는 것이 즐거운 개인적인 이유가 세 가지 있다. 개인적이라는 말을 덧붙였지만, 각각의 이유는 산업의 속성을 잘 담고 있기도 하다.

첫 번째 이유는 금융시장이 언제나 아낌없는 피드백을 제공한다는 점이다. 일반 기업에서 하나의 프로젝트를 맡아 진행하면, 내가 기여한 부분의 성과가 나타나기까지 짧게는 몇 달, 길게는 몇 년이 걸릴 수도 있다. 하지만 금융시장과 맞닿아 있는 업무를 진행하는 동안에는 매 순간 성과가 확인된다. 내가 수행한 업무가 얼마나 효율적이었는지, 그 결과가 옳았는지에 대한 성적표가 실시간으로 발급된다. 피드백이 많다는 것은 내 결정에 대해 복기할 기회가 많다는 의미이며, 이는 빠른 자기 성장의 밑거름이 된다.

두 번째 이유는 금융시장에서는 성과를 객관적으로 계량화할 수 있다는 점이다. 다소 비인간적으로 들릴 수 있지만, 회사와 개인의 관계는 본질적으로 노동 계약에서 출발한다. 회사는 직원이 기업의 성장과 매출 증대에 기여할 것이라 기대하며 고용을 결정하고, 이에 대한 보상으로 급여를 지급한다. 그러나 시간이 지나면서 회사와 직원 간의 기여도에 대한 인식 차이가 발생할 수 있다. 하지만 금융 산업 내의 직업, 특히 트레이딩 플로어에서는 이러한 간극이 타 직종 대비 상대적으로 작다. 내가 회사의 자금을 얼마나 사용했고, 그 과정에서 어떤 리스크를 감수했으며, 결과적으로 얼마만큼의 수익을 창출했는지가 모두 명확하게 수치로 나타난다. 즉, 다른 산업보다 능력에 대한 공정한 평가를 받을 기회가 많고, 기여에 대한 보상도 더욱 확실하다. 역량과 가능성을 입증할 수만 있다면, 출신이나 배경을 초월해 인정받는 철저한 효율주의가 자리 잡고 있다.

마지막 세 번째 이유는 금융시장이 역동적이라는 점이다. 매일 똑같은 업무 환경에서 비슷한 일만 반복한다면, 특히 그 일이 세상의 혁신이나 변화와 단절되어 있다면, 이는 곧 배움의 기회를 매일 놓치는 것과 다름없다. 금융시장은 자본의 논리라는 단단한 기초 위에 세워져 있지만, 결국 매 순간 세상에서 일어나는 변화와 맞닿아 있다. 트레이딩 플로어에서의 업을 통해 각종 산업의 변화와 돈의 흐름을 관찰하여 세상의 진보를 읽고, 또 간접 경험해본다는 점은 다른 산업에서 쉽게 찾지 못하는 매력이다. 이러한 역동성으로 인해 금융시장에서의 업은 한순간도 지루할 틈이 없다. 어제의 성과가 내일의 성공을 보장하지 않으며, 잘 만들어둔 전략도 순식간에 무력해질 수 있다. 예상했던 미래가 전혀 다른 모습으로 현재가 되어 나타날 때마다, 금융시장은 그 안을 항해하는 이들에게 끊임없는 적응과 성장을 요구한다. 편안함과 안정을 추구하는 성향의 사람들에게는 다소 과할 수 있지만, 금융시장의 역동성을 마주하고 살아남는다는 것은, 곧 계속 성장한다는 의미다. 이 성장의 즐거움이 금융 산업을 쉽게 떠나지 못했던 세 번째 이유다.

위 세 가지 매력 외에도 금융시장의 본질을 배워야 할 이유는 많다. 금융시장을 이해하고, 시장을 구성하는 요소를 하나씩 익혀 나간다고 해서 불패의 투자 전략이 나타나는 것은 아니지만, 장기간에 걸쳐 자산 증식의 기회에도 직접적인 도움이 된다. 불필요한 금융 손실을 줄일 수 있기 때문이다.

재테크에 조금이라도 관심이 있다면, 별다른 노력을 들이지 않아도 하루에도 수십 건이 넘는 투자 정보와 금융 소식을 접하게 된다. 그리고 그러한 인풋 중 대다수는 투자 성과 개선에 아무런 도움이 되지 않는다는 점에 유의해야 한다. 금융시장에서 창출되는 기회가 많은 만큼 이를 악용해 사람들을 현혹하고 돈을 빼앗으려는 부도덕한 사기꾼도 넘쳐나기 때문이다. 이들은 금융을 의도적으로 어렵게 포장하고, 시장을 마치 살아 있는 괴물처럼 묘사하며, 투자를 오랜 기간 정신 수양이 필요한 고난도 과업처럼 그려낸다. 하지만 이는 전부 사실이 아니다. 어떤 개념을 복잡하게 포장하며 전문가 행세를 하면, 거짓된 권위를 획득해 청자의 위에 설 수 있다. 이러한 거짓 전문가들은 인터넷 게시판이나 유료 리딩방에서 특히 자주 등장한다. 이들이 흔히 하는 말 중 하나가 '투자는 멘털 관리 싸움이다'라는 표현인데, 이는 질 낮은 조언을 듣고 피해를 본 사람들로 하여금 결과의 원인을 자기 자신에게서 찾게 만들려는 일종의 가스라이팅에 가깝다. 좋은 투자는 멘털 관리를 통해 이루어지는 것이 아니다.

결국 본질은 단순하다. 좋은 투자란 가치를 창출하는 자산을 찾아 구매하고, 포트폴리오를 다각화해 위험을 분산하는 행위다. 일반 투자자의 관점에서 이 단순한 행위를 복잡하게 포장하는 건 불필요하다. 금융시장은 생각보다 원론적으로 움직이며, 꾸준히 수익을 올리는 마법 같은 투자 기법은 존재하지 않는다. 또한, 존재하지 않는 부를 대가 없이 만들어내는 방법도 없다.

금융시장에서의 생존 과정에는 허례허식이 존재할 수 없기에, 트레이딩 플로어에서의 커리어는 나에게 논리를 검증하고 비판적인 사고를 하는 능력을 가르쳐주었다. 그 덕에 금융시장의 진정한 속성을 뜯어볼 수 있게 되었을 뿐만 아니라 업 바깥에서 마주하는 수많은 의견을 조금은 객관적인 시선으로 바라보고 따져볼 수 있게 되었다. 트레이딩 플로어에서 증권을 다루고 금융 거래를 체결하는 기술은 타 업계에선 활용되지 못할 다소 특수하고 한정적인 능력이라 보는 시선도 있다. 하지만 적어도 세상을 바라보는 시각만큼은 어느 업계를 가더라도 적용되는 범용적인 배움이었다.

이런 가르침을 얻을 수 있었던 건, 운 좋게도 트레이딩 플로어에서 만난 수많은 멘토 덕분이었다. 그들 중 몇은 업무를 함께 하며 자신이 배운 바를 공유하기도 했고, 또 다른 이들은 관찰을 통해 내가 더 나은 사람이 될 기회를 간접적으로 제공하기도 했다. 업에 대한 이해와 세상을 보는 시야가 제한적일 수밖에 없던 인턴 때에도, 내 지식의 부족함을 탓하며 대화를 차단하기보다 건설적인 토론을 이끌어준 선배가 있었고, 업무 중 발생한 사고를 어떻게 하면 가장 빨리 수습할지 함께 고민하며 대책을 찾았던 동료들도 있었다. 그들의 도움으로 산업의 본질을 배우게 되었다. 금융시장이라는 렌즈를 통해 발견한 세상이 작동하는 원리, 그것이 금융시장 안에서 내가 얻게 된 '인사이더 인사이트'였다.

Insider's Note

금융시장은 자본이 지나는 길이다. 그 위를 흐르는 돈은 목적 없이 움직이지 않으며, 늘 뚜렷한 논리를 품고 있다. 그 논리를 읽기 위해선, 단순히 숫자를 쫓기보다 길을 만든 사람들의 의도를 추적해야 한다. 결국 금융을 배운다는 건 곧 자본의 흐름이라는 나침반을 통해 세상을 이해하는 일, 그 시선이 나의 자산이 된다는 걸 이제 깨달았다.

에필로그

　이 글을 마무리하는 지금, 세상은 국제 정치·외교·경제 등 여러 측면에서 한 차례 큰 혼란을 겪었다. 더 정확히 말하자면, '겪었다'고 단정 지을 수도 없을 만큼 국제 정세의 변화는 여전히 예측 불가능한 파장을 일으키며 깊고도 거세게 이어지고 있다. 시장은 급격히 요동치고 있고, 그 속에서 시장 참여자들의 희비는 갈리고 있다. 지금까지의 성과가 어떠했든 한 가지는 분명하다. 미래를 예측하는 일은 결코 쉽지 않으며, 오직 예측에만 의존해 성공적인 투자를 이어간다는 건 더욱 어려운 일이라는 사실이다.

　우리가 미래를 예측하는 방법은 보통 과거의 경험과 지식을 바탕으로 만들어진다. 마치 달리는 자동차에서 백미러에 비친 지나온 길을 보며, 그 길이 앞으로도 계속 이어질 것으로 생각하는 것처럼 말이다. 결국 우리가 내다보는 미래는 과거의 연장선에 불과하다. 하지만 여기에 함정이 있다. 뒤쪽에 포장도로가 깔려 있었기에 앞으로도 그럴 것이라 믿었지만, 어느 순간부터 차가 덜컹거리기 시작하는 것이다. 익숙하지 않은 상황이 닥치면 우리는 늘 대처에 서툴다. 우리는 학습이라는 이름으로 축적해온 지식이 우리를 지켜줄 거라 믿지만, 한 번도 마주하지 못한 상황 앞에서는 아무 힘을 발휘하지 못하기 때문이다.

상황을 더욱 혼란스럽게 만드는 건, 가짜 전문성이 판치기 쉬운 환경이 조성되어 있다는 점이다. 세상이 불안정해지고 경제적 파이가 줄어들면, 사람들은 남은 조각을 차지하기 위한 갈등에 노출된다. 이 과정에서 불신과 반목은 자연스럽게 싹트고, 갈등을 건전하게 해소하는 일은 고통스럽고 지난하기만 하다. 그런 어지러운 틈을 타, 사람들은 더 윤택한 미래를 약속하는 달콤한 유혹에 쉽게 노출되고, 그 심리를 파고드는 가짜 전문가들이 기승을 부린다. 게다가 인공지능 기술의 비약적인 발전으로 인해 이제는 누가 진짜 전문가인지, 지금 내게 말을 건네는 이가 사람인지 AI인지조차 분간하기 어려워진 시대가 도래했다.

그래서 감히 말하건대 본질을 아는 것이 중요하다. 내 지식과 경험이 무력하게 부정당하고, 변화의 파고와 속도를 가늠할 수조차 없는 상황이 닥치더라도, 세상을 움직이는 자본의 논리, 그리고 그 논리가 구현되는 금융시장이 어떤 곳인지 본질부터 이해하고 있다면 혼란에 휩쓸리지 않을 수 있다. 이 책에 등장하는 월가의 인물들은 금융시장이란 무대에서 저마다 다른 배역을 맡은 배우들이었다. 그리고 이 책을 읽는 독자들 또한 같은 무대 위에서 각자의 역할을 수행하고 있는, 또 다른 주체들이다.

이 책을 읽으며 금융시장을 알아가는 여정에 함께 보폭을 맞춰준 독자들에게 한 가지 부탁의 말씀이 있다. '본질'이라는 말에 겁먹지 않았으면 한다. 다소 거창하게 들릴지 몰라도, 금융시장이란 공간은 결국 사람의 필요에 의해, 사람에 의해 만들어진 무대이기 때문이다. 그리고 우리는 금융시장이란 인간 극장의 배우이자 관객이다.

이 책에 담긴 R과 S의 이야기를 통해 진짜 전문성이란 무엇인지 살펴보며, 이 산업에 대한 흔한 오해들을 조금이나마 거둘 수 있었기를 바란다. 알지 못함의 미학을 이해했던 L의 일화를 통해 시장이란 공간의 속성을 다시 되새기고, 우리가 시장을 어떤 마음가짐으로 마주해야 하는지도 함께 고민해보았으면 한다. 코로나 시절 트레이딩 플로어에서 고군분투했던 N, O, 그리고 P의 이야기에서 세상에 고개를 내민 위기가 어떤 혼란을 불러오는지, 또 위기는 어떤 모습으로 찾아왔다가 어떻게 사라지는지 살폈으면 한다. 극단의 리스크가 무엇인지 곱씹게 만드는 Q의 사례, 시장의 구조적 변화에 적응한 A와 그러지 못한 G의 이야기는 변화 자체를 상수로 받아들여야 하는 우리 모두에게 의미 있는 울림일 것이다. 이 책에 등장한 다른 인물들뿐 아니라, 지면에 담지 못했지만 금융시장에 대한 나의 관점을 형성해준 지면의 바깥, 그러나 여전히 시장이라는 무대 위에 있었던 이들에게서 얻은 교훈들 역시 독자들이 함께 공감해주었으면 더 바랄 게 없겠다.

주

프롤로그

1. Active Versus Passive Investment Strategy and Market Outperformance: Are Hedge Funds Overrated?, Agnieszka Gehringer, PhD & Julius Pauli
https://papers.ssrn.com/sol3/papers.cfm?abstract_id=5133499
2. Active vs. Passive Funds: Performance, Fund Flows, Fees, 〈Morningstar〉, 2025. 7. 9
https://www.morningstar.com/business/insights/blog/funds/active-vs-passive-investing?utm_source=chatgpt.com

1부 금융은 결국 사람의 이야기

월가의 점심, 유쾌함 뒤에 숨은 돈의 전쟁

1. The Crisis That Closed NYSE on Wednesdays, marketmemoir.com, 21/11/21
https://www.fool.com/investing/general/2012/10/29/a-day-without-trading.aspx
2. https://www.nytimes.com/1986/10/19/business/wall-street-s-tomorrow-machine.html
3. https://midscapital.medium.com/evolution-of-algorithmic-trading-past-present-and-future-trends-46fd9680b0da

당신은 트레이더인가, 투자자인가?

1. https://www.theguardian.com/business/2008/jan/24/creditcrunch.banking
2. https://www.bbc.com/news/uk-19660659

당신의 몸값은 얼마입니까?

1. https://www.reuters.com/business/finance/jp-morgan-board-keeps-ceo-dimons-2022-pay-unchanged-345-million-2023-01-19/
2. https://www.bankingdive.com/news/citi-fraser-26-million-pay-compensation-reorganization-job-cuts-sieg-consent-order-wind-down/708038/
3. https://www.reuters.com/business/goldman-sachs-ceo-solomon-gets-24-pay-bump-31-million-2024-02-16/

2부 돈의 전쟁, 시장은 어떻게 사람을 움직이는가

시장은 정체를 용서하지 않는다

1. https://www.risk.net/awards/6983086/regulator-of-the-year-taiwans-financial-supervisory-commission

영화 밖의 트레이더 – 구조를 해석하는 사람들

1. https://www.cnbc.com/2022/10/27/credit-suisse-results-and-strategy-q3-2022-earnings-and-overhaul.html
2. https://www.bloomberg.com/news/articles/2022-08-15/citadel-securities-first-half-trading-revenue-hits-4-2-billion#xj4y7vzkg
3. https://www.ft.com/content/81811f27-4a8f-4941-99b3-2762cae76542

'모른다'는 말이 가장 정확한 판단일 때

1. https://www.bbc.com/news/business-37921036

괴물이 된 트레이더

1. https://www.marketwatch.com/story/why-the-stock-markets-wild-2010-flash-crash-matters-now-2019-05-14

인사이더 인사이트

초판 1쇄 | 2025년 12월 10일

지은이 | 이용준

펴낸곳 | 에프엔미디어
펴낸이 | 김기호
책임편집 | 정소연
편집 | 양은희
기획관리 | 문성조
디자인 | 유어텍스트

신고 | 2016년 1월 26일 제2018-000082호
주소 | 서울시 용산구 한강대로 295, 503호
전화 | 02-322-9792
팩스 | 0303-3445-3030
이메일 | fnmedia@fnmedia.co.kr
홈페이지 | http://www.fnmedia.co.kr

ISBN | 979-11-94322-19-1 (03320)
값 | 19,000원

ⓒ 이용준, 2025

* 이 책은 저작권법에 의해 보호받는 저작물이므로 무단전재와 무단복제를 금합니다.
책 내용의 일부 또는 전부를 재사용하려면 반드시 저자와 에프엔미디어 양쪽의 동의를 받아야 합니다.

* 파본이나 잘못된 책은 구입한 서점에서 바꿔드립니다.